Rudolf Richter

Die Lebensstilgesellschaft

AF211632

Rudolf Richter

Die Lebensstil-
gesellschaft

VS VERLAG FÜR SOZIALWISSENSCHAFTEN

VS Verlag für Sozialwissenschaften
Entstanden mit Beginn des Jahres 2004 aus den beiden Häusern
Leske+Budrich und Westdeutscher Verlag.
Die breite Basis für sozialwissenschaftliches Publizieren

Bibliografische Information Der Deutschen Bibliothek
Die Deutsche Bibliothek verzeichnet diese Publikation in der Deutschen Nationalbibliografie;
detaillierte bibliografische Daten sind im Internet über <http://dnb.ddb.de> abrufbar.

1. Auflage März 2005

Alle Rechte vorbehalten
© VS Verlag für Sozialwissenschaften/GWV Fachverlage GmbH, Wiesbaden 2005

Der VS Verlag für Sozialwissenschaften ist ein Unternehmen von Springer Science+Business Media.
www.vs-verlag.de

Das Werk einschließlich aller seiner Teile ist urheberrechtlich geschützt. Jede Verwertung außerhalb der engen Grenzen des Urheberrechtsgesetzes ist ohne Zustimmung des Verlags unzulässig und strafbar. Das gilt insbesondere für Vervielfältigungen, Übersetzungen, Mikroverfilmungen und die Einspeicherung und Verarbeitung in elektronischen Systemen.

Die Wiedergabe von Gebrauchsnamen, Handelsnamen, Warenbezeichnungen usw. in diesem Werk berechtigt auch ohne besondere Kennzeichnung nicht zu der Annahme, dass solche Namen im Sinne der Warenzeichen- und Markenschutz-Gesetzgebung als frei zu betrachten wären und daher von jedermann benutzt werden dürften.

Umschlaggestaltung: KünkelLopka Medienentwicklung, Heidelberg

Gedruckt auf säurefreiem und chlorfrei gebleichtem Papier

ISBN-13:978-3-8100-3953-8   e-ISBN-13:978-3-322-80954-4
DOI: 10.1007/978-3-322-80954-4

Inhalt

Vorwort

Dieses Buch ist aus meiner langjährigen Beschäftigungen mit Wertewandel, Individualisierung und neuen Lebensstilen sowohl in Forschungsarbeiten als auch in Lehrveranstaltungen an der Universität Wien, an der University of Minnesota in Minneapolis und an der Arizona State University entstanden. Die Idee war, dass alte Formen der sozialen Ungleichheit durch neue ersetzt werden. Wir lebten in den Siebziger- und Achtzigerjahren der 20. Jahrhunderts in einer reichen, wohlstandorientierten Mittelschichtgesellschaft. In einer Gesellschaft, wo die meisten ähnlich viel haben und sich daher ähnlich viel leisten können, kommt es weniger darauf an, was einer hat, sondern wie er seine Möglichkeiten nutzt. Das hängt von Wertvorstellungen ab, von Einstellungen zum Leben aber auch von Lebensumständen. Wenn auch heute die Unterschiede wieder größer werden, wir leben weiterhin in Europa in einer Mittelschichtgesellschaft.

Es kommt hinzu, dass wir in den letzten Jahren eine Ästhetisierung erleben. Die äußere Form wird wichtiger als der Inhalt. Werbung zeigt das aufs Deutlichste. Die Gesellschaft wird kulturalisiert. Kunst ist ein Aushängeschild für Firmen und sie investieren in sie.

Es entwickelte und verbreitete sich eine neue Technologie: die Massenmedien und zuletzt das Internet. Diese schaffen neue Erlebnismöglichkeiten, ungebunden von Zeit und Raum.

Dies alles zusammengenommen lässt eine Gesellschaft im Umbruch entstehen. Wir können diese Umbrüche, das Zusammenbrechen alter Ordnungsstrukturen seit mindestens drei Jahrzehnten verfolgen. Politische Zuordnungen sind nicht mehr eindeutig, das Zusammenwirken von Gewerkschaft und Regierung ändert sich, die Wirtschaft, vor allem die Finanzwirtschaft, wird global organisiert, die Universitäten werden neu organisiert und der Wissenschaftler als Forscher in „Einsamkeit und Freiheit", wie es der Soziologe Schelsky noch in den Sechzigerjahren bezeichnet hat, ist Forschungsteams mit flacher Hierarchie in naturwissenschaftlichen Labors gewichen. Wir können das bedauern oder auch optimistisch die neuen Formen begrüßen. Wichtig scheint mir wahrzunehmen, dass wir uns in einem Umbruch befinden. Um die Beschreibung dieser Umbrüche, um die Erkenntnisse sozialwissenschaft-

7

licher Forschung für eine hoffentlich breite Leserschaft zusammenzufassen, darum geht es mir hier.

Wenn auch das Schreiben dieses Buches eine individuelle Tätigkeit war, es war keine einsame und es entstand in Gedankenaustausch und Mithilfe. Ich danke den Studierenden, die mit mir Inhalte in den Lehrveranstaltungen diskutierten, und den zahlreichen Kollegen und Kolleginnen, die mir bewusst oder unbewusst Anregung gegeben haben. Dazu gehören David L. Altheide, Hans-Peter Müller, Stefan Hradil, Heinz-Günther Vester, Sylvia Supper, Ulrike Forschauer, Anselm Eder und viele mehr, mit denen ich meine Ideen in privaten Gesprächen, auf Kongressen und Seminaren diskutieren konnte.

In der letzten Phase der Fertigstellung des Manuskripts haben mir vor allem Valerie Moser, Daniele Lipp und Eva Richter sehr geholfen. Ich möchte mich an dieser Stelle bei ihnen bedanken.

Eigene Forschungen, die in dieses Buch eingearbeitet sind, wurden von der Wiener UNESCO-Kommission, dem Fonds zur Förderung der wissenschaftlichen Forschung, dem Jubiläumsfonds der Österreichischen Nationalbank und der Hochschuljubiläumsstiftung der Gemeinde Wien, dem Bundesministerium für Wirtschaft und Verkehr sowie der Europäischen Union gefördert. Für Sekundärauswertungen konnte ich auf Daten des Fessel+GfK Instituts zurückgreifen. Dafür sage ich Dank.

Wien 8. November 2004   *Rudolf Richter*

8

Einleitung

Die Industriegesellschaft war der Aufklärung verpflichtet. Vernunft, Klarheit, Emanzipation, Eindeutigkeit und Linearität waren und sind die Ziele der Moderne. Davon scheint man sich in unserer heutigen Wissensgesellschaft zu entfernen. Wir sind umgeben von neuen Formen der Religiosität, von Esoterik, von vielfältigen Werten und unbestimmten Richtungen, in denen sich die Gesellschaft bewegt.

Wir rasen in einem Aufzug steil nach oben, aber er bewegt sich von Meisterhand geschaffen und durch Software gesteuert so kontinuierlich, dass wir die Bewegung nicht bemerken. Dann, wenn wir aussteigen, sind wir plötzlich in einer anderen Umgebung. Wenn man 1970 jemanden in einen Tiefschlaf versetzt hätte und er wäre 2000 wieder erwacht, er hätte die Welt nicht mehr erkannt. Diese dreißig Jahre haben eine Umwälzung geschaffen, zu der es früher Jahrtausende brauchte. 90% der Artefakte, das heißt, der Gebrauchsgegenstände, mit denen wir umgehen, sind in den letzten 30 Jahren entstanden. Es ist berechtigt, hier von einer neuen Gesellschaft zu sprechen.

Wo gehört man hin?

Die Änderungen in unserer Umwelt haben auch Auswirkungen auf die Gesellschaftsstruktur, auf die Art und Weise, wie das menschliche Zusammenleben organisiert ist. Man kann recht einfach sagen: Es ist unübersichtlicher geworden.

Ist es heute dem Einzelnen noch klar, wo er hingehört, welche gesellschaftliche Position er innehat? Man ordnet sich Gruppen zu – dem Sportklub, dem Freundeskreis, der Familie, dem Freizeitverein – aber diese Zugehörigkeit ist fluktuierend und nicht dauerhaft. So gefestigt, wie sie früher waren, sind diese Gruppen nicht mehr. Die Familie ist individualisiert, Personen stehen in Beziehung zueinander, aber das Zusammengehörigkeitsgefühl hat nachgelassen. Man kann die Zugehörigkeit zu diesen Gruppen relativ leicht auflösen und tut das auch.

9

In der Mitte der Gesellschaft gibt es Gedränge. Fast alle sind mittlere Angestellte oder Beamte, sehr wenige Arbeiter. Aber diese Kategorien sind nicht eindeutig. Wann ist einer Arbeiter? Einer, der eine Bautätigkeit verrichtet, ist Arbeiter, wenn er dies in einem privaten Betrieb tut, er zählt aber als Angestellter, wenn er diese Tätigkeit in einem Gemeinde- oder Staatsbetrieb ausübt. Ein Metzger, der früher ein Geschäft hatte, jetzt im Supermarkt arbeitet, wechselte vom Selbständigen zum Angestellten. Er behält seine Lebensweise und auch seine Arbeit im Großen und Ganzen bei, er tut dasselbe wie vorher, muss möglicherweise nicht mehr so viel arbeiten, weil buchhalterische, administrative Tätigkeiten wegfallen und er sich ganz auf die Fleischhauerei konzentrieren kann, steht aber in einem völlig anderen Dienstrecht und hat völlig andere rechtliche Rahmenbedingungen. Seine Arbeitszeit ist nun gewerkschaftlich geregelt. Woraus zieht er seine Identifikation? Sieht er sich als Angestellten, vergleichbar mit der Dame an der Kasse oder als Fleischhauer, vergleichbar mit dem Selbständigen? Als was wollen wir ihn bezeichnen?

Vielleicht ist die Art des Berufs nicht mehr so wichtig. Man beurteilt Leute nicht mehr ausschließlich nach ihrem Berufsstand, sondern begegnet ihnen auf der Ebene, die für die Begegnungssituation adäquat ist. Zum Beispiel genügt es, ihn als Fußballinteressierten zu identifizieren oder als Mitglied eines Sportclubs, als Tennispartner oder Mitwanderer, als Bekannter aus dem Tanzklub. Es genügt ihn als Menschen zu charakterisieren, der Coca-Cola oder Bier- oder Weintrinker ist, der Fleisch isst, im Gegensatz zu einem Vegetarier und wir können uns mit ihm über diese Dinge unterhalten. Wissen wir, wenn wir Clubmitglieder sind, immer, welchen Beruf die anderen Mitglieder haben? Ist dieses Wissen notwendig?

Wir beurteilen den anderen nicht mehr (nur) nach seiner unmittelbaren Erwerbstätigkeit. Es ist bestenfalls wichtig, ob er erwerbstätig ist oder nicht. Wichtiger sind die Freizeit- und Konsumgewohnheiten. Ob man die gleichen Interessen teilt, mit dem anderen auf ein Bier gehen kann oder lieber in einer Konditorei Kaffee trinkt. In unserer Freizeitgesellschaft wird es wichtig, ob man gemeinsam etwas unternehmen, sprich: konsumieren kann. Darüber wollen wir uns mit dem anderen verständigen.

Diese Umorientierung bringt auch neue Kategorien gesellschaftlicher Einordnung mit sich. Wir orientieren uns immer weniger an den klassischen Kategorien der Industriegesellschaft, nicht mehr daran, ob einer Arbeiter oder Unternehmer ist, sondern an neuen Kategorien, ob einer lieber Fußball spielt oder Golf – oder beides, ob sie allein lebt oder mit einem Partner, verheiratet oder unverheiratet ist, ob sie am Wochenende lieber klettern geht oder ins Schwimmbad, ob er lieber Klassik hört oder Volksmusik, welcher Radiosender bevorzugt wird und ob ein Anschluss ans Internet im Haus vorhanden ist. Wir ordnen den anderen nach Konsumgewohnheiten ein. Dazu kommen ästhetische Kriterien und solche des Geschmacks. Die passende Kleidung, die passende Inszenierung ist wichtig. Dafür hat sich der Begriff Lebensstile eingebürgert.

10

Unsere Lebensstilgesellschaft ist eben keine Klassengesellschaft mehr, schon gar keine Standesgesellschaft, obwohl sie Merkmale beider in sich trägt. Manche Berufsgruppen etwa, zum Beispiel die Ärzte und Psychologen sind standesgemäß organisiert, und natürlich gibt es noch deutliche Unterschiede im Reichtum, es gibt Armut und Benachteiligung, auf die uns die Metapher der Klassengesellschaft hingewiesen hat. Diese treten aber gegenüber den Verhaltensgewohnheiten, Einstellungen und Freizeitvorlieben in den Hintergrund. Lebensstile werden wichtiger.

Raum und Zeit verflüchtigen sich

Es gibt in allen wichtigen Bereichen der Gesellschaft Veränderungen. Umbrüche können wir sie nennen, weil sie alte Strukturen zusammenbrechen lassen. Das gilt für die sozialen Gruppen, aber auch für so fundamentale Kriterien wie Zeit und Raum. Nicht nur die Quantenphysik hat ergeben, dass diese Kategorien nicht so eindeutig sind, auch im sozialen Leben spielen Raum und Zeit eine unwichtiger werdende Rolle. Der österreichische Quantenphysiker Anton Zeilinger konnte zeigen, dass Informationen von einem Teilchen auf ein anderes übertragen werden, ohne dass diese einen Raum und eine Zeit messbar überwinden. Populär ist dieser Vorgang unter „beamen" bekannt. Auch im sozialen Bereich gelten die traditionellen Regeln von Raum und Zeit immer weniger. Heute kommunizieren wir über den Globus in Echtzeit und können Räume und Zeiten über das Internet in unmerklichen Geschwindigkeiten überwinden.

Die Moderne führte die Linearität der Zeit ein. Die Uhr, früher auch bezeichnenderweise Chronometer genannt, unterteilte die Zeit in Sequenzen. Eines kam nach dem anderen. Der Tag konnte klar in Freizeit und Arbeitszeit unterteilt werden und diese wieder sequentiell strukturiert in Pausen und Arbeitstätigkeiten, in Haushaltsarbeit, Fernsehen und Ausgehen. Die typische industrielle Arbeitsweise wurde in Abfolge verrichtet. Das Fließband, in dem eine Tätigkeit auf die andere folgt, ist der Prototyp dafür. Heute besticht Informationsarbeit durch Gleichzeitigkeit, sie ist an keinen Tages- und Nachtrhythmus gebunden. Über Breitbandkabel werden alle möglichen Arbeitsprozesse weltweit übertragen.

Noch sind wir weit von einer Gesellschaft entfernt, in der ein linearer Ablauf von Zeit keine Rolle mehr spielt. Die meisten Erwerbstätigen gehen noch täglich zu einem festgesetzten Zeitpunkt zur Arbeit und verlassen ihren Arbeitsplatz zu einem ebenso festgelegten Zeitpunkt. Arbeit, in der man über die Zeit selbständig verfügen kann, ist selten. Weder gibt es so viel Heimarbeit, noch gestalten die Betriebe die Arbeit so, dass man kommen und gehen kann, wann man innerhalb eines 24 Stundenrahmens will, noch können die meisten Arbeitnehmer ihre Arbeit mit nach Hause nehmen und diese dann erledigen, wann immer sie wollen.

11

Ebenso bleibt in der Freizeit die Zeit zum Teil linear strukturiert. Zwar kann man zu jeder Zeit ins Fitness Center gehen und die Geräte nach Lust und Laune benutzen, aber für die Tennisstunde muss ein Termin vereinbart werden, und Aerobic unter Anleitung findet nur zu bestimmten festgesetzten Zeiten statt. Wir können also auch hier noch nicht Zeit beliebig und das heißt individuell und spontan nutzen.

Andererseits hat sich bereits viel geändert. Ein Großteil verwendet E-Mail im Betrieb und manche bereits auch privat. Man kann vierundzwanzig Stunden am Tag Briefe wegschicken und empfangen. Die Sendungen im Fernsehen können aufgenommen und zu jeder Zeit abgespielt werden. Filme mit Pay-TV kann man nach Belieben abrufen, man ist an keine Programmstruktur mehr gebunden. Das Fernsehen hat uns die Welt in die abgeschlossene Sphäre des Wohnzimmers gebracht. Es begann nach der Mitte des 20. Jahrhunderts. Erst seit rund fünf Jahrzehnten steht der Apparat in den Haushalten. Heute machen die 40 Fernsehkanäle, Video und DVD unabhängig von der Tageszeit jede gewünschte Information verfügbar. Im Wohnzimmer ist die Welt – wann immer die Bewohner es wollen.

In Zukunft werden wir uns eine Brille aufsetzen können und eine entsprechende Software wird uns die gewünschte Realität vorspielen. Japanische Einrichtungshäuser verwenden bereits solche Geräte. Man kann durch eine virtuelle Wohnung schreiten, Möbel arrangieren und zwar so, als ob man sich darin befände. Man steht neben dem Kasten, man sitzt bei Tisch und man kocht am Herd und lehnt in der Sitzbank vor dem Fernsehgerät, so als ob man sich in der wirklichen Wohnung bewegen würde.

Aber das sind Weiterentwicklungen, die man vielleicht Mitte des 21. Jahrhunderts als selbstverständliche Hilfsmittel zur Gestaltung von Räumen einsetzen wird. Einstweilen bewegen wir uns noch in richtigen Wohnungen. Wir werden auch in Zukunft nicht in unsere eigenen vier Wände zurück fallen und das Leben nur mehr vor dem Bildschirm verbringen.

Es gibt esoterische Gruppen, die ihr Leben nach den Rhythmen der Natur ausrichten. Ein zyklisches Zeitverständnis kehrt wieder, in dem man sich am Biorhythmus orientiert, der nichts mehr mit der linearen Zeit der mechanischen Uhr zu tun hat. Die innere Uhr der biologischen Abläufe wird bestimmend für das alltägliche Leben.

Natürlich gibt es nach wie vor lineare Zeit, wir sehen auf die Digitaluhr, wir haben Termine, wir planen voraus und wir sehen nicht zuletzt an den Kindern, die heranwachsen und an den Alten, die sterben, wie Zeit vergeht. Aber neben diesen gewohnten Abläufen wird die Gesellschaft zunehmend zeitlos.

Arbeit war an einen geographischen Ort gebunden, heute kann sie überall stattfinden: Am Arbeitsplatz, zu Hause, auf der Badewiese, im Auto, selbst beim Gehen durch die Straßen, indem man mit dem Handy telefoniert oder rasch in den Palm einen Termin eintippt und eine Website aufruft. Das Arbeitsmittel, die Information, wird ortlos.

Selbstverständlich haben wir auch noch Raum. Wir leben in einer Wohnung, wir gehen in der Nachbarschaft spazieren, wir machen einen Wochen-

12

endausflug ins Grüne oder planen eine Urlaubsreise, die uns um den halben Erdball bringt. Aber wir erleben Zeit und Raum nicht mehr in der gleichen Weise wie noch vor einigen Jahrzehnten, wir benützen sie nicht mehr in der selben Weise, wie noch vor einigen Jahren.

Derzeit leben wir noch mit linearer Zeit und dreidimensionalen Raumvorstellungen, aber vieles, was wir erleben und erfahren, findet außerhalb dieser Kategorien statt. Selten wird uns dies bewusst. Denken wir je darüber nach, dass 95% dessen, was wir zum Beispiel an Musik hören, weder zeitnoch raumgebunden ist? Man legt nach Belieben die CD ein und hört seine Lieblingsmusik. Wir sind nicht an einen Konzertsaal und eine Aufführungszeit gebunden. Musikhören ist zeitlich und räumlich ungebunden geworden. Die transportablen Geräte, vom Walkman bis zum modernen MP3 Player, steigern diese Orts- und Zeitungebundenheit noch.

Globalisierung und Lebensstile

Wir bemerken heute zwei Prozesse gleichzeitig: einerseits Globalisierung, andererseits aber auch Lokalisierung.

Globalisierung zeigt sich in der weltübergreifenden Wirtschaft, in den McDonalds Filialen in Afrika und in Peking, im allgegenwärtigen Coca Cola, in den weltüberspannenden Medien. Sie zeigt sich in der Industrie, wo Planung, Besorgung der Materialien und ihr Zusammensetzen weltweit in einem Konzern verstreut sind. Wenn wir in einem deutschen Auto sitzen, dann sind die Armaturen in Asien hergestellt und die Stoffe vielleicht in Indien.

Diese Globalisierung erzeugt auch internationale Lebensstile, die ebenfalls weltüberspannend sind. Sie sind einheitlich und erkennbar. Dazu gehören die Managereliten, die internationalen Austausch pflegen. Die Herren im grauen Anzug mit Aktenkoffer und Handy sind an den Flughäfen in London, New York, Abu Dhabi, Singapur, Peking, Kapstadt, Mexiko, Buenos Aires oder Kenia austauschbar. Wie auch die Flughäfen, die international ein grundlegendes wiedererkennbares Design haben, mit vielleicht lokalen Accessoires. Die Internationalisierung schlägt sich nicht nur im Verhalten, sondern auch in der Architektur internationaler Einrichtungen wider. Globalisierung bedeutet Vereinheitlichung.

Neben Globalisierung und Vereinheitlichung regen sich aber auch Nationalisierung, Regionalisierung und Unterschiedlichkeit. Im internationalen Einerlei wird man sich wieder regionaler Besonderheiten bewusst. Die Nachbarschaft in der Stadt lebt auf. Stadtteilfeste sollen an alte Dorffeste anschließen. Man belebt Bräuche der Vorfahren. Ein neues Traditionsbewusstsein entsteht. Auffällig ist dies in Europa bei der dritten Generation von Migranten, die sich plötzlich wieder an die Kultur ihrer Großeltern erinnern. Wiederbelebtes Bewusstsein ethnischer Zugehörigkeit, das die Moderne überwunden glaubte, entsteht neuerlich. Dazu gehören auch die negativen Entwicklungen des Nationalismus, der Abgrenzung und Fremdenfeindlichkeit. Sie entstehen vor allem in den Randgruppen der globalisierten Lebensstilgesellschaft, die sich noch stärker durch materielle Ressourcen als durch ästhetische Kriterien definieren: bei den Armen, vom Reichtum Ausgeschlossenen, oft Ungebildeten und Vernachlässigten der Industriegesellschaft.

In Lebensstilen können wir beides entdecken, einerseits globalisierende, verallgemeinernde Tendenzen, andererseits die Suche nach individueller Identität. Lebensstile haben es an sich, dass sie mit anderen geteilt werden, gleichzeitig aber auch als Ausdruck der Individualität gelten. Sie eignen sich daher vortrefflich eine Gesellschaft zwischen Kollektivierung und Individualisierung, Globalisierung und Regionalisierung, eine Gesellschaft fast ohne Raum und Zeit zu beschreiben.

Ich spreche in diesem Buch an mehreren Stellen von einer Lebensstilgesellschaft und ich meine damit auch, dass Lebensstile das Alltagsleben in der Gesellschaft prägen. Sie vermitteln, wie Arbeit und Freizeit, Familie und Freundschaft, Geselligkeit und Alleinsein, Sport und Muße wahrgenommen werden, welche Rolle sie im Leben spielen und auch wie sie ausgeübt werden. Kann man sich in Ruhe zurücklehnen und die Situation genießen, ohne etwas zu tun? Oder gehört zum Genießen unbedingt ein Buch, ein Glas Wein oder ein Partner? Empfindet man es entspannend, in Gesellschaft zu sein, locker auf einer Cocktailparty auch mit fremden Leuten zu plaudern oder ist es entspannender, alleine im Wald spazieren zu gehen? Liebt man kleine Geschäfte in den Straßen der Stadt oder hat man das richtige Einkaufsgefühl erst in einer Shopping City mit vielen Läden? Trauert man dem Kino an der Ecke nach – das die meisten wohl gar nicht mehr kennen – oder genießt man es im weichen Kinosessel zu versinken und einen Breitwandfilm mit Dolby-Sound in einem Kino Center anzusehen? Oder fällt vielleicht beides zusammen, einmal dies, einmal jenes? Wie setzen wir unsere Vorstellungen durch? Wo ist der Markt, in dem wir mit unseren Wahrnehmungsmustern reüssieren, uns bewähren können und Erfolg haben? Gibt es Lebensstile, die im 21. Jahrhundert erfolgreicher sein werden als andere? Warum? Welche sind das?

In einem ersten Teil werde ich die Umbrüche in der Arbeitswelt, in Ort und Zeit und in dem Sinnhorizont der Gesellschaft, der Religion, beschreiben. Diese Umbrüche erfahren wir, so die These des Buches, im Übergang von einer Industrie- zu einer Wissensgesellschaft. Im zweiten Teil schlage ich vor, die neue Gesellschaft unter dem Aspekt von Lebensstilen zu betrachten. Der dritte Teil bringt einen Ausblick.

14

Umbrüche zur Dienstleistungsgesellschaft

Wir stehen am Beginn einer Entwicklung zu einer Wissensgesellschaft. Das wird allgemein akzeptiert und klingt kaum überraschend. Man muss sich aber neben der beiläufigen Selbstverständlichkeit dieser These die Umbrüche ins Gedächtnis rufen, die damit verbunden sind. Diese neue Gesellschaft ist nicht mehr mit unseren altvertrauten Kategorien und Vorstellungen angemessen zu beschreiben. Nicht, weil es die alten Kategorien, in denen wir die Gesellschaft einordneten, nicht mehr gäbe, sondern weil sie ihre Bedeutung geändert haben. Sie haben an Relevanz eingebüßt.

Diese alten Begriffe waren Arbeit, Klasse, Schicht, auch Religion und Pflichtwerte. Damit konnten wir die Industriegesellschaft vortrefflich beschreiben. Natürlich sind die damit beschriebenen sozialen Phänomene nicht völlig verschwunden. Arbeit vor allem in Form von Erwerbsarbeit spielt nach wie vor eine herausragende Rolle. Es gibt noch Unterschiede im Bewusstsein der sozialen Lagen, im Zugang zu den Ressourcen, in der Verfügbarkeit von Mitteln, die man trefflich mit dem Klassenbegriff beschreiben könnte. Das heißt aber noch lange nicht, dass wir in einer Klassengesellschaft leben. Es gibt auch ständische Elemente etwa in der Bauernschaft oder im Adel. Niemand würde unsere heutige Gesellschaft aber als Feudalgesellschaft bezeichnen. Dass die Landwirtschaft auch in unserer Gesellschaft eine bedeutende politische Rolle spielt und sich die EU-Erweiterung um sie als zentrales Problem dreht, heißt nicht, dass wir heute in einer Agrargesellschaft leben.

Die Elemente früherer Gesellschaften leben auch heute fort. Die Industriegesellschaft des zwanzigsten Jahrhunderts ist noch nicht völlig verschwunden. Es gibt nennenswerte industrielle Produktion und ein gewisser Anteil der Bevölkerung (immerhin durchschnittlich 30% in Europa) arbeitet in diesem Sektor. Dennoch löst sich die klassische industrielle Arbeitsweise auf. Anderes bestimmt das Leben als die industrielle Produktion. Die Finanzmärkte sind wohl das auffälligste Beispiel dafür. Die Gesellschaft des 21. Jahrhunderts, so die zentrale These dieses Buches, wird nur mit neuen Begriffen beschrieben werden können. Das soll hier illustriert werden.

15

Von der Industriegesellschaft zur Dienstleistungsgesellschaft

Arbeit ist das axiale Prinzip einer Industriegesellschaft. Auch heute dreht sich noch alles um Arbeit und wir verstehen darunter vor allem Erwerbsarbeit. Allerdings ist ihr Stellenwert ein anderer geworden. Die Art und Weise, wie wir Güter produzieren und auch welche wir produzieren, hat sich geändert. Heute bedeutet Erwerbsarbeit immer weniger die Herstellung von materiellen Produkten, sondern immer mehr das Erbringen von Dienstleistungen. In der frühen Agrargesellschaft richtete sich die Produktion vor allem auf Nahrungsmittel, in der Industriegesellschaft auf materielle Güter und heute ist Service gefragt.

Wie dramatisch sich die Art der Produktion verschoben hat, zeigt die Statistik, die die Erwerbstätigen nach Wirtschaftssektoren darstellt. Wenn wir von Agrar-, Industrie- oder Dienstleistungsgesellschaft sprechen, dann betrachten wir nicht den absoluten Output an Produkten aus diesen Sektoren, sondern den Anteil der Personen, die diesen Output produzieren. Üblicherweise wird von einem primären (Landwirtschaft), einem sekundären (Industrie) und einem tertiären (Dienstleistungen) Sektor gesprochen. Das starke Anwachsen des tertiären Sektors führt dazu, dass ihn manche auch in einen quartären und quintären Sektor aufspalten, die dann Finanzmärkte, Informationstechnologie und Bildungsinstitutionen gesondert beinhalten.

Betrachten wir die historische Entwicklung zur Wissensgesellschaft.

Zunächst nimmt im 20. Jahrhundert der primäre Sektor deutlich ab. Dieses Absinken der Beschäftigten in der Landwirtschaft ist dramatischer, als der Zuwachs im sekundären Sektor, oder auch neuerdings das Ansteigen des tertiären Sektors. Im 19. Jahrhundert arbeitete in Deutschland etwa die Hälfte der Erwerbstätigen im primären Sektor, in Österreich waren es nahezu zwei Drittel. Frankreich lag um die Mitte des 19. Jahrhunderts mit einem Anteil an Arbeitskräften im primären Sektor von 56% etwa im mittleren Bereich Europas. Nur England war zu dieser Zeit bereits voll in die Industriegesellschaft eingestiegen. Etwas über die Hälfte der Arbeitskräfte war in der Industrie tätig, der primäre Sektor war bereits auf 20% gesunken. Die wirkliche Dynamik der Veränderung begann um die Jahrhundertwende und dann nach dem ersten Weltkrieg. Der Landwirtschaftssektor in Deutschland gemessen an den Berufstätigen nach Wirtschaftssektoren fiel von rund 50% im Jahr 1882 auf 29% im Jahr 1933, gleichzeitig stieg der tertiäre Sektor fast auf das Doppelte an, nämlich von 17% auf 31%. Diese Werte stabilisierten sich bis in die Sechzigerjahre, um die Jahrtausendwende nahm der Anteil der Personen, die in der Landwirtschaft arbeiteten, auf 3% ab. Der tertiäre Sektor verdoppelte sich nochmals auf bis über 60%. Ähnliche Verhältnisse finden sich im letzten Jahrhundert überall in Europa.[1] Der industrielle Sektor stieg dabei seit der

---

1 Siehe International Historical Statistics von Mitchell 1998 und eigene Berechnungen.

Mitte des 19. Jahrhunderts keineswegs ebenso stark an. Er beschäftigte damals in den meisten Ländern Europas zwischen 20% und 30% der Erwerbstätigen und erreichte zumeist vor dem zweiten Weltkrieg seinen Höhepunkt mit 35% bis 40% an Beschäftigten. Natürlich gibt es länderspezifische Unterschiede. Spanien hatte keinen ausgeprägten Industriesektor im 19. Jahrhundert, der stieg erst nach dem zweiten Weltkrieg an. Das gilt auch für den industriellen Sektor Österreichs. In keinem Land erreicht er aber jene Beschäftigtenquote die früher die Landwirtschaft hatte und die jetzt der Dienstleistungssektor hat.

Der Anteil der Beschäftigten in der Landwirtschaft fiel in einem Jahrhundert auf ein Zehntel seiner ursprünglichen Größe und manchmal noch tiefer. Das gilt für ganz Europa: in Frankreich auf 4,4%, in Italien auf 4,8%, in den Niederlanden auf 3,5%. Analog stieg kein anderer Sektor so rasch an, wie der Agrarsektor fiel. Der Dienstleistungssektor nahm um das Drei- bis Vierfache zu, nicht um das Zehnfache.

Es arbeiten also wenige Erwerbstätige im primären Sektor. Trotz des geringen Anteils der Erwerbstätigen im Agrarsektor und seines geringen wirtschaftlichen Beitrags insgesamt gesehen, werden in Europa viel mehr landwirtschaftliche Güter produziert als je zuvor, jedenfalls mehr als benötigt werden. Nur ein Beispiel: In Deutschland lag die Weizenproduktion 1970 bei etwa 2000 Tonnen, 1989 bei 3500. Durch die Medien geisterte von Zeit zu Zeit der Butter- oder Schweinberg. Die Produktion von Fleisch in Österreich stieg von 1960 bis 1993 von 391 Tonnen auf 605, in Westdeutschland verdoppelte sie sich fast in der gleichen Zeitspanne (von 2600 auf 5100 Tonnen).² Die neue Agrarpolitik der EU wird Bauern unterstützen, die nicht Nahrungsmittel produzieren, sondern nur mehr die Landschaft pflegen.

Das ist eine erste Erfahrung auf dem Weg zu einer Dienstleistungsgesellschaft: Die Anzahl der Arbeitenden sagt nichts über die Produktivität aus. Zwar erwirtschaftet die Landwirtschaft nur mehr einen geringen Teil des Bruttosozialprodukts, die 4% Erwerbstätigen in diesem Bereich tragen nur zu 2% zum Bruttosozialprodukt bei, aber absolut gesehen gibt es Überproduktion.

Die Entwicklung zeigt, dass trotz der geringen Anzahl der Erwerbstätigen in der Landwirtschaft und dem anteilig geringen Beitrag zum Bruttosozialprodukt die absolute Menge der Produktion gestiegen ist. Dies wird vor allem durch Zusammenlegen von Flächen, mehr noch aber durch die Mechanisierung verursacht. Landwirtschaftliche Maschinen erleichterten die Arbeit im letzten Jahrhundert ungemein. Vielleicht hat sich in keinem anderen Bereich stärker als in der Landwirtschaft Rationalisierung durchgesetzt. Mägde und Knechte sind fast völlig vom Hof verschwunden, allenfalls werden hie und da noch Saisonarbeiter eingestellt.

Weder die Rationalisierungsmaßnahmen in der Industrie und schon gar nicht solche im Dienstleistungssektor haben heute einen derartigen Arbeits-

---

2   Zahlen: Mitchell 1998

kräfterückgang mit sich gebracht. Aber es zeichnet sich ein ähnlicher Trend ab.

Wir verfügen keineswegs über weniger industrielle Güter als vor 50 Jahren, im Gegenteil, wir haben wesentlich mehr, aber anteilig werden diese von weniger Personen produziert. Derzeit arbeiten in Europa etwa ein Viertel der Arbeitskräfte im industriellen Sektor, um ein bis zwei Prozentpunkte darunter in Dänemark und Belgien, am meisten in Portugal, Italien und Irland mit rund 30%. Die Produktion ist nicht gefallen, ganz im Gegenteil, sie ist wesentlich gestiegen.

Die Hochblüte des industriellen Sektors ist einerseits eng mit der Rüstungsindustrie verbunden, nach dem zweiten Weltkrieg auch mit dem Wiederaufbau in Europa und der Errichtung eindrucksvoller technischer Anlagen. Ansichtskarten und Prospekte sagen uns, worauf es ankommt. Fremdenverkehrsorte in Österreich werben in den Fünfziger- und Sechzigerjahren des 20. Jahrhunderts mit der Nähe zur Industrie. Das Tauernkraftwerk Kaprun erscheint auf jedem Salzburger Prospekt und wird so etwas wie eine Pilgerstätte der Aufbauzeit. Donaukraftwerke werden zum Ziel des Wochenendausflugs. Selbst Orte mit für heutige Begriffe umweltfeindlichen Betrieben werben damit. Die Ansichtskarten des Ruhrgebiets sind voll mit Fabriken und Schloten, womöglich neben einem bewaldeten Hügel, aber diesen dominierend.

Heute sieht man auf den Prospekten und Ansichtskarten Natur, aber auch Dienstleistungen: Das Hotel, das Hotelzimmer, die Infrastruktureinrichtungen des Hotelkomplexes und der Region werden abgebildet, aber vor allem: Natur.

Der Agrarsektor stagniert auf niederem Niveau, der Anteil der Erwerbstätigen im Industriesektor sinkt, der Dienstleistungssektor aber wächst und wächst. Er stieg in den letzten drei Jahrzehnten kontinuierlich und rasant an. Heute arbeiten rund zwei Drittel der Beschäftigten in diesem Sektor. Er wird weiter steigen. Fourastié[3] sagte 1964 voraus, dass sich in fortgeschrittenen Gesellschaften die Verteilung auf 10:10:80 einpendeln wird. Das ist zwar eine Überschätzung des Landwirtschaftssektors, aber es zeigt die Bedeutung, die Fourastié dem Dienstleistungssektor zukommen lies. Noch sind wir davon entfernt. Aber der Anstieg ist noch nicht gestoppt.

Im Dienstleistungssektor wiederholt sich, was wir im 19. Jahrhundert in der Industrie erlebten. Menschenmassen strömen in diesen Sektor, die Arbeiten sind meist schlecht bezahlt, die Arbeitsbedingungen tendenziell inhuman. Tag- und Nachtarbeit, Teilzeitarbeit, viel graue Arbeit zum Beispiel als Haushaltshilfen, aber auch in der Kinderbetreuung und Pflege, 24-stündige Verfügbarkeit in der Computerindustrie, lange Öffnungszeiten im Handel, das alles sind Arbeitsbedingungen, gegen die ursprünglich Gewerkschaften in der Industriegesellschaft auftraten. Sie wiederholen sich jetzt im Dienstleistungssektor. Allerdings haben Gewerkschaften zum Teil nicht die Umstel-

---

3   Fourastié 1964

18

lung auf die neue Arbeitsstruktur geschafft und ihre Macht weitgehend eingebüßt.

Es könnten im Dienstleistungssektor in Zukunft ähnliche Verhältnisse zwischen Produktion und Anzahl der Angestellten auftreten wie in den anderen Sektoren. Auffüllen, bis zu einem Höchstmaß und danach ein Absinken der Arbeitskräfte bei sogar steigender Produktivität. Es wird dann notwendig werden, die Wirtschaftssektoren konsequent weiter aufzugliedern.

Die Logik der Dienstleistungsgesellschaft

Logisch weitergedacht müsste eine Zeit folgen, in der professionelle Dienstleistungen immer billiger werden und immer weniger Menschen diese produzieren.

Sind wir auf dem Weg dorthin? Manche Dienstleistungen sinken im Preis, vor allem wenn sie der Konkurrenz unterliegen. Das Bild ist aber uneinheitlich. Die Kosten der Kontoführung bei den Banken sind ein Beispiel dafür. Teils werden sie billiger, teils werden neue Gebühren eingeführt. Eine österreichische Bank wirbt zur Zeit der Abfassung des Buches mit einer neuen Kontokarte. Die Jahresgebühr soll 9€ betragen anstatt der alten 8€. Mit dieser Karte sind die mittlerweile üblichen Transaktionen insbesondere über Bankomaten in ganz Europa möglich, heute bereits kostenlos oder zu Inlandsgebühren. Allerdings muss man für Buchungen über Erlagschein Gebühren zahlen, wobei es verschiedene Pauschalarrangements gibt. Mit der neuen Karte fallen die Buchungsgebühren völlig weg, allerdings muss alles über net-banking erledigt werden. Jeder einzelne Handgriff, den ein Bankbeamter machen muss, kostet zusätzlich. Verlässt man also den virtuellen Bereich, dann steigen die Kosten stark an. Die Kreditkartenfirmen wollen den internationalen Geldtransfer billiger machen, in Konkurrenz zu den noch hohen Bankspesen. Trotz verschiedener Werbefeldzüge gewinnt man den Eindruck, dass mit bargeldlosem Geldverkehr die Kosten für den Kunden insgesamt zunehmen werden.

Andere Dienstleistungen steigen eindeutig in den Kosten. Das Gesundheitswesen ist dafür wohl das augenfälligste Beispiel. Nicht nur steigen die Arztkosten, auch Pflegekosten werden höher. Die Gesundheitspolitiken der europäischen Wohlfahrtstaaten sind kaum mehr finanzierbar, wenn sie auf dem modernsten Qualitätsstand der Medizin betrieben werden sollen. Wenn private Dienstleistungen, die derzeit noch durch die Familie durchgeführt werden, professionalisiert werden, wird sich der Geldfluss weiter erhöhen. Zu diesen gehören Haushaltstätigkeiten, die durch Haushaltshilfen übernommen werden oder in Nachbarschaftshilfe geleistet werden, vor allem aber Pflege- und Betreuungsdienste. Die Altenpflege liegt derzeit zu 90% in den Händen der Familie. Eine Professionalisierung würde die Kosten schlagartig erhöhen.

Gerade diese Tendenz zur Professionalisierung wird sich aber verstärken. Pflegeleistungen wird man auf lange Sicht nicht bei der Familie belassen, sie werden stärker zu einem Beruf werden. Das zeigen auch ansteigende Bildungsangebote für Pflegepersonal. Erste Lehrstühle für Pflegewissenschaft entstehen an den Universitäten.

Ein gutes Beispiel dafür ist die Tagesmutterbetreuung. War es früher möglich, das Kind der Nachbarin anzuvertrauen, so wird im nächsten Schritt eine Kartei von Tagesmüttern geschaffen. Das sind Frauen, die zu ihrem eigenen Kind noch andere tagsüber hinzunehmen. Zunächst brauchten sie keine Ausbildung. Jetzt müssen sie bereits geschult werden. Es ist nur eine Frage der Zeit, wann auch dafür Diplome zu erwerben sind.

Es ist höchst unwahrscheinlich, dass auf lange Sicht Dienstleistungen im Privatbereich gefördert und vielleicht sogar teilweise finanziell durch Betreuungsgelder oder Ähnliches unterstützt werden, obwohl dies in der heutigen Phase so aussieht. Betrachtet man allerdings langfristig die Entwicklung, dann kann man eher zunehmende Professionalisierung erwarten. Die Dienstleistungen werden sich ausdifferenzieren, eine spezialisierte Berufsausbildung wird für sie notwendig werden.

Ebenso war früher Bildung eine Aufgabe der Familie, dann wurde sie von der Schule übernommen. Es lehren nicht mehr die Eltern, sondern speziell dafür ausgebildete Lehrer. Ebenso wie wir die Kinderbetreuung in Kindergärten ausgegliedert haben, werden wir die Pflege der Alten viel umfangreicher aus den Familien auslagern, als es heute der Fall ist. Modelle, die Pflege im privaten Bereich fördern, sind Übergangsmodelle, die durchgeführt werden, weil derzeit die Kosten einer kollektiv organisierten institutionellen Betreuung noch viel zu hoch sind. Es ist eine Frage des finanziellen Vermögens der Haushalte. Auch heute nehmen höher gebildete und finanziell besser gestellte Personen eher außerfamiliäre Dienste in Anspruch als weniger gebildete.

Dienstleistungen könnten in ferner Zukunft zunehmend personenungebunden werden.

Ansätze dazu finden wir in der Nutzung neuer Technologien. Über das Internet können Dienstleistungen, vor allem Informationen, billig angeboten werden. Dienstleistungen können abgerufen werden. In Zukunft wird man auch Bewegungen im Haushalt registrieren können. Dadurch könnte so etwas wie eine Überwachung von kranken Personen stattfinden, der Arzt wird im Notfall automatisch kontaktiert.

Noch sind wir davon entfernt, noch wird häusliche Pflege zum überwiegenden Teil familiär von nicht ausgebildeten Personen durchgeführt, noch sind für Dienstleistungen Personen in großer Zahl nötig. Aber die neuen technischen Möglichkeiten werden auch den Dienstleistungssektor, insbesondere den Bereich der Pflege, mechanisieren und rationalisieren.

Die Geschichte lehrt, dass der Beginn einer neuen Gesellschaftsphase mit hohen sozialen Kosten erkauft wird, dass er Notstände und soziale Missstände hervorruft. Zu Beginn der industriellen Phase hatten die Arbeiter, die in den

20

Industriesektor strömten, Verelendung, schlechte Arbeitsbedingungen und inhumane Lebensbedingungen zu erwarten. Davon gibt es eindrucksvolle Beschreibungen. In seinem Buch „Die Lage der arbeitenden Klasse in England" setzt sich der Bürgersohn Friedrich Engels[4] mit den unwürdigen Bedingungen der Arbeiter in der Industrie auseinander. Die Familienuntersuchungen von Frederic Le Play[5] zeigen deutlich die schlechten Wohnbedingungen der Arbeiter in den Städten. Man denke auch an die Romane von Charles Dickens, etwa „Hard Times", die uns ein Bild der Verwahrlosung in der Industriegesellschaft zeigen. Zu Beginn der Industriegesellschaft wächst der sekundäre Sektor rasant an, gleichzeitig sehen wir einen großen sozialen Notstand der neu in diesen Sektor Eintretenden. Ebenso nimmt die Arbeitszeit in diesem Sektor zu. Das wirkt sich auf die Gesamtarbeitszeit aus. Um 1880 betrug die Wochenarbeitszeit in Deutschland 72 Stunden. Heute ist sie im Durchschnitt auf knapp unter 38 Stunden gesunken.[6]

Ähnliche Prozesse kann man bei der Entstehung des Dienstleistungssektors beobachten. Kleine Angestellte und vor allem die Beamten verdienten zu Beginn im Dienstleistungssektor wesentlich weniger als in der Industrie. Dank eines bereits entwickelten Wohlfahrtsstaates entstehen dadurch keine sozialen Notlagen. Typisch für den Dienstleistungssektor sind die neuen Kleinbürger: Dienstleistungsklassen, wie etwa Pflegeberufe, die nicht sehr gut bezahlt werden und schwer erträgliche Arbeitszeiten haben. Zwar gibt es keine mit den Zuständen im neunzehnten Jahrhundert vergleichbare Notsituation, doch ihre Bezahlung und Arbeitsbedingungen sind deutlich prekär. Die neuen Arbeitskräfte im Dienstleistungssektor gehören zu den unteren Mittelschichten.

Ist in manchen Branchen die Bezahlung gut, so sind die Arbeitsbedingungen schlecht. Prototyp dafür sind die neu entstehenden Berufe im Informationssektor. Die Selbstausbeutung ist hoch, wenn man sechzig Stunden am Computer sitzt und programmiert oder sogar im Büro übernachtet. McJobs werden immer häufiger. Schlechte soziale Absicherung kennzeichnet diese Arbeitsplätze. Auch das ist ein Anzeichen eines neu entstehenden Sektors.

Wie sich diese Arbeitsorganisation in Zukunft entwickeln wird, wird klar, wenn wir die Ansprüche der Konsumenten an Dienstleistungen vor Augen führen: Sie sollen jederzeit verfügbar sein und termingerecht erledigt werden.

Beispielsweise sollte es möglich sein, gemütlich nach der Arbeitszeit einzukaufen, und auch sonntags sollten die Geschäfte offen halten. Nahrungsmittel will man jederzeit kaufen können, 24 Stunden am Tag. Wenn ich Formulare von einer Behörde holen will, dann soll meine eigene Arbeit nicht darunter leiden und die Behörde soll zu Randzeiten offen haben, nicht (nur) tagsüber von 8 bis 17 Uhr, sondern ebenfalls am besten 24 Stunden am Tag.

---

4   Engels 1892
5   Le Play 1855. Zitiert nach Kern 1982
6   Wilpert 1994

21

Natürlich soll auch Weiterbildung möglich sein, man muss neben dem Beruf studieren können. Der menschliche Geist kennt keine fixen Arbeitszeiten und daher sollen Bildungseinrichtungen und Bibliotheken möglichst durchgehend geöffnet haben und Universitäten bis spät in die Nacht das ganze Jahr hindurch unterrichten.

Noch mehr Flexibilität[7] ist bei Heim- und Computerarbeit gefordert. Einerseits mag man den Vorteil genießen, zu Hause arbeiten zu können, andererseits ist man auch rund um die Uhr verfügbar, selbstverständlich auch samstags und sonntags. Arbeitet man am Computer, zum Beispiel als Programmierer, dann ist dies ebenfalls jederzeit möglich. Man ist produktorientiert und kümmert sich wenig darum, unter welchen Bedingungen dieses Produkt zustande kommt.

In den neuen und aufstrebenden Sparten des Dienstleistungssektors werden zunächst die Arbeitszeiten weiter steigen. Tendenziell ist hier auch gefordert, rund um die Uhr Dienste anbieten zu können. Von diesem Gesichtspunkt her bedeutet Dienstleistungsgesellschaft totale Arbeit, Ausdehnung der Gesamtarbeitszeit. Erleichtert kann das durch den partiellen Zugriff werden, den das Internet ermöglicht. Behörden können ihre Formulare dort auflegen, sogar medizinische Beratung kann angeboten werden – erste Hinweise für Auslagerungsmöglichkeiten, Rationalisierung und weniger Angewiesensein auf menschliche Arbeitskraft.

Die Errungenschaften des Wohlfahrtsstaates, der auf der Industriegesellschaft aufbaut, brechen zusammen, dieser wird zurückgebaut. Neue sozial verträgliche Entwürfe werden notwendig, existieren aber noch nicht.

---

7   Vgl. Sennett 1998

Wir arbeiten: immer und überall

Schon nahezu jede Anstrengung wird als Arbeit bezeichnet. Neben der Erwerbstätigkeit artet auch Freizeitbetätigung in Arbeit aus und manche sprechen sogar von Beziehungsarbeit. Über die Vielfalt dessen, was wir heute unter Arbeit verstehen, geht es in diesem Kapitel.

Mit Arbeit bezeichnet man ganz allgemein Tätigkeiten, die Mühe machen, die anstrengen und erschöpfen, die man ausführen muss, weil sonst Nachteile entstehen. Arbeit ist das, was notwendig ist, um zu überleben. Das gilt vor allem für Erwerbsarbeit. Diese Vorstellung von Arbeit greift auf alle Gesellschaftsbereiche über.

Heute wäre es naiv von Arbeit nur im Sinne von Erwerbsarbeit zu sprechen. Auch die Freizeit bekommt den Charakter von Arbeit. Man kennt ihn, den Freizeitstress, das Work-Out im Fitness Club, das eigentlich „Work" ist, die Verabredung zum Tennis, den Zwang zur körperlichen Fitness.

Sogar die Pflege sozialer Kontakte wird zur Arbeit. Geselligkeit, Treffen mit Freunden, das alles soll und kann auch Spaß machen. Sicherlich. Heute hat es oft Arbeitscharakter. Das Treffen muss geplant werden, es wird zielorientiert angegangen, nichts soll dem Zufall überlassen bleiben, nichts erfolgt spontan. Man muss Kraft aufwenden. Geselliges Beisammensein wird zur Planungs- und Durchführungsarbeit.

In der Physik heißt Arbeit: Kraft, die auf einen Körper einwirkt und ihn vom Ort bewegt. Energie wird übertragen. Auch im gesellschaftlichen Bereich heißt Arbeit Energie aufzuwenden und auf die Umwelt einzuwirken.

Die menschlichen Produkte werden durch Arbeit hergestellt. Diese Produkte sind nicht nur materielle, sondern auch soziale und geistige. Es geht nicht nur um die Produktion von Lebensgütern, von Nahrung, von Kleidung, von Möbeln, von Konsumgütern aller Art, es geht auch und gerade heute um Dienstleistungen. Serviceleistungen sind die Produkte der Dienstleistungsgesellschaft, und sie sind so zahlreich, dass sie kaum aufgezählt werden können. Versicherungswesen und Banken, Behörden, all die Dienstleistungsbetriebe im sozialen Bereich, im Bereich der Fürsorge aber auch die Unterstützung bei täglichen Angelegenheiten, Zustellung von Essen, Taxifahrten und so weiter, das alles sind Produkte gesellschaftlicher Arbeit.

23

Mehr noch geht es heute um die Produktion von Wissen. Wir leben in einer Wissens- und Informationsgesellschaft. Heere von Wissenschaftlern, die in gentechnischen Labors den genetischen Code entschlüsseln, das menschlichen Genom untersuchen, produzieren Wissen. Ohne Wissenschaft ist modernes Leben nicht denkbar. Und immer mehr Personen arbeiten in diesem Bereich. Sicher, auch früher wurde Wissen geschaffen, aber im Ausmaß unvergleichlich weniger als heute.

Schließlich wird auch im privaten Bereich Arbeit geleistet. Persönliche Beziehungen aufrecht zu erhalten, Partnerschaften weiterzuentwickeln, für gegenseitige emotionale Unterstützung zu sorgen, das alles ist Arbeit.

Arbeit so verstanden ist universell.

Noch bleibt man bei der Vorstellung: Arbeit ist vor allem Erwerbsarbeit

Wir vollziehen nur langsam die Umorientierung zu einem allgemeinen Arbeitsbegriff. Wenn von Arbeit gesprochen wird, dann zumeist noch im Sinne der Erwerbsarbeit. Manchmal denkt man auch an Hausarbeit, an Pflege von Kindern und Alten in der Familie. Aber das Zentrum bleibt Erwerbsarbeit. Sie ist das axiale Prinzip der Industriegesellschaft, um sie dreht sich alles. Demgemäss sind Arbeitsministerien wichtige Einrichtungen jeder Regierung und Erwerbsarbeit ist ein erstrangiges politisches Thema. Vollbeschäftigung ist das zentrale Programm der Europäischen Union für den Beginn des 21. Jahrhunderts, das sie auch in ihrem Sozialprogramm niedergeschrieben hat.[1]

Dementsprechend ist das größte Problem, mit dem sich Politiker tagtäglich konfrontiert sehen, die Arbeitslosigkeit. Alle politischen Programme streben ihre Eindämmung an. Arbeitslosigkeit trifft den Menschen in seiner gesamten Person. Sie bedeutet nicht nur Einkommensverlust, sondern verringert auch das Selbstbewusstsein. Sie wird oft als Schande empfunden. Wenn man arbeitslos ist, verliert man den Lebenszusammenhang.

In den Dreißigerjahren, mitten in der Industriegesellschaft und zu Zeiten der Weltwirtschaftskrise untersuchten drei Wiener Sozialwissenschaftler, die später weltberühmt wurden, was geschieht, wenn ein ganzes Dorf arbeitslos wird. Es handelt sich um die Studie „Die Arbeitslosen von Marienthal" von Paul Lazarsfeld, Marie Jahoda und Hans Zeisel (1933). Sie beschäftigten sich im Rahmen dieser Studie mit einem Ort in Niederösterreich, in dem durch die

---

1 Die sozialpolitische Agenda der Europäischen Union listet Vollbeschäftigung als wichtigstes Thema. Nicht nur das, es wird angestrebt, die Beschäftigungsquote zu erhöhen. In einer Zeit der rückgängigen Bevölkerungsentwicklung scheint es notwendig zu sein, dass so viele Menschen wie möglich arbeiten.
http://europa.eu.int/comm/employment_social/social_policy_agenda/com379_de.pdf

24

Schließung der Fabrik alle Bewohner arbeitslos wurden. Das Buch wurde ein soziologischer Bestseller. Und die Ergebnisse gelten noch heute.

Was geschah also? Wie wirkt sich Arbeitslosigkeit auf die Bevölkerung aus? Wird die Fülle der Zeit dazu verwendet, sich weiterzubilden, wie es viele erwarteten? Bildung war allgemein als wichtiges Gut anerkannt und wenn man nichts Besseres zu tun hätte, dann würde man sich vielleicht, zumindest zunächst einmal, Bildungsgütern zuwenden, also zum Beispiel lesen, meinten die Sozialforscher. Oder man würde sich in der Gemeinde engagieren, den Ort verschönern helfen.

Die Forscher gingen mit vielfältigen Methoden ans Werk. Sie zählten die Entlehnungen aus der Gemeindebibliothek, sie ließen einen Zeitverwendungsbogen über den Tagesablauf ausfüllen, sie regten Schulaufsätze an, sie dokumentierten während der Interviews in den Wohnungen auch die Wohnungseinrichtung, sie maßen die Gehgeschwindigkeit und vieles andere mehr.

Keine der Erwartungen, dass sich die Menschen vermehrt anderen Aktivitäten zuwenden würden, trat ein. Die Männer, die arbeitslos wurden, eilten keineswegs in die Gemeindebibliothek und borgten Bücher aus. Ganz im Gegenteil: Die Entlehnungen gingen sogar zurück. Vielleicht halfen die Männer noch anfänglich da und dort etwas im Haushalt mit, doch auch das hörte bald auf. Auch beteiligte sich niemand begeistert nun vermehrt an Gemeindeaktivitäten. Man zog sich eher zurück.

Die Menschen wurden zunehmend resignierter, einige apathisch und hoffnungslos. Auf den Zeitverwendungsbögen, die ihnen die Sozialwissenschaftler austeilten, trugen sie ein: „von neun bis zehn «zu Hause gewesen», von zehn bis elf «an der Ecke des Hauses gestanden», von elf bis zwölf «gegessen», von zwölf bis dreizehn «geschlafen»" [2].

Die Wissenschaftler setzten sich in einem Haus am Hauptplatz hinter ein Fenster und beobachteten das Treiben. Sie maßen die Gehgeschwindigkeit. Diese wurde zunehmend langsamer. Beim kontinuierlichen Gehen erreichten schließlich von fünfzig Marienthalern zweiundzwanzig nur eine Geschwindigkeit von drei Stundenkilometern, von 100 Männern trugen 88 keine Uhr, nur 31 hatten eine zu Hause.

Die Lebensstruktur brach zusammen – für die Männer. Die Frauen führten weiterhin den Haushalt und in ihrem Tagesablauf veränderte sich nicht allzu viel.

Durch die Arbeitslosigkeit versank ein Dorf in Apathie.

Das Wegfallen von Arbeit brachte Armut. Das war erwartet worden. Was aber viel erstaunlicher und unerwartet war, war die völlige Untätigkeit und Interessenlosigkeit. Man verwendete die reichlich vorhandene Zeit nicht, um sich zu bilden, oder um Arbeiten wahrzunehmen, zu denen man sonst nicht

---

2 Siehe Jahoda u.a. 1960, S. 84

kam. Man begann nicht, das Dorf zu verschönern, sich in Vereinen zu engagieren. Alles das, was man heute als freiwillige Bürgerarbeit bezeichnen würde, fand nicht statt.

Nimmt man den Menschen die Arbeit, dann ziehen sie sich zurück, werden resigniert und apathisch. Sie nützen keineswegs ihre gewonnene Zeit für neue Tätigkeiten. Sie haben vielmehr ihren Lebensinhalt verloren.

Ist das heute noch so? Spielt Erwerbsarbeit noch immer eine derart zentrale Rolle, dass ihr Verlust zu Apathie führt? Sicherlich nicht in jedem Fall, aber die Anstrengungen zu Vollerwerbstätigkeit und zur Bekämpfung der Arbeitslosigkeit sind ein Zeichen dafür, dass Erwerbsarbeit doch immer noch wesentlich für die Menschen ist. Aber sie wird brüchig.

Der Rückgang an Erwerbsarbeit

In den Achtzigerjahren kam die Frage auf: Geht der Arbeitsgesellschaft die Arbeit aus? Der Soziologe, Politiker und ehemalige Direktor der London School of Economics und Warden des St. Antony's College in Oxford Sir Ralf Dahrendorf stellte sie und bejahte sie ebenso wie andere Soziologen.[3] Wird also Arbeitslosigkeit steigen und alle damit verbundenen Probleme? Oder wird sie sogar sinken?

Am Anfang des 21. Jahrhunderts wurde die Lage komplexer. Zunächst sah es so aus, als sei Arbeitslosigkeit kein Thema. Sie sank bis zur Jahrtausendwende. 1994 waren im Schnitt der damaligen EU-Staaten 10% der Männer und 13% der Frauen arbeitslos, im Jahr 2000 waren es nur mehr 7% der Männer und 10% der Frauen. In den ersten Jahren des 21. Jahrhunderts ist wiederum ein deutlicher Anstieg der Arbeitslosenquote zu bemerken. Im Durchschnitt der Europäischen Union lag sie 2001 bei 7,4%, 2002 bereits bei 7,7%.[4] Ein weiteres rasantes Ansteigen wird mittelfristig nicht erwartet, da geburtenschwache Jahrgänge in den Arbeitsmarkt kommen. Zunächst wurde aber auch der kurzfristige Anstieg nicht erwartet, da genügend Arbeit für eine rückgängige Anzahl an Erwerbstätigen vorhanden schien. Vor allem der Hightech-Bereich sollte Arbeitskräfte sonder Zahl aufnehmen können. Das war ein Irrtum, wie sich in der Wirtschaftskrise zwischen 2000 und 2003 zeigte. Es wurde aber nicht nur weniger Arbeitslosigkeit erwartet, es sah ganz im Gegenteil so aus, als ob Europa die Arbeitskräfte ausgingen. Es würde zuviel Arbeit für zu wenig Menschen geben, auch wenn absolut gesehen das Ausmaß an Arbeit rückläufig wäre. Die niedrigen Fertilitätsraten deckten nicht mehr die Reproduktion der Gesellschaften. Die Anzahl der Menschen in Europa, so wurde vermutet und so nehmen auch heute noch Demographen

---

3   Dahrendorf 1980, Offe 1984, Guggenberger 1988
4   Alle Daten aus Europäische Kommission, Berichte zur sozialen Lage 2000, 2001, 2002 bzw. http://www.europa.eu.int/comm/eurostat/Public/datashop/

26

an, wird deutlich sinken. Die geringe Kinderzahl ließ einen Mangel an Arbeitskräften erwarten. Man suchte nach ausländischen Arbeitskräften und wollte die Arbeitsmigration nach Europa wieder fördern. Wohl von vielen als geschmacklos empfunden tauchte im deutschen Wahlkampf die Parole „Inder statt Kinder" auf und spielte damit auf die Fähigkeiten der Inder vor allem in der Erstellung von Software an. Dann platzte die Hightech-Blase und Informatiker wurden arbeitslos.

Seit Beginn des 21. Jahrhunderts steigt die Arbeitslosenrate wieder. Trotzdem erwarten die Experten, dass Europa langfristig die Arbeitskräfte ausgehen. Es wird zu wenige Personen im arbeitsfähigen Alter geben. Ein Teil ist falsch ausgebildet, die künftigen Arbeitskräfte sind nicht auf die neuen Anforderungen der Wirtschaft und nicht ausreichend auf Informatik und Gentechnologie vorbereitet, zumindest nicht im größten Wirtschaftsbereich Europas, in Deutschland. Dort haben die Arbeitskräfte mittlerweile eine besonders schlechte Ausbildung, wie die Pisa-Studie[5] zeigte. Deutschland, die einstige Wirtschaftsgroßmacht Europas, bildet 2002 fast den Schlusspunkt an wirtschaftlicher Entwicklung in der Europäischen Union. Europa hat nicht genügend qualifizierte Arbeitskräfte. Deswegen wird es künftig Arbeitsimmigranten fördern, natürlich nur solche, mit geeigneter Qualifikation.

Die Arbeitszeit geht insgesamt vergleichsweise zurück, auch wenn sie in einzelnen Teilen (new economy zum Beispiel) kurzfristig stark steigt, die Freizeit wird größer.[6] Kann man aber sagen, wir hätten heute weniger zu arbeiten? Führt Arbeitslosigkeit heute auch noch zur Apathie? Oder finden wir Äquivalente für die Erwerbsarbeit, etwa Bürgerarbeit oder Sozialarbeit für und in Gemeinden, wie der Soziologe Ulrich Beck[7] es propagiert?

Diese Fragen nach dem Rückgang der Arbeit als Erwerbsarbeit können auf zwei Ebenen beantwortet werden. Einerseits können wir quantitativ nach dem Ausmaß von Arbeit fragen, andererseits aber auch qualitativ nach der Bedeutung von Arbeit. In beiden Fällen sprechen wir hier von Erwerbsarbeit, also von Arbeit, für die man einen Lohn, ein Gehalt erhält oder Einkommen bezieht.

Ein Blick auf die Geschichte zeigt, dass sich anscheinend die jährliche Arbeitszeit der erwerbstätigen Bevölkerung nicht stark geändert hat. Sie liegt seit der Antike um etwa 2000 Arbeitsstunden pro Jahr.

Das wird so berechnet. Im ausgehenden römischen Reich um 350 n.Chr. zählte man etwa 175 Feiertage. Wenn man einen langen Arbeitstag von etwa 12 Stunden annimmt, so kommt der erwerbstätige Römer auf ungefähr 2000 Arbeitsstunden jährlich. Im Mittelalter ist es ähnlich. Zahlreiche christliche Feiertage unterbrechen den Ablauf der Arbeitstage. Die Kirche achtete sowohl bei Herren als auch bei Knechten sehr streng auf deren Einhaltung. Auch war zeitweise, wie etwa im Frankreich des 13. Jahrhunderts Sonntags-

---

5   Deutsches PISA-Konsortium 2002
6   Das meint zum Beispiel der Freizeitforscher Opaschowski 1998
7   Beck 1999, 2000

27

und Nachtarbeit stark verpönt, ebenso die Arbeit nach der Vesperglocke am Samstag. Außerdem musste man sich bei der Arbeit an die Sonnenlichtverhältnisse anpassen. So können wir für das Mittelalter und die beginnende Neuzeit eine maximale Arbeitszeit von 2200 Stunden annehmen, immerhin 10% über der römischen.[8]

Wie sieht es heute aus?

In der Europäischen Union liegt die durchschnittliche vereinbarte wöchentliche Arbeitszeit bei 38,1 Stunden. Bei etwa 48 Arbeitswochen kommt man auf eine jährliche Arbeitszeit von 1824 Stunden, also etwa 10% unter der römischen, immerhin 20% unter der maximalen mittelalterlichen. Im Jahr 1999 lag die tariflich vereinbarte Jahresarbeitszeit mit rund 1759 Studen bereits darunter. Dabei fand man in Deutschland mit 1643 Stunden die geringste und in Finnland mit 1850 die höchste.[9]

Das sind Durchschnitte für die Gesellschaften. Natürlich gab es große Unterschiede zwischen den Herren und Sklaven, den Unternehmern und Arbeitern, sicher sind auch die Berechnungen nicht auf die Stunde exakt. So können wir sagen, dass es in der europäischen Geschichte der letzten 2000 Jahre zwar Schwankungen gibt, aber keinen eindeutigen Trend im Ausmaß der Erwerbstätigkeit. Heute geht uns weder die Arbeit aus, noch ertrinken wir in ihr.

Die Berechnungen beziehen sich allerdings nur auf erwerbstätige Personen oder anders formuliert: Auf die Zeit in der Lebensspanne, in der man erwerbstätig ist. Diese nimmt radikal ab. Das hängt mit verschiedenen Faktoren zusammen, vor allem mit der verlängerten Lebenserwartung, aber auch mit Eintritt und Austritt aus dem Berufsleben.

Früher gab es kein Verbot von Kinderarbeit. Also begann die Arbeitsbelastung schon sehr früh, im Bürgertum und bei Handwerkern vielleicht etwas später. Im Schnitt können wir sagen, dass man ca. 30 bis 40 Arbeitsjahre im Leben hatte, vom fünfzehnten bis zum fünzigsten Lebensjahr. Dann starb man. Die durchschnittliche Lebenserwartung war gering und den Ruhestand oder das Ausgedinge in der bäuerlichen Wirtschaft erlebten nicht alle, und wenn, dann nur für einige Jahre. Heute beträgt die durchschnittliche Lebenserwartung in Europa bis zu 80 Jahren. 20 Jahre Ruhestand sind keine Seltenheit. Er kann auch länger dauern. Frühpensionierungen vor dem sechzigsten Lebensjahr kommen immer häufiger vor, trotz der Bemühungen das Pensionsalter hinaufzusetzen. Heute arbeiten in der EU nur mehr um die 36% der 55- bis 64-Jährigen, in manchen Ländern wie Österreich mit 28% deutlich weniger.[10] Daran wird auch eine Politik der Erhöhung des Pensions-

---

8   Vgl. Vak 1989
9   european industrial relations observatory http://www.eiro.eurofound.ie/2001/03/
10   Europäische Kommission 2000

28

alters nicht fundamental etwas ändern. Die Prozentsätze werden sich sicherlich verschieben, aber es wird keinen prinzipiellen Richtungswandel geben.

Weiters findet heute der Eintritt ins Berufsleben später statt. Kinderarbeit ist in unseren Breiten längst verboten und die Ausbildungszeiten steigen. Der Berufseinsteig erfolgt oft erst im dritten Lebensjahrzehnt.

Dadurch wird der Anteil der Erwerbstätigkeit im Lebenslauf immer geringer. Imhof misst den Aufwand nach Lebensstunden. Er kommt zu dem Ergebnis, dass Erwerbstätigkeit 1960 etwa 35% der Lebensstunden ausmachte, für das Jahr 2010 wird geschätzt, dass es nur mehr 10% sind, manche sprechen von 6 bis 7%![11]

Aber nicht nur das Ausmaß hat sich geändert, auch die Struktur.

Zunächst bricht das zusammen, was wir als Normalarbeitszeitverhältnis kennen: Vollerwerbstätigkeit, gebunden an einen Arbeitsplatz. Das gibt es so schon noch, nämlich für die meisten Männer im Alter zwischen 30 und 50 Jahren. Nicht für Frauen – denn diese unterbrechen ihre Erwerbstätigkeit durch Kindererziehungszeiten oder übernehmen häufig Teilzeitarbeit. Nicht für jüngere und ältere Personen – denn diese arbeiten unregelmäßig, teilweise in McJobs, in Altersteilzeit oder sind zu einem überdurchschnittlich hohen Anteil auch arbeitslos. Aber auch für die Männer im mittleren Alter wird sich das ändern.

Das Normalarbeitsverhältnis einer kontinuierlichen 40-Stunden-Woche gibt es nicht nur seltener, es wird auch nicht von allen gewünscht. Vor allem Frauen mit Kindern ziehen Teilzeitarbeit vor. Die Frage, ob man ein Kind bekommt oder nicht, scheint wesentlich davon abhängig zu sein, ob Teilzeitarbeit möglich ist. Wo das der Fall ist (zum Beispiel in den Niederlanden) ist die Geburtenrate höher als in anderen Ländern. Das gehört zur Vereinbarkeit von Familie und Beruf. In manchen Ländern gehen auch die Männer in Karenz oder übernehmen Teilzeitarbeit. In Schweden nehmen etwa 38% einen Karenzmonat in Anspruch, in Österreich gehen 1,8% der Männer in Karenz. Auch in Deutschland ist Väterkarenz eine Randerscheinung.[12]

Jüngere Personen streben ebenso nicht immer sofort Vollzeitarbeitsplätze an. Sie würden sie auch nicht bekommen. Die Soziologie beschreibt eine Lebenslaufphase, die sie Postadoleszenz nennt. Dazu gehören junge Erwachsene bis etwa 30 Jahre. Typisch für diese Phase ist die finanzielle Abhängigkeit und Unterstützung von den Eltern. Es wird studiert, aber nebenbei gejobbt oder das Studium wird zeitweise für einen Auslandsaufenthalt unterbrochen. Manchmal beginnt man auch nicht gleich nach dem Abitur zu studieren. Was früher vazierende Handwerksgesellen waren, das sieht man heute wieder bei manchen Achtzehnjährigen, die Sekundarschulen abgeschlossen haben. Sie beginnen nicht gleich mit dem Studium, sondern arbeiten ein Jahr als au pair, engagieren sich in Entwicklungshilfeprojekten in der

---

11 Imhof 1994
12 Vaskovics; Rost 1999, S. 43ff

29

dritten Welt oder arbeiten ein Jahr im Ausland. Sie finden Anstellungen etwa in Disneyland, jobben in den Vereinigten Staaten oder in Australien.

Auch wenn das Studium abgeschlossen ist, streben junge Erwachsene nicht immer gleich ein 40-stündiges Vollerwerbsverhältnis an. Es gibt in dieser Phase Arbeit über Werkverträge und unregelmäßige Beschäftigung. Prekäre Arbeitsverhältnisse stehen aufreibenden 60-Stunden-Jobs gegenüber, die auch nicht dauerhaft durchgehalten werden. Der Übergang vom Studium zum Beruf ist fließend. In Österreich arbeiten bereits über 80% der Erstabsolventen beim Abschluss ihres Studiums, etwa ein Drittel aller Studierenden verdienen dazu. Eine kontinuierliche 40-Stunden Wochenarbeitszeit wird in dieser Altersgruppe zur Seltenheit.[13]

Möglich, dass sich junge Leute an dem orientieren, was es gibt. Andererseits scheint aber auch bei vielen gar kein Wunsch vorhanden zu sein, in ein Normalarbeitsverhältnis mit Vollerwerb einzutreten.

Bei Nichtstudierenden ist das etwas anderes. Trotzdem ist auch hier diese Phase stärker als eine Vorbereitung auf die Vollerwerbstätigkeit zu sehen. Berufswechsel sind häufig, auch Arbeitslosigkeit. Die Arbeitslosenrate bei jungen Erwachsenen liegt etwa doppelt so hoch wie im Durchschnitt.

Auch auf der anderen Seite des Lebenslaufs wird die Auflösung eines Normalarbeitsverhältnisses sichtbar. Der Anteil der Vollerwerbstätigen, ja der Anteil derer, die mit über 50 oder 55 Jahren überhaupt erwerbstätig sind, ist in den letzten Jahrzehnten des zwanzigsten Jahrhunderts dramatisch gesunken. In der Europäischen Union arbeiten nur etwas mehr als ein Drittel der 55- bis 64-Jährigen (36%), in Österreich sind es sogar unter 30%. Gleichzeitig sind sie gesund, relativ wohlhabend und wären durchaus fähig, noch länger zu arbeiten – wenn auch nicht in der Computerindustrie, in der man angeblich schon mit 30 zum alten Eisen gehört.

Teilzeitarbeit für Personen über 50 und Gleitzeit, das heißt langsame Reduzierung der Arbeitszeit bis zur Pension, sind Modelle, die propagiert und zögernd angenommen werden.

In manchen Berufen ist Erwerbstätigkeit nicht mehr physisch an einen Arbeitsplatz außer Haus gebunden. Der Computer macht es möglich. Vermehrt wird den Angestellten zumindest zeitweise Heimarbeit gestattet und Manager sind ohnedies 24 Stunden mit ihrem Laptop unterwegs.

Vollerwerbstätigkeit in einem Beruf über die gesamte Spanne des erwerbsfähigen Alters, gleichgültig ob gewünscht oder nicht, wird es in Zukunft nicht mehr geben. Berufswechsel, Weiterbildung, verschiedene Formen von Arbeit und Arbeitszeit werden abwechseln.

---

13 Vgl. Wroblewski 2002, auch: http://www.bmbwk.gv.at/medien/9079_sozialbericht _2002.pdf

Flexibilität ist gefragt.

Dies hat Sennett in seinem Buch „Der flexible Mensch" (1998) beschrieben und kritisiert. Im flexiblen Kapitalismus entstehen immer mehr virtuelle Unternehmen, abstrakte Zusammenschlüsse, Konzentrationen von Firmengruppen. In den Betrieben lösen Kurzzeitprojekte einander ab. Teams sind gefordert, sie entstehen und gehen auseinander, werden je nach Projekt zusammengesetzt. Soziale Kompetenz wird eine Schlüsselqualifikation und ist auch in mittleren Bereichen wichtiger als die fachliche Kompetenz. Gefragt sind Ergebnisse. Ob diese auch in einem Achtstundentag zu bewältigen sind, wird nicht berücksichtigt. Der Arbeitnehmer wird zum selbständigen Kleinunternehmer im Betrieb: Mit Verantwortung ausgestattet, muss er selbst für das Überleben seines Arbeitsplatzes sorgen. Die Unabhängigkeit wird größer, aber auch die Unsicherheit des Arbeitsplatzes nimmt zu.

Erwerbstätigkeit wird als Gliederungskriterium für die Gesellschaft zunehmend fragwürdig. Für die Erwerbsfähigen geht die Arbeit keineswegs aus, aber anteilig an der Gesamtbevölkerung gibt es immer weniger Erwerbstätige und die Zeit, in der man arbeitet, nimmt nicht mehr den größten Teil im Lebenslauf ein.

Das ist ein erster Hinweis darauf, dass wir die heutige Gesellschaft nicht mehr mit dem gleichen Maß messen können, wie die Industriegesellschaft. Die Gliederung und die soziale Ungleichheit in der Gesellschaft nur nach der Stellung der Bevölkerung in der Erwerbsarbeit zu erfassen, übersieht deren quantitativen und qualitativen Bedeutungswandel.

Die Einteilung in soziale Klassen, später in soziale Schichten, nach denen wir die Bevölkerung klassifizierten, war im Wesentlichen an Einkommen, Schulbildung und Beruf orientiert. Zwei dieser Faktoren, nämlich Einkommen und Beruf sind durch die Erwerbstätigkeit bestimmt. Damit kommen alle Personen, die nicht erwerbstätig sind, in der Messung nicht vor und ihre Schichtzugehörigkeit wird indirekt bestimmt, entweder nach ihrer früheren Erwerbstätigkeit oder sie werden der Schicht des erwerbstätigen Haushaltsvorstands zugeordnet. Dessen Status transferiert sich auch auf die anderen Haushaltsangehörigen, vor allem die nicht berufstätige Frau und die Kinder. Danach wurde die Bevölkerung eingeteilt. Die österreichische „Frau Professor", deren Mann Professor ist, charakterisiert diese Vorstellung im Alltag.

Aber auch der Begriff des Haushaltsvorstandes ist veraltet. Er geht von der traditionellen Vorstellung aus, dass nur der Mann erwerbstätig ist und dieser einen besseren Beruf und ein höheres Bildungsniveau hat als die Frau. Das stimmt zusehends nicht mehr. In Zukunft werden die Frauen ein höheres Bildungsniveau haben. Im Jahr 2002 stellen sie europaweit bereits einen höheren Anteil an Studienanfängern als Männer. Der Sozialbericht der EU 2001 bemerkt eine sich „schließende Kluft zwischen den Geschlechtern". Er sagt: „In den meisten Mitgliedstaaten hat sich die Entwicklung für die Altersgruppe von 25 bis 34 Jahren sogar umgekehrt: junge Frauen sind in allen Ländern mit Ausnahme Österreichs, Dänemarks, Deutschlands und des Vereinigten Königreiches besser ausgebildet. Es ist interessant festzustellen, dass das Bildungsniveau der Frauen in Irland und Portugal in allen Altersgruppen höher als das der Männer ist."[14] Ist es also sinnvoll an einer Ungleichheitsmessung festzuhalten, deren Kriterien für die Mehrheit der Bevölkerung nicht direkt zutreffen? Bildung bleibt das einzige universell differenzierende Kriterium. Beruf und Einkommen verlieren demgegenüber als Unterscheidungsmerkmale an Bedeutung. Das zeigen Lebensstilstudien wie in Deutschland etwa die Studie von Schulze über die Erlebnisgesellschaft. Wir werden in einem späteren Kapitel darauf noch zurückkommen.

Die Veränderungen im Bereich der Arbeit sind aber noch vielfältiger.

Die Bedeutung von Arbeit ändert sich

Arbeit ist nicht mehr die klassische Erwerbsarbeit, die sie einmal war. Die strukturellen Veränderungen gehen einher mit einer Veränderung der Bedeutung der Arbeit, im Großen wie im Kleinen.

Im Großen, in der Tradition der jüdisch-christlich-abendländischen Geschichte gedacht, ist es erstaunlich, dass wir in der Industriegesellschaft der Arbeit eine so hohe Bedeutung zumaßen. Man müsste ja meinen, dass die christlich-jüdische Tradition die Bibel ernst nimmt: Arbeit ist eine Strafe Gottes, verhängt bei der Vertreibung aus dem Paradies. „Im Schweiße deines Angesichts sollst du dein Brot verdienen", das war die alttestamentarische Botschaft. Nirgends ist davon die Rede, dass Arbeit glücklich macht oder der Selbstverwirklichung dienen soll. Sie ist Mühsal.

In der Antike verstand man das. Arbeit war eine verabscheuenswürdige Tätigkeit, die man den Sklaven überließ. Oder den Frauen: die Hausarbeit. Für den freien Bürger aber war Kontemplation und Muße die edle und legitime Beschäftigung. Der Adel war zu edel, um zu arbeiten. Er kassierte den Zehent und ließ das gemeine Volk sich abrackern.

Auch noch im 19. Jahrhundert war Arbeit keineswegs hoch geschätzt. Karl Marx sah in der Arbeit hauptsächlich „entfremdete" Arbeit. Sein Mitautor des kommunistischen Manifests, Friedrich Engels sprach vom „Recht auf Arbeit" als „Ausgeburt eines bürokratischen Juristensozialismus", dem er die „Pflicht zur Muße" gegenüberstellte.[15] Beide, Marx und Engels, kamen aus gutbürgerlichem Haus.

Auch die Bürger, die Handelsherren, sahen ihren Lebensinhalt nicht ausschließlich darin zu arbeiten. Sie fanden sich nur stundenweise im Kontor ein.[16]

---

14 Europäische Kommission 2001. S 37
15 Vgl. Guggenberger 1988
16 Die Romane zeigen das oft anschaulicher als Statistiken. Man lese nur Thomas Manns Buddenbrooks oder Charles Dickens.

32

Daneben setzte sich aber das protestantische Ethos mehr und mehr durch. Für dieses lag der Sinn des Lebens in der Arbeit. Dieses Prinzip begann die kapitalistische Welt, das nördliche Europa, England und natürlich vor allem die USA zu beherrschen, die ja vorwiegend protestantisch waren. Die katholischen Länder folgten.

Die Wertigkeit der Arbeit wurde immer bedeutender, auch und gerade durch die sozialen Errungenschaften, die aber immer mit Erwerbsarbeit verknüpft waren. Soziale Absicherung war und ist großteils bis heute gebunden an Eingliederung in die Arbeitswelt.

Im Zuge der Entwicklung der Interessensvertretungen, vor allem natürlich der Gewerkschaften, gelang es, die tägliche Arbeitszeit zu reduzieren, auf zehn Stunden, später auf acht Stunden. Auch die Qualität der Arbeit sollte verbessert werden. Sie sollte weniger „entfremdet" sein. Die Idee, dass sie zur Selbstverwirklichung dienen könnte, trat mehr und mehr hervor.

Die Idee der Selbstverwirklichung durch Arbeit ist ein neues Phänomen. Und sie ist kein großbürgerliches Phänomen, sondern eines des Mittelstandes, des Sozialismus, der Kleinbürger.

Der traditionelle Großbürger arbeitete nicht zu seiner Selbstverwirklichung. Arbeit war ein wichtiger Lebensbereich, der aber immer nur Mittel zum Zweck war. Man arbeitete, um ein gottgefälliges Leben zu führen. Einen Teil des Verdienstes investiert man in soziale Tätigkeiten, wie etwa Arbeiterwohnungen, einen anderen in den Betrieb. Sicher verwendete man das Geld auch dazu, sich Muße leisten zu können. Kunst, Kultur und auch Religion waren für die Person wichtiger als Arbeit.

Mit dem Wertewandel in den Sechzigerjahren des 20. Jahrhunderts trat eine deutliche Änderung ein: die Forderung nach einer Arbeit, in der man sich selbst verwirklichen kann, auf die man Einfluss nehmen, die man gestalten kann. Partizipation in allen Lebensbereichen war der Grundtenor dieses Wertewandels. Gerade diese Forderung bereitete den neuen neoliberalen Managementstil vor, der in jedem Arbeitnehmer einen potentiellen Selbstständigen sieht, der sich seine Arbeit selbst gestalten kann, soll oder muss und damit auch für seine eigene Tätigkeit voll verantwortlich zeichnet.

Es war eine Wende zum Subjektiven und zur Individualisierung. Man leistete in der Arbeit weniger etwas für das Gesamtwohl, sondern für das eigene Wohl. Die Idee des Arbeitenden als Familienerhalter wurde als hoffnungslos kleinbürgerlich, atavistisch und frauenfeindlich angesehen. Das war sie auch, sie hielt Frauen tendenziell vom Arbeitsmarkt fern und lieferte sie praktisch der Willkür des Mannes aus. Gleichzeitig bedeutete dies auch eine Abkehr von der Idee, die Arbeit sei für ein Kollektiv wie die Familie, die Gemeinde oder den Staat notwendig. Arbeit wurde für den Einzelnen, für das Subjekt wichtig. Es setzte sich die Auffassung durch, dass Arbeit demokratisiert werden müsse und der Arbeitskraft Möglichkeit zur Eigengestaltung bieten sollte. Wer hat aber die besten Möglichkeiten, den Produktionsprozess zu gestalten und ihn zu verändern? Der Unternehmer. Eine logische Konsequenz war es daher, dass jeder Arbeitgeber sein eigener Unternehmer werden musste. Genau das ist der Kernpunkt des fortgeschrittenen Kapitalismus und der neoliberalen Philosophie.

Soweit zum Großen. Nun zum Kleinen, zu den lebensweltlichen Milieus. In der Alltagswelt, in den Einstellungen und Werthaltungen der Bevölkerung verliert der Beruf seine Wichtigkeit. So zeigt die deutsche Sozialforscherin Noelle-Neumann, dass 1967 noch 54% der befragten deutschen Bundesbürger, 1982 aber nur mehr 42% von sich behaupteten: „Ich setze mich in meinem Beruf ganz ein und tue oft mehr, als von mir verlangt wird. Der Beruf ist mir so wichtig, dass ich ihm vieles opfere."[17] Sicherlich ist der Beruf wichtig und Arbeit gehört zu einem glücklichen Leben, aber keineswegs ausschließlich. Ein Drittel der Deutschen meint, dass ein glückliches Leben auch ohne Arbeit möglich ist und ein verschwindend geringer Prozentsatz von 3% meint, dass man nur durch Arbeit glücklich wird.[18] In der Bevölkerung gibt es eine große Spannweite von Einstellungen zur Arbeit. In einer Sonderauswertung einer österreichischen Lebensstilstudie 1987 verglich ich verschiedene Einstellungen zur Arbeit und deren Bewertung.

Die Austrian Life Style Study, eine Umfrage des Fessel Instituts Ende der Achtzigerjahre beinhaltete folgende Statements, die den Befragten vorgelegt wurden:

> „Erst durch die Arbeit bekommt das Leben einen Sinn."

> „Wieviel ich verdiene, ist nicht so wichtig, viel wichtiger ist es, im Beruf eine interessante Aufgabe zu haben."

> „Meine Arbeit macht mir wenig Spaß."

> „Wenn es persönlichen Erfolg bringt, kann man in der Arbeit auch unkollegial sein."

In der Antwort unterschieden sich die Lebenstile deutlich voneinander. Konzentriert man sich eher auf Mentalitäten, die vor allem auf Werthaltungen beruhen, so sieht man auch hier deutliche Unterschiede.

Die folgende Grafik zeigt das:

---

17   Zitiert nach Vester 1988, S. 34
18   Vgl. Grausgruber 2000, S. 93

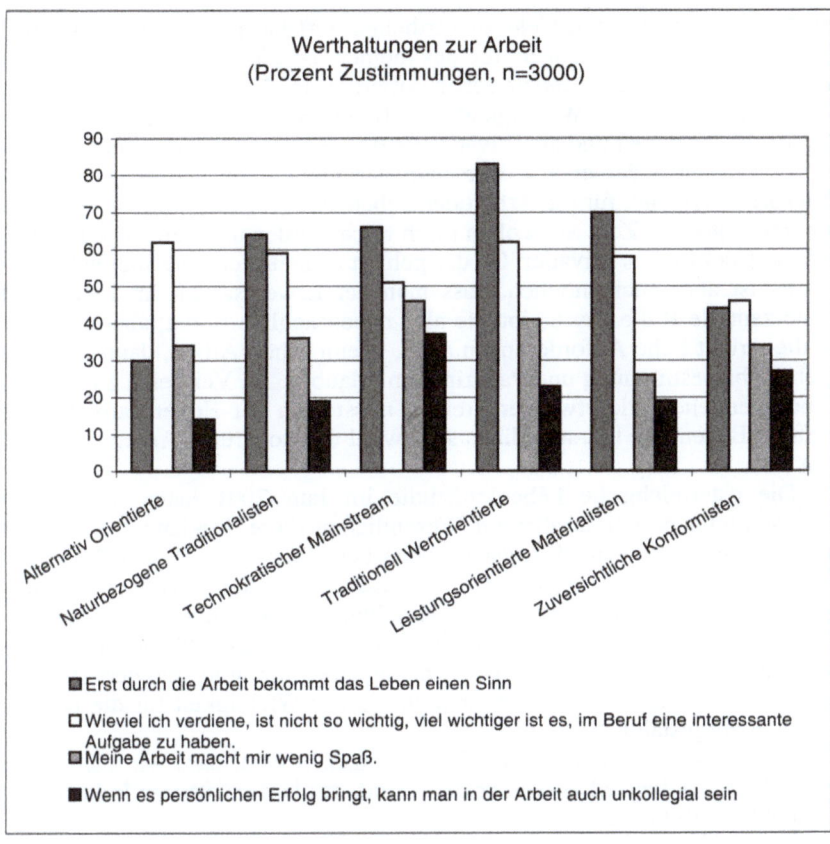

Werthaltungen zur Arbeit
(Prozent Zustimmungen, n=3000)

- ■ Erst durch die Arbeit bekommt das Leben einen Sinn
- □ Wieviel ich verdiene, ist nicht so wichtig, viel wichtiger ist es, im Beruf eine interessante Aufgabe zu haben.
- ▨ Meine Arbeit macht mir wenig Spaß.
- ■ Wenn es persönlichen Erfolg bringt, kann man in der Arbeit auch unkollegial sein

Es gib kein einheitliches protestantisches Arbeitsethos, sonst müsste die Kategorie „Erst durch die Arbeit bekommt das Leben einen Sinn" vorherrschen. Aber dies war auch im katholischen Österreich nicht zu erwarten. Ein deutlicher Unterschied zeigt sich zwischen traditionell wertorientierten und alternativ orientierten Personen in dieser Frage. Arbeit als Sinninstanz wird von den Alternativen nicht gesehen. Bei ihnen ist der solidarische Aspekt am stärksten ausgeprägt. Sie lehnen am häufigsten die Behauptung ab, dass man unkollegial sein könnte, wenn es persönlichen Erfolg brächte. Zwar ist Unkollegialität sozial keineswegs erwünscht, und man wird in einer Befragung kaum einem derartigen Verhalten zustimmen, aber die Unterschiede deuten darauf hin, dass die Menschen darüber keineswegs gleich denken. Die Ablehnung unkollegialen Verhaltens ist beim technokratischen Mainstream am geringsten. Alles in allem zeigt sich zwar eine zentraler Stellenwert von Arbeit, aber keineswegs einheitlich.

Manche meinen, dass das Leben erst durch die Arbeit einen Sinn bekomme. Für andere ist es Mittel zum Zweck, die berufliche Tätigkeit wird als

35

ein Muss betrachtet, um Geld zu verdienen. Oft hat man dann auch wenig Spaß an der Arbeit. Personen, die das meinen, bezeichnen sich selbst oft als nicht ehrgeizig. Wieder andere sehen Arbeit zwar als wichtig an, messen der Familie aber genauso Wichtigkeit bei. Beide Bereiche ergänzen einander. Freude an der Arbeit und am Privatleben, das gehöre zusammen, meinen sie.

Es gibt auch Personen – wer kennt sie nicht – die ehrgeizig und leistungsorientiert sind, für die Arbeit der Lebensinhalt schlechthin ist. Aber nur für eine begrenzte Zeit. Sie wollen rasch reich werden und denken dann wohl eher an Rückzug als Privatier. Ob das gelingt ist natürlich eine andere Frage.

Es ist aber auch möglich, dass man der Erwerbsarbeit im Lebenslauf keine zentrale Rolle zuschreibt, sie also nebensächlich findet, aber trotzdem an die Arbeit hohe Anforderungen stellt. Wenn schon Arbeit, dann muss sie auch Selbstbestimmung und Partizipation erlauben. Im Vergleich zu anderen Lebensbereichen wie etwa der Freizeit misst man der Erwerbsarbeit keine zentrale Bedeutung bei, allerdings sehr wohl der konkreten Arbeitsorganisation.

Die österreichische Lebensstilstudie im Jahr 2001 hatte eine andere Fragestellung, bestätigte aber im Wesentlichen diese Tendenz.[19] So gehört der Arbeitsplatz zu den wichtigsten Lebensbereichen, aber in einer Reihe von elf Kategorien nimmt er nach Familie, Gesundheit und Freunden erst den vierten Platz ein. Unterschiedliche Mentalitäten haben unterschiedliche Einstellungen. Für die einen ist „sinnvolle" Arbeit wichtiger, für andere die soziale Absicherung und der Gelderwerb. Bei allen allerdings rangiert „harmonisches Zusammenleben" an erster Stelle in der Wichtigkeit für die persönliche Lebensgestaltung.

Alle diese unterschiedlichen Einstellungen zeigen, dass wir von einem einheitlichen Arbeitsethos weit entfernt sind, das in der früheren Industriegesellschaft Leitbild war.

Arbeit dehnt sich ins Privatleben aus

Erwerbsarbeit hat an Bedeutung verloren. Sie ist natürlich nach wie vor notwendig zur Existenzsicherung, aber andere Bereiche werden wichtiger: Freizeit, Privatleben, Spaß.

Aber auch diese Bereiche bekommen arbeitsähnlichen Charakter. Wie lautet der deutsche Untertitel eines bemerkenswerten Buches von Arlie Hochschild? „Wenn die Firma zum Zuhause wird und zu Hause nur die Arbeit wartet."[20]

Neben der Erwerbsarbeit gibt es eine Fülle von Tätigkeiten, die eigentlich Arbeit sind, aber unbezahlt geleistet oder nur teilweise bezahlt werden.

---

19 Fessel+GfK LifeStyle 2001. http://www.fessel.gfk.at
20 Hochschild 2002

Dazu gehören Eigenarbeit und Arbeiten im Non-Profit-Sektor[21], mit denen wir uns im Folgenden beschäftigen wollen.

Jeder wird gleich an den wesentlichsten Bereich von Arbeit außerhalb der Erwerbsarbeit denken: die Arbeit im Haushalt. Sie ist unentgeltlich und wird weltweit hauptsächlich von Frauen geleistet. Daran ändern auch einzelne Ergebnisse aus den skandinavischen Ländern nichts, die eine überdurchschnittliche hohe Beteiligung der Männer zeigen. Hausarbeit ist nach wie vor Frauenarbeit. Sie ist unbezahlt. Man könnte sie nicht bezahlen. Rechnet man, was es kosten würde ein Jahr lang, die Haushaltsarbeit durch soziale Dienste verrichten zu lassen und dies zu bezahlen, käme man auf exorbitante Summen. Für Österreich wurde in einer Minimalvariante ein Wert von 684 Milliarden Schilling (das sind rund 50 Mrd. €) errechnet.[22] Eine neuere Studie für die Schweiz zeigt, dass die unbezahlte Arbeit zwischen einem Drittel und über die Hälfte des BIP ausmachen könnte. Der Großteil wird dabei von Frauen geleistet. Gleich welche Berechnungsregel man verwendet, die Familienarbeit (Hausarbeit und Pflege) beträgt einen Großteil der in der Gesellschaft geleisteten Arbeit.[23]

Zur so genannten Eigenarbeit gehören aber nicht nur Hausarbeiten im engeren Sinne, wie Einkaufen, Abwaschen, Aufräumen, Kochen, auch Reparaturen und Basteleien oder Arbeiten im Garten gehören dazu.

Die Baumärkte sind ein Symbol für das Ausmaß an Eigenarbeit. Selbst in Zeiten des wirtschaftlichen Rückgangs boomen sie. Riesige Hallen, mit allem, was das Herz des Bastlers und Gartenpflegers begehrt, zeigen, wie hoch der Anteil an Eigenarbeit ist. Diese Eigenarbeit steigt und steigt. Zwar sinkt der Anteil an Zeit, die man – hier wohl besser frau – für die tägliche Hausarbeit aufwendet, der Anteil der Eigenarbeit steigt dagegen. War früher eine Tendenz von Eigenarbeit zu Erwerbsarbeit zu bemerken, so kehrt sich dieser Trend um.[24] Die Selbstbedienungsgesellschaft ist zu einer Selbstbeschäftigungsgesellschaft geworden. Rationalisierung im Wirtschaftsleben bringt eine Vermehrung von Arbeit im privaten Haushalt mit sich. George Ritzer hat diese Auswirkung der McDonaldisierung der Wirtschaft, wie er es nannte, beschrieben.[25] Effizienz und Effektivität werden auf die Spitze getrieben.

Das kann auch kontraproduktiv sein. Geht es im Supermarkt wirklich schneller als beim Greißler? Man stelle sich nur vor, was alles mit einem einfachen Einkauf verbunden ist. Man muss einen Einkaufswagen aus der

---

21 Siehe zum Beispiel Spitzley 1999
22 Franz 1996, siehe auch die Zusammenfassung von Veronika Gössweiner im 4. Österreichischen Familienbericht. Hrsg. vom Bundesministerium für Umwelt, Jugend und Familie, Wien 1999. S. 57ff.
23 „beziehungsweise" vom 16. Mai 2002; Hrsg. v Österreichischen Institut für Familienforschung. Original: http://www.statistik.admin.ch/news/pm/1999/dp99056.pdf: Bundesamt für Statistik Schweiz
24 Bonß 2000, S. 331
25 Ritzer 1995b

Reihe lösen, ihn durch die Gänge des Supermarkts schieben, die Waren in den Regalen suchen. Man stellt Preisvergleiche an, sucht nach Sonderangeboten, muss sich überlegen, ob man ein billiges No-Name-Produkt einem Markenprodukt vorzieht. Vielleicht hat man schon zu Hause anhand der Reklame Angebotsvergleiche angestellt. Die Reklamesendungen kommen mit der Post. Sie müssen geliefert, aber vom Leser auch wieder entsorgt werden. Schließlich muss man sich bei der Kasse anstellen, nachdem man sich vorher schon bei Wurst, Brot und Käse angestellt hat, weil man diese nicht verpackt kaufen wollte. Einkaufswagen ausräumen, wieder einräumen, alles in den Kofferraum, zu Hause wieder aus dem Kofferraum. Nicht zu vergessen die Wegzeiten mit dem Auto. Beim Greißler ging man hin, er war in der Nähe, kaufte und ging nach Hause. Vielleicht öfter, aber der Zeitaufwand insgesamt war kaum größer. Und billiger ist es im Supermarkt wahrscheinlich auch nicht. Zwar sind die einzelnen Produkte billiger, dafür kauft man mehr. Der Einkauf als Ganzes wurde teurer, die einzelnen Produkte billiger.

Nicht zu vergessen ist der Aufwand, den man mit modernen technischen Geräten hat. Man kann bestenfalls noch ein Radio kaufen, hinstellen und in Betrieb nehmen. Beim Fernsehgerät ist das schon viel komplizierter. Es gibt dafür Voreinstellungen. Wenn die aber nicht den eigenen Gewohnheiten entsprechen, ist ein kompliziertes Umstellungsverfahren nötig, um die geeigneten Sender zu suchen – beim Kabelfernsehen kann mittlerweise aus etwa 40 Kanälen und mehr gewählt werden – und sie in der gewünschten Reihenfolge zu positionieren. Beim Videorecorder ebenso. In vielen Haushalten sollen Videogeräte stehen, die bestenfalls zum Abspielen verwendet werden, da der Aufwand des Einspeicherns für die Aufnahme zu hoch ist. Das wird sich auch bei der modernen wieder bespielbaren DVD nicht ändern. Weitere Beispiele wird jeder sicher selber finden. Alles in allem: Mit zunehmender Rationalisierung steigt die Eigenarbeit.

Um sich das bewusst zu machen, könnte man ein Zeitblatt führen, in das man alle Aktivitäten einträgt, die man ebensogut bezahlt nach außen geben könnte, sowie Tätigkeiten, die keine Muße, Rückzug oder Entspannung bedeuten, sondern der Aufrechterhaltung des Wohnens, des täglichen Lebensablaufs dienen. Eine interessante Selbsterfahrung.

Natürlich gibt es Menschen, die diese Tätigkeiten gerne machen, „do it yourself", ist zum Lebensstilelement geworden.[26] Sicherlich kann Hausarbeit und auch Arbeit entspannend sein, aber zielgerichtete Mühsal bleibt sie trotzdem.

Weiter kommt die Arbeit im Non-Profit-Sektor dazu. Das Ausmaß an Arbeit in diesen Bereichen, die oft nur geringfügig bezahlt und keineswegs äquivalent mit einer Vollzeiterwerbstätigkeit ist, steigt. Ehrenämter im Bereich sozialer Dienste sind ein wesentlicher volkswirtschaftlicher Faktor. Zwar gibt es unterschiedliche Befunde darüber, ob die freiwillige Beteiligung

---

26 Hitzler; Honer 1988

38

im Non-Profit-Sektor tatsächlich wächst oder zurückgeht[27], die Arbeit insgesamt in diesem Sektor, gleichgültig ob ehrenamtlich oder bezahlt, wird mehr. Gerade hier sind prekäre Beschäftigungsverhältnisse verbreitet. Zivildiener werden für Sanitätsfahrten eingesetzt, Tagesmütter bekommen keineswegs einen angemessenen Stundenlohn wie etwa den einer Kindergärtnerin. Sie sind auch nicht entsprechend ausgebildet. Dazu blüht in diesem Bereich auch noch die graue Bezahlung und Schwarzarbeit.

Es ist noch nicht klar berechnet worden, wie hoch der Anteil der Arbeit in den Bereichen der Eigenarbeit und des Non-Profit-Sektors zusammen ist, er könnte aber durchaus gleich mit dem Anteil an Erwerbsarbeit sein oder sogar darüber liegen.

Diese Vermutung wird durch ein Faktum unterstützt, nämlich dem Arbeitszeitvergleich zwischen Männern und Frauen in Europa. Männer arbeiten im Durchschnitt länger pro Woche als Erwerbstätige als Frauen. Setzt man aber den Anteil der Eigenarbeit hinzu, so gleicht sich der Unterschied aus, bzw. wird die Arbeitstätigkeit bei Frauen durch Hausarbeit etwas höher. Der Unterschied zwischen den Geschlechtern wird im Wesentlichen durch die von Frauen geleistete Eigenarbeit verursacht. Verschärft wird diese Diskrepanz dadurch, dass ein Großteil weiblicher Eigenarbeit nicht nur während der Familienphase, in der minderjährige Kinder im Haushalt leben, geleistet wird, sondern auch in den Altersjahren nach der Pensionierung, im jungen Seniorenalter, dann, wenn alte Eltern und junge Enkel zu versorgen sind. Zwar gibt es immer weniger Kinder und daher sinkt die Notwendigkeit der Kinderbetreuung im privaten Haushalt, dafür steigt der Anteil an alten Menschen, die Betreuung brauchen.

Eigenarbeit wird im ganzen Lebenslauf geleistet und übertrifft daher zeitlich die Erwerbstätigkeitsphase. Von Eigenarbeit sind auch Kinder und Jugendliche nicht ausgeschlossen. Natürlich wird ihre Mitarbeit im Haushalt erwartet, die aber nicht sehr groß sein dürfte. Sie werden ermutigt, Ämter und Funktionen in Vereinen, zum Beispiel in Sportvereinen oder in der Schule, bei den Pfadfindern, in Jugendgruppen aller Art zu übernehmen. Zählen wir diese Tätigkeiten hinzu und beobachten wir das Aufkommen dafür nicht nur im normalen Erwerbsfähigkeitsalter, sondern sowohl bei jüngeren als auch bei älteren Menschen, so können wir uns vorstellen, dass Tätigkeiten im Bereich der Eigenarbeit und des Non-Profit-Sektors gemessen am gesamten Lebenslauf das Ausmaß an Erwerbstätigkeit sogar überschreiten könnten.

Personen, die aus der Erwerbstätigkeit ausscheiden, sind noch lange nicht arbeitslos. Eigenarbeit aber auch Arbeit im Non-Profit-Sektor bleibt. Allerdings ist letztere nicht weit verbreitet. Bürgerarbeit für die Gemeinde gibt es zwar, ob sie aber eine Alternative zur Erwerbstätigkeit wird, wie es Ulrich Beck vermutet[28], bleibt fraglich. Es gibt keine empirischen Anhaltspunkte

---

27 Siehe die Diskussionen um Putnam 2000 mit dem bezeichnenden Titel „Bowling Alone".
28 Beck 1999

dafür, dass das Engagement in der Gemeinde und für die Gemeinde nach der Pensionierung steigt. Wenn man aus der Erwerbsarbeit ausscheidet, dann ist Bürgerarbeit, Arbeit für das Gemeinwohl keine Alternative. Da stimmen wohl noch die Ergebnisse der anfangs zitierten Marienthalstudie über die Auswirkung von Arbeitslosigkeit. Erwerbsarbeitslosigkeit wird nicht durch Arbeit in Vereinen kompensiert. Ich vermute eher, dass sich die Arbeit im Non-Profit-Sektor professionalisieren wird. Freiwilligenarbeit wird langfristig als qualitativ ungleichwertig zurückgehen.

Eigenarbeit bedeutet schon eine Fülle von Arbeit. Aber damit nicht genug, für manche gehört auch Beziehungsarbeit, Arbeit zur Aufrechterhaltung der persönlichen Beziehungen, der Partnerschaft und Freundschaft zum Arbeitsbegriff dazu. Das wird nicht immer so gesehen. Aber diese Auffassung kann gute Gründe dafür geltend machen.

Die zunehmende Individualisierung bewirkte nämlich, dass es keine verbindlichen Muster für das Zusammenleben mehr gibt. Die Menschen wurden aus den geregelten und normierten dörflichen Zusammenhängen entbettet. Die moderne städtische Gesellschaft hält eine Fülle von Sinnangeboten bereit und es scheint keine allgemein verbindlichen mehr zu geben. Die Fülle von Orientierungsmustern und Werthaltungen verlangt Auswahl und Entscheidung. Wie kann eine Partnerschaft, eine Liebesbeziehung, eine Freundschaftsbeziehung aufrecht erhalten werden? Dies müssen die Beteiligten selbst entscheiden, dies müssen sie sich erarbeiten. In vergangenen Jahrhunderten stellte sich diese Frage weniger. Die Ehe war unauflöslich. Heute ist sie es nicht mehr. Die romantische Liebe wurde von einer „konstruktivistischen" Liebe abgelöst. An dieser muss ständig gearbeitet werden: sowohl dass sie sich entwickelt, als auch, dass sie bestehen bleibt. Das gilt für die Paarbeziehung im Besonderen, aber das gilt auch allgemein für Freundschaftsbeziehungen.

Die Freizeitgesellschaft – eine Konsumgesellschaft

Bei so viel Arbeit, auch im privaten Bereich, kann man da noch von einer Freizeitgesellschaft sprechen?

Freizeit soll eine selbstbestimmte Zeit sein, nicht eine Zeit, wo man etwas tun muss, sondern in der man selbst entscheiden kann, was man tun will. Unter Freizeit verstehen wir dabei die Zeit, in der wir keinen Verpflichtungen nachgehen müssen und über die wir, natürlich in Koordination mit unserer Umwelt, frei verfügen und die wir ebenso gestalten können.

Dieses Ausmaß an selbstbestimmter Zeit ist größer geworden. Allerdings noch nicht so groß wie die Arbeitszeit. Wiederum ein Rechenbeispiel.[1] Die tägliche Arbeitszeit beträgt in der Regel etwa 8 Stunden. Die Schlafenszeit ist ebenso hoch, und man kann diese ja kaum zur Freizeit rechnen. Von den verbleibenden acht bis zehn Stunden pro Tag entfallen rund 2 Stunden auf die Hausarbeit, vielleicht eine weitere auf dringende „Erledigungen und Besorgungen". Also insgesamt drei Stunden Eigenarbeit. So sind also sicherlich etwa 20 Stunden pro Tag nicht als Freizeit anzusehen. Frei verfügbar bleiben von den 24 Stunden daher nur vier. Wenn wir noch die Beziehungsarbeit quantifizieren wollten, dann bliebe wohl überhaupt nur mehr ein verschwindender Teil Freizeit übrig.

Eine deutsche Statistik der Zeitverwendung zeigt, dass Vollerwerbstätige an einem durchschnittlichen Arbeitstag rund 3 Stunden Freizeit haben[2], d.h. Zeit für Gespräche, Fernsehen, Bücher lesen, Musik und Kultur oder Sport.

Wieso sprechen dann manche von einer Freizeitgesellschaft?[3] Das kommt daher, dass Freizeit hauptsächlich im Kontext mit Erwerbstätigkeit konzipiert wird. Das obige Zahlenbeispiel ist für Vollerwerbstätige und für Familienhaushalte berechnet, also für eine immer geringer werdende Zahl der Bevölkerung. Auf sein ganzes Leben bezogen hatte der Mensch noch nie so viel freie Zeit wie heute.

---

1 Nach den Daten des österreichischen Mikrozensus. Zeitverwendung 1981/1992. Ergebnisse des Mikrozensus. Hrsg. vom österreichischen Statistischen Zentralamt. Wien 1995.

2 Holz 2000, S. 65

3 Zusammengefasst ist die Diskussion in: Vester 1988

41

Im Großteil der Lebenszeit schreibt einem kein Chef vor, was zu tun ist, hier kommen keine plötzlich zu erledigenden Aufträge, hier belästigen keine Kollegen mit Arbeit. Dies hat aber auch negative Konsequenzen: Gäbe es keine Freizeitindustrie, die uns Angebote aufdrängt und kein Fernsehen, das im wahrsten Sinne des Wortes „Programm macht", würden viele nicht wissen, was sie in dieser Zeit tun sollten.

Die Erwerbsarbeit dient vermehrt dem Gelderwerb, Selbstverwirklichung soll in der Freizeit stattfinden. Die Identität des Menschen in der fortgeschrittenen Industriegesellschaft bestimmt sich nicht mehr durch die Arbeit, sondern durch das, was er in der Freizeit tut. Freizeit wird sinnstiftend. Die Freizeitindustrie ist im weitesten Sinne Sinnvermittler.

Im Zentrum stehen der Sport und die Sportlichkeit. Sportgeschäfte boomen, große Ketten entstehen, die ausschließlich Sportartikel vertreiben. Die Palette ist groß. Sportgeräte aller Art sind zu haben und für jede Sportart muss die richtige Ausrüstung und Bekleidung gekauft werden. Es gibt nicht nur eine Art Laufschuhe. Für den Waldlauf werden andere benötigt als für das Laufen auf hartem Untergrund. Es gibt natürlich spezielle Tennisschuhe, für Rasen, Sand und Halle, dann Wanderschuhe, für leichte und schwere Wanderungen. Die Liste kann für alle Sportarten beliebig fortgesetzt werden. Bekleidung ist nicht nur nützlich, sie wird zum Stilelement. Es macht einen Unterschied, ob man irgendein Trikot trägt oder ein Markenprodukt.

Sport heißt Leistung erbringen. Sport ist ein Synonym für Gesundheit. Gesunde Menschen bringen gesunde Leistungen. So bekommt Freizeit wieder Arbeitscharakter.

In der Freizeit sucht man das Erlebnis oder die Muße, die Abenteuer- und Erlebnisgesellschaft[4] wird hier besonders deutlich. Zu erleben ist viel. Von den eher harmlosen, aber perfekt durchgestylten Erlebniswelten der Themenparks bis zum Erlebnis von Gewalt, nicht nur in Videos, sondern auch in der Wirklichkeit. Abenteuerlich ist es, mit der Hochschaubahn zu fahren, aber richtigen Nervenkitzel verleiht es, wenn man sich als Geisterfahrer auf die Autobahn begibt.

Daneben tritt Muße in den Hintergrund. Anfang der Neunzigerjahre warb der österreichische Tourismus noch mit dem Slogan: Mit der Seele baumeln. Das schien nur kurzfristig zugkräftig zu sein. Heute ist es das Wellness-Hotel, das die Urlauber anzieht. Wenn schon Entspannung, dann in einem Fitness-Hotel oder einem Erholungszentrum mit einem Trainer oder Coach und einem durchgehenden Angebot an Tätigkeiten, von Massage bis zu Aerobic. Selbst auf der Wiese sollte mit der Seele nur unter Anleitung gebaumelt werden. Die Logik der Erwerbsarbeit ist auch in der Freizeit allgegenwärtig.

---

4   Siehe auch Schulze 1993

Freizeit und Konsum

Wenn auch die Freizeit Arbeitscharakter hat, so wird dort doch nicht im Sinne der Arbeitsgesellschaft etwas produziert. Freizeit ist da, um zu konsumieren. Konsum ist das axiale Prinzip der Freizeitgesellschaft, Arbeit das der Industriegesellschaft. In der Arbeit mögen die Accessoires nicht ganz so wichtig sein, obwohl sie dort auch symbolischen Wert haben: Die Größe des Zimmers und des Schreibtisches, heute vielleicht mehr die Schnelligkeit des Computers und die Verfügbarkeit über moderne technische Utensilien zeigen die berufliche Stellung. Zentral aber werden diese Accessoires in der Freizeit. Markenkleidung, passende Sportkleidung, geeignete Clubzugehörigkeiten, das wird identitätsstiftend. Die unterschiedlichen Sportarten sagen etwas über die soziale Herkunft aus. Wer Golf spielt, gehört einer anderen Schicht an, oder will es zumindest, als der Fußballbegeisterte. Moderne Sportarten wie rhythmische Gymnastik passen in die Logik des Vegetarismus, der Androgynie und der Tendenz, nur nicht erwachsen und selbstverantwortlich zu werden.[5] Die Sportart, die gewählt wird, hat Symbolcharakter, wie alles, was man in der Freizeit unternimmt.

Das Ausmaß an Freizeit übersteigt das an Erwerbstätigkeit im Lebenslauf deutlich. Freizeit wird durch Konsum charakterisiert. Durch das, was und wie Menschen konsumieren, unterscheiden sie sich. Wenn wir auf soziale Ungleichheiten in der Gesellschaft schauen, dann müssen wir auch auf Konsum schauen. Konsum wird zum Grundbegriff der Unterscheidung. Das ist der Ausgangspunkt für die neue Lebensstilgesellschaft: die symbolische Vermittlung sozialer Ungleichheit, wie sie sich in den Konsumgütern zeigt.

Wir leben nicht mehr in einer Arbeitsgesellschaft, auch wenn die Gesellschaft voll von Arbeit ist. Konsum ist die Grundlage einer neuen Lebensstilgesellschaft. Er ist auf den Finanzmärkten der zentrale Indikator für die Börsenbewegungen. Die Stimmung der Konsumenten wird beachtet und daraus werden Prognosen für die Börsenentwicklung gestellt. Nicht mehr Arbeit und Produktion stehen im Zentrum, sie sind notwendige Voraussetzungen für den Konsum. Man produziert, damit andere die Produkte konsumieren, ob sie diese brauchen oder nicht, ist sekundär. Konsumieren gerät zum Selbstzweck. Das Ziel, ja der Sinn des Lebens ist es zu konsumieren. Damit rücken die Konsumenten in den Vordergrund. Die Unterschiede manifestieren sich an dem, was konsumiert wird.

Was heißt Konsum?

Im Fremdwörterbuch steht: Konsumieren heißt verbrauchen, wahllos verbrauchen. Die heutige Konsumgesellschaft ist einen Schritt weitergegangen. Die Güter werden *ge*braucht, aber in vielen Fällen nicht mehr *ver*braucht.

---

5   Dazu Sgritta 2003

Konsumgüter werden weggeworfen, obwohl sie noch verwendungsfähig wären.

Die Stereoanlage wird vorzeitig durch eine neue ersetzt, ebenso der Fernsehapparat. Kaum hat man sich an den neuen Videorekorder gewöhnt, wird er durch einen DVD-Player ergänzt und der wieder bald durch einen DVD-Rekorder. Ganz zu schweigen vom Wechsel zu neuen Handys. Die Kleidung geht nach der Mode und wird ausgewechselt, lange bevor sie verschlissen ist.

Güter für den täglichen Bedarf werden zwar auch konsumiert, sie sind aber zunächst nicht sehr typisch für die Konsumgesellschaft. Brot, Butter und Milch werden benötigt, um zu überleben. Die Befriedigung existentieller Bedürfnisse ist Grundlage für erweiterten Konsum. Aber auch in der Grundnahrungsmittelverbreitung zeigen sich die Charakteristika der Konsumgesellschaft. Um ein Konsumprodukt zu werden, müssen die lebensnotwendigen Nahrungsmittel ästhetisiert und pluralisiert werden. Schon die Variationsbreite an Brotsorten oder Milch mit verschiedenen Fettanteilen und aus unterschiedlichen Herkunftsregionen weisen darauf hin, dass es nicht nur um den Verbrauch geht. Lebensstile werden mitvermittelt. Man kauft nicht nur mehr Brot, man kauft ein ganz bestimmtes, dunkles Bauernbrot mit Körnern. Es wird mit Bergbauernmilch, Milch aus dem Alpenland oder dem Flachland geworben.

Daran erkennen wir wiederum die Merkmale einer Konsumgesellschaft. Es geht nicht mehr um ein bloß brauchbares Produkt, es geht um die Inszenierung eines Produkts. In der Konsumgesellschaft wird der Nutzen der Güter sekundär. Dabei gibt es eine Spannbreite: bei Nahrungsmitteln ist dieser Nutzenanteil noch relativ hoch, bei anderen Produkten verschwindend gering.

Beim Konsum geht es nicht in erster Linie um das Produkt, sondern um das Kaufen, um das Haben von Produkten. Haben löst das Sein ab. Der Philosoph Erich Fromm kritisierte dies.[6] Zu zeigen, dass man sich Produkte leisten kann, ist wichtiger als ihre Verwendung. Da stört es auch nicht, dass die Produkte oft ungebraucht herum liegen oder nach dem ersten Ansehen kaum mehr verwendet werden. Man hat sie. Das ist wichtig.

Die Produkte haben vor allem den Sinn, stilbildend zu wirken. Sie sagen etwas über die Eigenheit des Besitzers aus. Durch sie zeigt man Individualität, Einzigartigkeit. Es wird allerdings übersehen, dass sich diese angebliche Besonderheit sehr schnell als eine kollektive erweist. Man zeigt sich als Person bestimmten Geschmacks und teilt doch den Geschmack mit anderen, mit vielen anderen. Konsumstile sind Lebensstile.

Die Konsumgesellschaft besitzt immer auch schon ein ästhetisierendes Moment, das über das Produkt hinaus zielt. Ästhetik ersetzt den Gebrauchswert. Eine kleine Internetrecherche weist auf, wie Ästhetik in unser Alltagsleben eingedrungen ist. In verschiedenen Zeitungen zeigt sich ein deutliches

---

6   Fromm 1976

44

Anwachsen der Verwendung des Begriffs „Ästhetik" in den letzten Jahrzehnten.[7]

Man könnte meinen, dass natürlich alle diese Güter, die konsumiert werden, produziert werden müssen und es sich deshalb auch anbieten würde, von einer Produktionsgesellschaft zu sprechen. Dagegen spricht aber zweierlei. Zunächst ist kaum mehr ein großer Aufwand erforderlich, diese Güter zu produzieren, sie sind einfach und rasch herzustellen, die reine Produktion kostet nicht viel Zeit und nicht viel Geld. Es arbeiten auch immer weniger Menschen im Produktionssektor. Derzeit sind es rund ein Drittel der Erwerbstätigen, es könnten noch weniger werden. Es kommt aber noch etwas hinzu: Das, was ein Produkt für einen Konsumenten interessant macht, ist großteils das Flair, der symbolhafte Charakter, den es hat. Es ist sozusagen die Idee, die damit verkauft wird und die zur Identifizierung reizt. Dieser symbolhafte Charakter entsteht nicht im Produktionsprozess, sondern ist ein kreativer Prozess, den Designer oder Werber liefern. Es entsteht aus einer Dienstleistung und nicht in industrieller Arbeit. Und mehr noch: Es ist eine Konsequenz des Wissens, der Kenntnis von Symbolen. Der Anteil des Wissens, der in ein Produkt eingeht, überwiegt zunehmend den materiellen Teil. Das ist ein Grund, warum wir heute auch von einer Wissensgesellschaft sprechen können. Was das Produkt ausmacht, ist nicht die materielle Herstellung, sondern der ideelle Gehalt. Das Produkt an sich ist sekundär. Oft ist das Produkt von den materiellen Kosten her wenig wert. Sein Wert steigt durch die Bedeutung, die es für den Einzelnen bekommt und die durch Produktdesign und Bewerbung vermittelt wird.

Die Vielfalt der zur Verfügung stehenden Produkte spiegelt die Individualisierung der Konsumgesellschaft wider. Für jeden Einzelnen gibt es etwas Einzigartiges. Eine totale Vereinzelung ist aber schwer zu verkraften. Die Individualisierung hat uns in eine orientierungslose Welt gebracht, in eine Welt, wo es keine verbindlichen Orientierungen mehr gibt, wo sich die traditionellen Werte aufgelöst haben. Die Konsumindustrie weiß das auch. Und sie hat Gegenstrategien entworfen: die Marken.[8] Marken schaffen neue Sicherheit. Sie schaffen Vertrauen. Früher hat man im Dorf beim Fleischer eingekauft, wusste, woher er das Fleisch hatte und konnte ihm so vertrauen. In der städtischen Gesellschaft löst sich dieses Vertrauen auf. Marken schaffen dieses Vertrauen neu.

---

7   Gesucht wurde in Internetarchiven von Zeitungen nur nach den Begriffen „Ästhetik" und „ästhetisch", nicht also nach „ästhetische", „ästhetisches", „ästhetischer" usw., nicht nach Wortverbindungen. Es ist allerdings nicht kontrolliert worden, ob der Anstieg mit dem Anstieg der Seitenzahl zusammenhängt, aber trotz all dieser Einschränkungen scheint doch eine eindeutige Tendenz vorzuliegen. Auch zeichnet sich ein Rückgang gegen Anfang des neuen Jahrtausends ab. Für die Recherche bedanke ich mich bei Veit Krämer, einem Dissertanten am Institut für Soziologie der Universität Wien.

8   Siehe zum Beispiel Economist, The Case of Brands, vom 6. September 2001

Konsumieren bedeutet stilgerecht verwenden. Ich vermeide hier absichtlich den deutschen Ausdruck ge- oder ver-*brauchen,* weil „brauchen" kein bestimmendes Kriterium für den Konsum ist. Manches, was man konsumiert, kann man brauchen, vieles würde nicht benötigt werden. Aber eine Verwendung findet sich allemal. Und sei es auch nur, das Produkt irgendwann einmal weiter zu schenken.

Es ist daher angemessen, von Konsum als axialem Prinzip der Lebensstilgesellschaft zu sprechen.

Der klassische Bereich der Konsumgesellschaft ist die Freizeit. Muße und mit der Seele baumeln haben sich teils aus der Freizeit verabschiedet, teils wurden sie zu Lebensstilindikatoren, zu Inszenierungselementen. Es ist ein Lebensstilelement zeigen zu können: Ich kann es mir leisten, wirklich nichts zu tun. Natürlich hat dies wieder möglichst markenorientiert zu geschehen: in der richtigen Kleidung, im richtigen Outfit.

Entspannung ist aber nicht die Regel. Für immer mehr Aktivitäten benötigt man eine ganze Reihe an Produkten. Die Sportbekleidung und die Sportgeräte sind wohl der augenfälligste Bereich. Bestimmte Schuhe, Kleidung und auch verschiedene Geräte für jede Sportart sind selbstverständlich geworden. Nicht nur einfache Alpinski, sondern die kurzen kurvenfreudigen Carver. Snowboards weich oder hart – je nach Können, vielmehr aber nach gewünschter Selbstinszenierung der Teenies. Wanderschuhe für alle Geländearten, Laufschuhe, Radfahrschuhe, Aerobicschuhe oder Gymnastikschuhe sind zu unterscheiden und sportgerecht einzusetzen. Für die Freizeit werden verschiedene Unterhaltungsmöglichkeiten zur Verfügung gestellt, vom Erlebnispark bis zum einsamen Urlaub in einer Hütte, man muss nur konsumieren. Es ist klar, dass eine Freizeitgesellschaft immer auch eine Konsumgesellschaft sein wird.

Alle Bereiche der Gesellschaft sind auf Konsum hin orientiert. Konsum erzeugt Stile. Die Lebensstilgesellschaft ist auch eine Konsumgesellschaft.

Die symbolische Dimension des Konsums zeigt sich nicht nur in der Freizeit, sondern auch in der Welt der Erwerbsarbeit. Auch die Arbeit handelt von Lebensstil. Zwar werben Büromittelfirmen mit Funktionalität, diese Funktionalität ist aber immer ästhetisch und symbolisch gestaltet. Der Arbeitsplatz muss auch schön sein. Die Büroausstattung, das Handy, der Betriebswagen, das alles sind stilbildende Elemente – typisch für eine Konsumgesellschaft. Zwar gibt es im Zuge des wirtschaftlichen Rückgangs und die Jahrtausendwende eine neue Bescheidenheit. Die Büroausstattung wird vielleicht billiger oder einheitlicher, allerdings trifft das meist nur für untere Ränge zu, keineswegs für das Topmanagement, das seine Position wiederum stilisiert, und sei es nur durch den Businessanzug und das blaugestreifte Hemd.[9] Auch bei flachen Hierarchien soll der Schreibtisch des Direktors von dem des kleinen Angestellten unterscheidbar sein. Oder die Ununterscheidbarkeit wird zum Symbol der flachen Hierarchie stilisiert. Distinktion wird dann auf andere Bereiche verschoben, auf Bereiche des Verhaltens oder der

---

9 Eine Fülle an Details bietet Girtler 1989

Kleidung, der Tonlage, der subtil vermittelten Macht, die sich freundschaftlich schulterklopfend gibt. Es ist aber auch klar, wer wem auf die Schulter klopfen darf. Sicher nicht der Angestellte seinem Vorgesetzten. In den Accessoires finden sich eine Fülle ästhetisierender und symbolischer Elemente, die eigentlich nicht gebraucht werden. Das Ersetzen eines einfachen Taschenkalenders durch einen elektronischen ist nur ein Kennzeichen. Der Mehrpreis des elektronischen Geräts ist rein durch den Nutzen überhaupt nicht gerechtfertigt. Mit den Batteriekosten alleine könnte man zehn Jahre lang gute Taschenkalender kaufen. In den Hightech-Bürogeräten zeigt sich die Konsumgesellschaft sogar ganz besonders. Denn gerade dort werden die Produkte selten zu Ende gebraucht. Der Laptop muss alle Jahre oder zumindest alle zwei Jahre gewechselt werden, nicht nur wegen der schlechten Qualität, sondern weil die User demonstrieren wollen, dass sie das Neueste besitzen.

Ästhetischer Konsum ist Bestandteil der Arbeitswelt, gerade bei Leuten, die besonders viel arbeiten. Sie konsumieren auch besonders viel, bezahlt wird von der Firma. Der Kongresstourismus ist einträglicher als der Privattourismus. Die Städte reißen sich darum.

Exkurs: Kreativität in der Werbung

Ein Produkt ist das, was die Werbeindustrie daraus macht.

Wir sind in einer kleinen Studie der Frage nachgegangen, wie Werber und Designer vorgehen, wie ein kreativer Werbespruch entsteht.[10]

Unsere Expertenbefragung mit 78 Personen in verschiedenen Funktionen in Werbeagenturen in Wien Mitte der Neunzigerjahre zeigte die Prozesse der Werbung auf.

Will eine Agentur zu einem Werbeauftrag kommen, dann geht es zunächst um Fakten und Zahlen. Es geht um die gewünschte Verbreitung des Produkts, um seine Kosten, es geht natürlich auch um das vorhandene Werbeetat, das eingesetzt werden kann. Es geht um das Ausmaß des Auftrags, um Termine. Die Werbeagenturen versuchen den Auftrag zu bekommen, indem sie eine Strategie der Distinktion, der Unterscheidung einsetzen. Keine will mit einer anderen verwechselt werden. Das zeigt sich in der Eigendarstellung, die von einem einfachen Folder bis zu einer unhandlichen DIN A3 Broschüre oder noch größeren Formaten geschehen kann.

Distinktion alleine genügt aber nicht. Auch materielle Voraussetzungen spielen eine Rolle. Die Agenturen müssen zum Beispiel die technische Ausrüstung für die Produktion haben. Weiter kommt es auf ihre Kommunikationsfähigkeit an. Die ist beim anfänglichen Briefing besonders wichtig. Hier ist es von Bedeutung, dass Kunden und Werber einander verstehen, dass sie

---

10 Schulte; Richter 1996, Kern et al. 1997, Literarisch Interessierte werden sich an das Buch „39.90" von Frédéric Beigbeder (2001) erinnern.

47

dasselbe meinen. Fehler können passieren, Re-Briefing, nochmaliges Rückfragen schützt davor.

Jeder Kreative verfügt über einen Lebensraum, in dem sich sein Kreativitätspotential befindet: seine Materialien, seine Kenntnisse, die er in der Ausbildung erworben hat, aber auch seine Erfahrungen, seine subjektiven Befindlichkeiten, die ihm erlauben, auf die Fakten zu reagieren und Ideen zu produzieren. Aber Ideen machen noch keinen Werbespruch. In einer Art Blackbox findet der Kreativitätsprozess statt. In unserer Untersuchung haben wir diesen Raum Immersionsraum genannt. Hier werden die Ideen, Erfahrungen, Vorstellungen, Möglichkeiten durcheinander geschüttelt, bis ein Werbespruch daraus wird. Das kann bewusst geschehen, in den meisten Fällen geschieht es aber unbewusst. Flow Erlebnis[11] tritt auf. Der Immersionsraum ist zeit- und ortlos. Man könnte Kreativität als Versuch bezeichnen, scheinbar ziellos bewusst zu träumen.

Etwas schien besonders auffällig zu sein. Alle Werber arbeiteten unter Zeitdruck. Dieser – und auch der Leistungsdruck – scheinen Vorraussetzung dafür zu sein, kreativ zu werden. Das ist der Unterschied zum Künstler im humanistischen Sinne, dessen Verständnis es war, ohne Zeit und Leistungsdruck zu arbeiten, frei zu sein (sicherlich anders als die Auftragskünstler der Renaissance). Der kreative Werber wird zum Prototyp der Kreativität in der Konsumgesellschaft. Er produziert für den Konsum und für seine Kreativität sind Leistungs- und Zeitdruck, die Grundcharakteristika der heutigen Arbeitsgesellschaft, maßgebend.

Letztendlich ist Kreativität ein individuelles Unterfangen, auch wenn die Werbeideen in Teams besprochen und diskutiert werden. Der Immersionsraum, in dem Kreativität passiert, ist privat, er ist unzugänglich. Man erkennt nur seinen Input: die Erfahrungen, die Kundenwünsche, die Materialien, die Voraussetzungen. Man sieht seinen Output: die Werbung. Die kreative Leistung ist individuell. Auch bei teamorientierter Organisation der Werbebranche bleibt Kreativität eine individuelle Leistung. Werbung passt in die individualisierte Konsumgesellschaft.

Werber kennen keinen Stillstand und in dem regelmäßigen Stress der Aktivität entsteht der Spruch, früher Slogan, heute Claim genannt. Das Setting ist durchdacht, die Farbgebung, die Abfolge der Szenen, die Tonlage der Stimmen minutiös geplant. Wer weiß schon, dass die Schauspieler von Joghurtspots, den Joghurt nicht essen, sondern gleich ausspucken? Die Werbung ist eine Illusion. Wir wissen es. Aber wir tun so, als informiere sie uns rational über das Produkt. Dabei sagt sie uns nur, wie weit dieses Produkt zur Identifikation unseres Lebensstils taugt und ob wir es für unsere Alltagsinszenierung brauchen könnten. Nie wird ein Single mit einem Familienauto fahren.

---

11 Czikszentmihalyi 1992

48

Arbeiter, Bürger: Konsument

Die gesellschaftlichen Gruppen, die Grundpfeiler der Industriegesellschaft waren, lösen sich auf: die Arbeiterklasse und das Bürgertum. Beide waren durch ihre Stellung im Produktionsprozess gekennzeichnet, als Unternehmer und Arbeitnehmer. Im zwanzigsten Jahrhundert beginnen die Kleinbürger zu dominieren, die Kracauer[12] großartig in seiner Studie über die Angestellten beschrieben hat. Sie bilden den Mittelstand, der weder die Grandezza des Bürgertums noch das proletarische Bewusstsein des Ausgebeuteten besitzt. Sie haben genügend Geld und genügend Zeit zu konsumieren. Sie sind die Konsumenten und damit die Träger der aufkommenden Lebensstilgesellschaft. Die Lebensstilgesellschaft ist eine Mittelschichtgesellschaft.

Einer traditionellen, sozialistisch-proletarischen Ideologie mag die Idee dieses Unterkapitels provokant erscheinen: vom Arbeiter zum TV-Konsumenten. Arbeiter und Konsument, das sind Begriffe aus verschiedenen Welten! Mit Arbeitern verbindet man noch Mühsal, Leid, Armut, Schmutz, aber auch ein Selbstbewusstsein, ein Arbeiterbewusstsein. Arbeit hat etwas mit Leistung zu tun, viel mit Politik, viel mit Industrie. Der Konsument ist eine Kategorie der Leichtigkeit, des Überflusses, der Gehaltlosigkeit, der Oberflächlichkeit, des Müßiggangs, auch des Reichtums, einer relativen Wohlhabenheit. Kinder reicher Unternehmer waren Konsumenten, verwöhnte Mittelschichtkinder, mittlere bis hohe Angestellte waren es; Arbeiter waren eher Produzenten. Aber dies hat sich geändert. Der Weg vom Arbeiter zum Konsumenten kann gleichsam paradigmatisch für die Entwicklung hin zu einer Lebensstilgesellschaft gesehen werden.

Arbeiterschaft ist eine soziale Klasse. Der Klassenbegriff wurde von Karl Marx zur Beschreibung von Widersprüchen in der Industriegesellschaft des 19. Jahrhunderts verwendet. Diese Antagonismen lagen, sehr vereinfacht gesprochen, in der unterschiedlichen Verfügbarkeit von Produktionsmitteln. Die einen besaßen Geld und Maschinen, die anderen mussten für die Unternehmer arbeiten. Die Proletarier weltweit standen in einer Abhängigkeit zum Unternehmer. Es gibt wohl kaum ein dramatischeres, aber auch bezeichnenderes Bild der Situation der Arbeiter, vor allem in England Mitte des 19. Jahrhunderts, als jenes, das Engels in seinem Werk „Die Lage der arbeitenden Klasse in England" skizzierte.[13] Armut, Ausbeutung, Entfremdung, Verwahrlosung, das waren die Kennzeichen der Arbeiterklasse. Unendliche Mühsal. Nichts schien die Not zu lindern und Umstürze waren zu erwarten.

Wie so oft bei sozialwissenschaftlichen Prognosen trafen die erwarteten nicht ein. Die Aufhebung des armseligen und unterdrückten Zustands der Arbeiter erfolgte nirgendwo revolutionär. Dort wo es einen revolutionären Umbruch gab, nämlich in Russland, bestand nach wie vor eine Feudalgesellschaft, keine Industriegesellschaft mit ihren von Marx postulierten Antagonismen. Die

---

12 Kracauer 1971 (Orig. 1929)
13 Engels 1892

Entwicklung in den Industriegesellschaften verlief kontinuierlich. Der revolutionäre Impetus der Arbeiterklasse fand sich wohl nur in Büchern. Die allmähliche und keineswegs revolutionäre Weiterentwicklung ist vor allem in Deutschland, Frankreich, Österreich, auch England der Entwicklung eines Systems der sozialen Sicherung und gleichzeitig der Entwicklung sozialistischer und auch christlich-sozialer Parteien zuzuschreiben. Das Vereinsrecht in der zweiten Hälfte des 19. Jahrhunderts bereitete den Boden für eine demokratische Entwicklung. Sozialversicherungssysteme entstanden und die Not der Arbeiter wurde gelindert. Der Zusammenbruch der Feudalsysteme in Europa zu Beginn des Jahrhunderts führte zu demokratischen Gesellschaften, erlaubte den Sozialisten an die Macht zu kommen. Die Neuordnung der Gesellschaft nach dem ersten Weltkrieg war vor allem in Deutschland und Österreich dramatisch, vielleicht in Österreich noch mehr, da hier ein multikulturelles Reich zerstückelt wurde. Die große Habsburgermonarchie zerfiel. Die Umwandlung in eine republikanische Politik war radikal. Die Habsburger mussten auf ihre Ansprüche verzichten. Die Adeligen durften keine Adelstitel mehr tragen.

Österreich war ein Sonderfall. Es hatte keine interne Revolution erlebt, die Revolution von 1848 war kaum wirksam gewesen. Die Kontrahenten der Arbeiter waren in Österreich weniger die Bürger als die Adeligen. Es gab kein liberales Bürgertum wie in protestantischen Ländern. Österreich war ein Agrarstaat, kein Handelsstaat. Der Protestantismus, der die Entwicklung des Kapitalismus dadurch begünstigte, dass er Askese und Enthaltsamkeit predigte, war in Österreich nicht institutionalisiert. Österreich war durch und durch katholisch. Im protestantischen Deutschland hatte sich ein liberales Bürgertum entwickelt, in Österreich fehlte dies.

Die Wirtschaftskrise in den Zwanzigerjahren des 20. Jahrhunderts betraf alle, nicht nur die Arbeiter. Langsam, allmählich und mit katastrophalen Unterbrechungen, wie den beiden Weltkriegen und der Weltwirtschaftskrise, kam es zu einer ökonomischen Besserstellung der Arbeiter. Sie wurden aus der Armut geholt. Facharbeiter erreichten nach dem zweiten Weltkrieg sogar ein relativ hohes Ansehen. Ab den Sechzigerjahren wurden in vielen Ländern Europas die Arbeiter per Gesetz zu Angestellten. Eher niedere und ungelernte Arbeiter blieben bei ihrer Klassenbezeichnung. Aber die Voraussetzung für einen revolutionären Aufstand einer Klasse waren nicht mehr gegeben.

Popitz[14] und seine Mitarbeiter untersuchten in den Fünfzigerjahren das Klassenbewusstsein in der Hüttenindustrie im Ruhrgebiet. 600 Menschen wurden mit umfangreichen offenen Leitfadeninterviews zu ihrem Leben, ihren Ansichten, ihrer Familie befragt. Die Arbeiter konnten in sechs Gruppen eingeteilt werden:

Die erste Gruppe vertritt ein Gesellschaftsbild der „statischen Ordnung". Diese Ordnung drückt sich auf zweierlei Arten aus: Einerseits sind diese Arbeiter mit ihrer derzeitigen Situation zufrieden, sie finden diese „in Ordnung" und andererseits stellen sie das Vorhandensein einer gesellschaftlichen Ord-

---

14 Vgl. Popitz 1957

50

nung, in der alles und jeder seine bestimmte Funktion hat, nicht in Frage. Sie sehen diese gesellschaftliche Ordnung als endgültig und unveränderbar an.

Das Gesellschaftsbild der zweiten Gruppe wird als „progressive Ordnung" bezeichnet. Diese Arbeiter sind ebenfalls mit ihrer gesellschaftlichen Situation zufrieden, betrachten sie aber als historisches Werk der Arbeiterbewegung. Diese Arbeiter sind stolz auf ihre Leistung, sehen sich als Teil der Arbeiterschaft, identifizieren sich mit dieser und stärken so ihr Selbstbewusstsein. Sie haben Vertrauen in das Gegenüber, d.h. in die Arbeitgeber, und glauben an eine Verteilungsphilosophie, die in Zukunft einen noch besseren Ausgleich der Interessen bringen wird.

Die dritte Gruppe glaubt an eine Dichotomie von oben und unten, reich und arm und betrachtet diese als kollektives Schicksal. Ihre eigene Position in der unteren Hälfte ist unveränderbar und sie fühlen sich ohnmächtig gegenüber der Macht des Kapitals. Aufgrund des Ohnmächtigkeitsgefühls haben sie kein Vertrauen in die Arbeitervertretung. Das Bewusstsein dieser Arbeiter ist zweigeteilt. Einerseits verbinden sie mit ihrer Tätigkeit einen gewissen Berufsstolz und die Erzählungen eigener Erfahrungen sind lebendig und bekunden ihr Interesse an der Arbeit. Diese unmittelbare Erfahrung beeinflusst aber andererseits nicht ihr Bild der Welt, das die Ohnmacht der „kleinen Leute" ausdrückt.

Bei der vierten Gruppe ist die Ablehnung der Arbeiterbewegung und die Resignation vor der Macht des Kapitals Ausdruck eines kritischen Bewusstseins. Diese Arbeiter sind „intelligente Individualisten", die ihre Situation kritisch prüfen und dann negativ beurteilen. Ihr Reflektieren ist verbunden mit einer Distanzierung von der eigenen Situation. Diese Arbeiter identifizieren sich nicht mehr mit der Situation des Arbeiters, die Arbeit ist nur mehr Mittel zum Leben. Sie anerkennen die Unabwendbarkeit der gesellschaftlichen Dichotomie und die Hoffnungslosigkeit der sozialen Situation des Arbeiters und geraten dadurch in einen individuellen Konflikt, den sie durch den Wunsch und die Möglichkeit des sozialen Aufstiegs in das Kleinbürgertum lösen wollen.

Die fünfte Gruppe sieht eine Reform der Gesellschaftsordnung als eine Mission der Arbeiterbewegung an. Die momentanen gesellschaftlichen Verhältnisse sind grundlegend abzulehnen. Veränderungen sind notwendig und auch möglich und müssen von der Arbeiterbewegung durchgesetzt werden. Die marxistische Grundeinstellung dieser Arbeiter kommt in wirtschaftspolitischen Argumentationen zum Ausdruck, die alle politischen Erscheinungen als solche eines bestimmten Wirtschaftssystems beschreiben. Die Arbeiter sind die politische Opposition dieses Wirtschaftssystems.

Die sechste Gruppe vertritt die herkömmliche Konzeption des Klassenkampfes. Diese Arbeiter sind davon überzeugt, dass der Zwang der Verhältnisse die Arbeiterschaft zum Kampf treiben wird. Der Glaube an die Einheit der Arbeiterschaft und an den gemeinsamen Kampf wird allerdings nur mehr in Floskeln zum Ausdruck gebracht. Sie sehen sich auch momentan nicht mehr als politische Opposition und haben keine Hoffnung auf die Zukunft.

In der Studie entsprach nur eine Gruppe dem klassischen Bild des Arbeiters, ausgestattet mit kämpferischem Klassenbewusstsein. Es war eine re-

51

lativ kleine Gruppe. Arbeiter mit Klassenbewusstsein, wie es die marxistische Theorie vorhersagte, gab es kaum. Vielmehr waren ganz unterschiedliche Gruppen, mehr aber auch weniger sozialistisch, mehr oder weniger politisch interessiert, vorhanden.

Popitz und seine Mitarbeiter konnten sehr genau aufzeigen, wie sich die Gesellschaft entwickelt hatte. Die Arbeit als Zentrum des Lebens, nicht nur als Gelderwerb, sondern auch als sinnstiftendes Element, verlor ihren Wert. Die Arbeiter wurden zu Angestellten, das Sozialversicherungssystem sah Auffangnetze bei Arbeitslosigkeit vor. Es ging den Arbeitern – wie allen in der Gesellschaft – relativ gut. Unterschiede mögen zwar nach wie vor geblieben sein, alle sind aber reicher geworden. Wir sprechen von einem Fahrstuhleffekt. Die Gruppen in der Gesellschaft verbesserten ihre Lage, die Unterschiede verschwanden aber nicht. Die Mittelschicht wurde breiter, so breit, dass man gleichsam von einer Mittelstandsgesellschaft sprechen konnte und die Arbeiter gehörten mehr und mehr zur Mittelschicht.

Mit zunehmendem Reichtum änderte sich auch das Verhalten. Es wurde anteilig weniger für existenznotwendige Produkte ausgegeben, ein Prozess, der auch heute noch sichtbar ist. EU-weit ist der Anteil an Ausgaben für Nahrungsmittel und Getränke zurückgegangen. Gestiegen sind die Wohnungskosten und der Anteil an Ausgaben in Verkehr und Nachrichtenübermittlung.[15] Wenn die Haushalte über mehr Vermögen verfügen, dann kann mit einem geringeren Anteil am Gesamteinkommen das Überleben gesichert werden und man hat Geld für „gehobene" Bedürfnisse. Der anteilige Aufwand für Nahrungsmittel ist doch wesentlich geringer als vor Jahrzehnten. Auch in Haushalten mit geringem Einkommen sinken anteilig die Ausgaben für Nahrungsmittel. Ein Beispiel: Die Entwicklung der Verbraucherpreise in Österreich zeigt, dass sich ein Hilfsarbeiter für einen Wochenlohn 1927 etwa 17 kg Rindfleisch (Hinteres) kaufen konnte, etwa 10 Jahre nach dem Krieg, 1966, waren es nur etwa 10 kg und 1980 aber 19 kg. Ein Wochenlohn eines Hilfsarbeiters entsprach 1927 etwa 105 Liter Vollmilch, 1966 etwa 123 Liter und 1980 173 Liter. Zwar gibt es generell in den Fünfziger- und Sechzigerjahren noch Stagnation oder sogar einen Rückgang in der Konsumfähigkeit der Arbeiterhaushalte, ab dann stieg sie aber kontinuierlich an. Das gilt für Hilfsarbeiter wie für Facharbeiter, die immer schon besser gestellt waren.[16] Die Arbeiter konsumieren ebenso wie Angestellte, sie weisen eine ähnliche Ausgabenstruktur auf wie alle Mittelschichtangehörigen. Der Anteil an Nahrungsmitteln in den Konsumausgaben sinkt. Selbstverständlich gilt das nur langfristig. Bedrohung durch Armut gibt es auch im Wohlfahrtsstaat etwa durch Arbeitslosigkeit und Verschuldung.

Es hat sich noch ein wesentlicher Punkt geändert: Arbeiter, oder jetzt müssen wir schon besser von unteren Mittelschichten oder unteren Schichten

---

15 Siehe die Veröffentlichung vom Statistischen Amt der Europäischen Gemeinschaft, Eurostat Jahrbuch 2002. bzw. die Website von Eurostat:
http://www.statistik.zh.ch/europa/documents

16 Eigene Berechnungen nach: Österreichisches Statistisches Zentralamt, Die Entwicklung der Verbraucherpreise von 1900 bis 1996. Wien 1997.

reden, sind plötzlich die ersten Ansprechpartner für technische Neuerungen. Früher, noch bei Fernsehen und Radio, übernahmen eher obere Mittelschichten als erste die neuen Produkte. Das war eine Bildungs- aber natürlich auch eine Geldfrage. Der Videorekorder hingegen fand als erster in unteren sozialen Schichten den Einstieg. Manche Geräte der New Economy besitzen für die oberen Schichten keinen Lebensstilwert.

Im weiteren Verlauf ändert sich dieser Trend allerdings, und mit der Internettechnologie wird es immer unübersichtlicher. Die Geräte sind nicht immer einer bestimmten Schicht zuzuordnen. Handys werden zum Beispiel von allen Bevölkerungsschichten in gleicher Weise gekauft. Das Internet ist aufwendiger. Hier waren es vor allem die junge Männer aus ökonomisch besser gestellten Schichten, die es als Erstes nutzten. Aber das gleicht sich sehr rasch aus. Keineswegs ist das Internet ein Stilmerkmal der Etablierten. Oft im Gegenteil. Topmanager nutzen das Internet wesentlich seltener als ihre Untergebenen. Entstanden ist das Internet im hochspezialisierten wissenschaftlichen Bereich und wurde zunächst als Informationsmedium für Wissenschaftler benutzt. Es war noch kein Stilmerkmal, sondern nützliches Instrument der Kommunikation. Erst zu dem Zeitpunkt, als es günstig den Haushalten zur Verfügung gestellt werden konnte, wurde es zu einem Massenmedium, das nun von allen sozialen Schichten ohne allzu hohe Kosten eingesetzt werden kann.

Die Arbeiterklasse ist nicht mehr sichtbar, sie hat sich in die Lebensstilgruppen der Konsumenten eingereiht.

Der Widerpart des Arbeiters, das traditionelle Bürgertum verschwindet ebenso, wir könnten von einer „entbürgerlichten" Gesellschaft sprechen. Zum Bürger gehörte Allgemeinbildung als wesentlichste Eigenschaft. Für dieses Bürgertum war es selbstverständlich, mit klassischer Bildung vertraut zu sein, mit Kunst und Kultur, Malerei und Literatur und Wissenschaft. Ein klarer moralischer Werthorizont, orientiert an sozialem Liberalismus oder protestantischer Ethik, zeichnete es aus.

Dieses Milieu meine ich, wenn ich von „entbürgerlichter" Gesellschaft spreche. Es wird kaum mehr sichtbar und es steht nicht an den entscheidenden Stellen der Öffentlichkeit. Topmanager und Toppolitiker kommen seltener aus dem Bürgertum als aus dem aufstiegsorientierten Kleinbürgertum. Spitzenpolitiker rühmen sich ihrer Herkunft aus unteren sozialen Schichten. Das ist sicherlich eine Errungenschaft der Demokratie, aber es bedeutet auch, dass früher staatstragende Klassen heute eine untergeordnete Rolle spielen.

Wenn heute von Bürgergesellschaft gesprochen wird, dann hat man den Staatsbürger im Auge, in seiner Rolle in der Öffentlichkeit. Dieser Bürgerbegriff bezieht sich auf alle Staatsbürger, nicht auf eine bestimmte Klasse. Er beinhaltet die Funktion der Teilhabe an der Öffentlichkeit. Als „entbürgerlichte" Gesellschaften gelten die Gesellschaften des früheren Ostblocks, in denen politische Partizipation und Korrektiv der Herrschenden in der Öffentlichkeit nicht sichtbar werden durften. Diese Verwendung erschwert das Verständnis und überdeckt den hier gemeinten Untergang des Bürgertums.

53

Synonym dazu erlebt der Begriff der Zivilgesellschaft eine Renaissance. Die Zivilgesellschaft ist durchaus eng mit dem Bürgertum klassischer Prägung verbunden, das wesentlicher Träger des Umbruchs von der Feudalgesellschaft zur Bürgergesellschaft war. Das Bürgertum als soziale Klasse, vor allem das Bildungsbürgertum aber spielt in der Öffentlichkeit kaum mehr eine Rolle. Die allgemein bildenden Schulen werden immer weniger attraktiv. Funktional spezifische Ausbildung mit konkreten angewandten Bildungszielen dominieren. Das Kleinbürgertum, vertreten durch den Angestellten, ist das „neue Bürgertum" der Konsumgesellschaft.

In einer früheren soziologischen Terminologie konnte man die Konsumenten eher als Kategorie ansehen. Unter einer Kategorie versteht man eine Menge, die durch ein Merkmal charakterisiert ist. Konsumenten als Kategorie sind eine Menge von Menschen mit einem Merkmal: Ausreichend Geld zu besitzen, um alle möglichen Güter kaufen zu können. Der Begriff „soziale Gruppe" bedeutet mehr. Wenn Konsumenten als Gruppe bezeichnet werden, dann muss damit ein gewisses Gruppenbewusstsein verbunden sein, das auch mitteilbar und sichtbar ist. Es muss so etwas wie ein Wir-Gefühl geben, gemeinsame Ziele und auch eine Hierarchie. All das können wir heute den „Konsumenten" unterstellen.

Die Konsumenten organisieren sich in Vereinen. Bezeichnenderweise werden viele der Konsumenteninteressen nicht nur von neu gegründeten Vereinen, wie etwa der Stiftung Warentest in Deutschland oder der Konsumenteninformation in Österreich übernommen, sondern auch durch Arbeiterkammern und Gewerkschaften vertreten. Vermehrt selbstbewusst treten die europäischen Konsumenten gegenüber den Firmen auf. In den USA werden Konsumenteninteressen von findigen Rechtsanwälten besonders geschützt. Ein zu heißer Kaffee, den eine Dame umgeschüttet hatte und sich dabei verbrannte, kostete McDonalds Millionen Dollar. Die Rücksicht auf Konsumenten mit all den Warnungen angefangen von dem Aufdruck, dass Rauchen die Gesundheit gefährde oder gar tödlich sei, bis zu Begleitwägen, die Autos neben einer Baustelle durch eine einspurige Fahrbahn leiten, erreicht in den USA wohl einen Höhepunkt und manchmal für europäische Vorstellungen Absurdität.

Wenn wir die Struktur, die Form betrachten, so spielt heute der Konsument eine ebenso wichtige Rolle, wie der Arbeiter in früheren Zeiten. Nicht nur haben sich die einzelnen Personen verändert, die Arbeiter ihr Arbeiterbewusstsein abgelegt – wenn sie dieses überhaupt je hatten, sondern auch die Gesellschaft insgesamt hat sich geändert.

Der Prototyp der Industriegesellschaft war der Arbeiter, der Antagonismus entstand zwischen Arbeiter und Unternehmer, heute sind beide Gruppen vor allem Konsumenten und der Antagonismus besteht zwischen Konsumenten und Produzenten. Beide sind aber nicht physisch voneinander getrennte Gruppen. Produzenten sind gleichzeitig auch Konsumenten. Und sie sind dies nicht nur in der Freizeit, sondern auch im Beruf. Es erfolgt eine Implosion der traditionellen gesellschaftlichen Gruppen. Aus diesem Zusammenfallen entstehen Lebensstile, zumindest werden sie erneut sichtbar.

54

Die Wissensgesellschaft

Heute ziehen wir vor eher von Wissensgesellschaft als von Informationsgesellschaft zu sprechen.

Wissen ist mehr als Information. Wissen ist bewertete, verwertete, selektierte Information. Das Etikett „Informationsgesellschaft" greift zu kurz. Eine Gesellschaft, die nur über Informationen, nicht aber über Wissen verfügt, wird nicht überlebensfähig sein. Sie geht in der Informationsfülle unter, sie wird mit der Information nichts anzufangen wissen.

In der Sozialforschung sind Daten das Rohmaterial, aus dem Informationen bestehen. Daten sind die Angaben in den Erhebungsblättern der Volkszählung, die ausgefüllten Formulare, die ausgefüllten Fragebögen. Erst dadurch, dass sie zu einer Statistik zusammengefügt werden, werden sie zur Information. Erst dadurch, dass ein Amt die Formulare sammelt und danach handelt und etwa den Führerschein ausstellt, werden sie zu Wissen.

Information ist eine Ressource, die man nützen muss. Zu wissen, welche Weine im Weinkeller lagern, macht nur dann einen Sinn, wenn man sie auch selektiert und passend ausgewählt zu einem Essen serviert und nicht irgendeinen Wein herausgreift.

Das weltweite elektronische Netz ist voll von Informationen. Ein Stichwort in eine Suchmaschine eines Browsers eingegeben und hunderttausende, ja Millionen Seiten werden gefunden. Das sind Informationen. Nicht alle sind relevant. Der Nutzer entscheidet, was brauchbar ist und was nicht. Danach wird selektiert, Wissen eingesetzt. Zum Teil übernehmen das schon Assistenzprogramme, Software, die die Entscheidungen des Nutzers nachvollzieht und sie semantisch einordnet. Die letzte Entscheidung bleibt aber noch bei dem, der vor dem Computer sitzt.

Um Wissen zu haben, braucht man Orientierungsmuster[1], Selektionsmechanismen, die einem erlauben zu entscheiden, was von Relevanz ist und was nicht.[2] Wissen entsteht in einem Lernprozess, eingebettet in einen Sozialisationsprozess. In der Schule wird Wissen vermittelt, ein selektierter Canon da-

---

1   Hansson 2002 spricht von einem „Belief System".
2   Vgl. zum Begriff Relevanz auch Alfred Schütz 1971

von, was eine Gesellschaft als wissenswert ansieht. Der kann sich ändern, zunehmen oder abnehmen. Jedenfalls ist an den Curricula der wünschenswerte Bestand an Wissen ablesbar.

Informationen sind aber nicht nur Bildungsinhalte, rationale Informationen. Alles, was wir wahrnehmen ist Information. Die Kleidung, das Wetter, das Aussehen der Straße, das Schaufenster, das Verhalten der Eltern, das Verhalten der Freunde. All dies ist Information. Im Sozialisationsprozess haben wir gelernt, diese Information zu bewerten. Ein Verhalten ist passend oder unpassend, das Aussehen eines Mitmenschen sympathisch oder nicht, das Schaufenster regt zum Kauf an oder man geht daran vorbei, die Art der Straße bewirkt, dass wir uns wohlfühlen, darauf spazieren wollen oder sie lieber meiden. Die Wertmaßstäbe, die wir hier einsetzen, haben wir im Prozess der Sozialisation erlernt, in unserer gesamten Erziehung, im Hineinwachsen in die Gesellschaft. Es ist nicht nur die absichtsvolle Erziehung durch die Eltern oder die weitere Umgebung, die hier wirkt. Es sind die scheinbar zufälligen und unabsichtlichen Einflüsse, die unseren Habitus prägen und uns entscheiden lassen, welche Information wir wie nutzen.

Wissen ist Gebrauch von Information, Wissen bedeutet Handlungsfähigkeit. Auch Einsichten, Kreativität und Urteilsfähigkeit werden zum Wissen gezählt.

Sicher leben wir in einer Gesellschaft, die eine Fülle von Informationen zur Verfügung hat, aber entscheidend ist, diese Informationen handlungsrelevant werden zu lassen und einzusetzen. Der amerikanische Geheimdienst hatte angeblich viele Informationen über das terroristische Netzwerk, das die Anschläge am 11. September 2001 verübte, es hatte aber offensichtlich kein Wissen, das es erlaubte, diese Informationen zusammenzuführen und gemeinsam zu interpretieren. Das Wissen über die Organisationsstruktur und die Vernetzung der handelnden Personen fehlte.

Es ist besser von Wissensgesellschaft zu sprechen als von Informationsgesellschaft, da tatsächlich das Wissen steigt. Informationsverwerter und Informationsinterpreten sind gefragt. Die Zahl der Wissensarbeiter nimmt zu.

Kommunikation und Wissensflüsse

Um Informationen zu verbreiten sind technische Kanäle notwendig, um Wissen zu erzeugen brauchen wir Kommunikation.

Kommunikation heißt Mitteilung, verständnisvolle Mitteilung. Kommunikation ist nur möglich, wenn die Kommunikationspartner davon ausgehen können, dass sie einander verstehen. Kommunikation ist ein Prozess, der Verstehen impliziert. Er kann scheitern, Äußerungen können missverstanden werden, aber potentiell verstehbar und damit interpretierbar müssen sie sein. Man muss die Bedeutung entschlüsseln können, die in einem Kommunikationsprozess übertragen wird. Die Bedeutung kann auf verschiedenen Ebenen liegen, in der rein sachlichen, manifesten, aber auch in der persönlichen, der Beziehungsebene.[3]

Um Informationen verwertbar zu machen, ist Kommunikation notwendig. Das geschieht laufend im alltäglichen Leben. Wir tauschen am Arbeitsplatz Meinungen über das Weltgeschehen aus, wir diskutieren Filme und Fernsehprogramme, vor allem aber blüht der Tratsch als wichtigstes soziales Kommunikationsinstrument. Hier werden Bewertungen vorgenommen und Informationen bekommen den Stellenwert von Richtlinien für das eigene Verhalten, für das, was gut oder schlecht, abweichend oder in „Ordnung" ist.[4]

Der Prototyp von Wissensgenerierung ist aber die Wissenschaft. Sie produziert Informationen, sie entwickelt neues Wissen.

In diesem Sinne lohnt ein Blick auf die Vorgehensweisen der Wissenschaft. Dabei scheint Kommunikation, d.h. Interpretation der Analysen, immer wichtiger zu werden, nicht nur in den sprachorientierten diskursiven Geistes- und Sozialwissenschaften, auch in den Naturwissenschaften. Bahnbrechend war die Untersuchung von Knorr-Cetina[5] in einem kalifornischen Labor zur Erforschung pflanzlicher Proteine. Sie verfolgte den Prozess der Analyse und den Prozess der Veröffentlichung. Die Wissenschaft stellt sich weitgehend als sozialer Prozess heraus. Schon welche Geräte und Materialien man verwendet, hängt von den zur Verfügung stehenden Ressourcen ab. Mehr aber noch werden Resultate bewertet. Eignen sie sich für einen Artikel? Für welche Zeitschrift? Von welchen Kollegen wird er durchgesehen und kritisiert werden? Was kann man schon verbreiten, was nicht?

Weitgehend ist die Verbreitung der Analyseergebnisse ein sozialer Prozess, eine Selektionsprozess, der Informationen ordnet und bewertet. Entscheidend ist dabei, dass nicht nur so genannte rein wissenschaftliche Informationen dafür maßgebend sind, sondern soziale. Man muss nicht nur über den Gegenstand etwas wissen, sondern auch über die Kollegen, über die Leserzusammensetzung von Zeitschriften, über die Arbeit anderer Labors, über Geldquellen und vieles andere mehr. Die rein wissenschaftliche Analyse macht rein quantitativ nur einen Teil des Forschungsprozesses aus. Der andere beruht auf Kommunikation.

Die Wissenschaft wird zunehmend interdisziplinär und problemlösend. Nicht Grundlagenwissenschaft, sondern angewandte Wissenschaft steht im Vordergrund. In den Forschungsprogrammen der Europäischen Union werden Interdisziplinarität und Internationalität gefordert. Bei einem Projekt innerhalb der EU-Forschungsprogramme müssen zumindest sieben Partner be-

---

3 Schulz von Thun 1981 ist wahrscheinlich der bekannteste Autor, der verschiedene Kommunikationsebenen unterschieden hat. Die Psychologie ist voll davon. Siehe auch Berne (1967).
4 Vgl. dazu Bergmann 1987 über Tratsch
5 Knorr-Cetina 1984

57

teiligt sein, damit es Chancen hat, bewilligt zu werden.[6] Nicht ein einzelner Wissenschaftler, ja nicht einmal eine einzelne Organisation ist Einreicher (wenn auch eine bestimmte Stelle der so genannte Koordinator ist), ein Konsortium muss einreichen. Selbstverständlich vervielfältigen solche Projekte die Kommunikation. Austausch ist gefordert, Reisen und Zusammentreffen sind notwendig. Konferenzen werden organisiert, die Teilnehmer des Konsortiums stellen die Ergebnisse auf internen aber auch internationalen Tagungen ihren Kollegen und Kolleginnen vor. Die Ergebnisse müssen sich bewähren, sie müssen mitteilbar sein und müssen von der wissenschaftlichen Gemeinschaft verstanden werden. Sie müssen aber auch anwendbar sein und dass heißt, von so genannten Praktikern, von politischen Entscheidungsträgern, also in der Regel von Nicht-Wissenschaftlern verstanden werden. Kommunikation ist notwendig.

Das sechste Rahmenprogramm der EU geht noch einen Schritt weiter. Nicht mehr nur Projekte können eingereicht werden, sondern auch Exzellenznetzwerke. Diese sollen vor allem darin bestehen, dass ein weitgespannter Meinungsaustausch initiiert wird. Hauptsächlich über E-Mail, über die Möglichkeiten des Internets. 30 Beteiligte an so einem Netzwerk sind gut, 300 oder gar 500 noch besser. Wissenschaft wird im Wesentlichen über Kommunikation betrieben.

Wie in der Industrie Design die Funktionalität überwiegt, so wird auch in den Wissenschaften die Form der Darstellung des Inhalts immer wichtiger. Die Zeitschriften schreiben starre Formen der Aufsätze vor, bestimmte Darstellungsarten müssen eingehalten werden, Grafikgestaltung wird vorgefertigt von Softwareprogrammen angeboten. Wenn Ergebnisse nicht in der für Zeitschriften geeigneten Form vorgelegt werden, werden sie nicht publiziert und es gibt sie daher nicht. Erkenntnisse können nur dann verbreitet werden, wenn sie sich in eine gewünschte Form pressen lassen.

Das *Wie* des Einsatzes von Ressourcen, in diesem Fall von Wissen ist entscheidend. Damit entsteht ein weiterer Selektionsmechanismus, ein sozialer Selektionsmechanismus des Wissens. Informationen werden nicht nur selektiert nach den Theorien, die man überprüfen wollte, sie werden danach selektiert, was von den Ergebnissen vermittelbar ist. Die Wissenschaft wird zunehmend bedeutungsgeladener. Wie unser Alltagsleben auch.

Die Informationen werden immer mehr, wir brauchen Orientierungswissen, um sie sinnvoll zu machen. Über dieses Orientierungswissen besteht aber kein Konsens mehr.

Wissen wird über den Sozialisationsprozess vermittelt. Neben der Umgebung, in der wir aufwachsen, spielt natürlich die Schule, die entscheidende Rolle bei der Wissensvermittlung. Hier wird der gesellschaftlich relevante Bestand an Wissen kodifiziert und weitergegeben. Die Schule ist der wesent-

---

6   In den Richtlinien zum sechsten Rahmenprogramm der EU stehen „mindestens drei". Allerdings hat die Erfahrung gezeigt, dass erfolgreiche Projekte wesentlich mehr Partner hatten, eben zumindest sieben.

lichste Aufstiegskanal in der Gesellschaft. Schulbildung erlaubt soziale Mobilität. Trotz aller Bewegung in der Gesellschaft, trotz der Geschichte von dem ungelernten Arbeiter und Schulabbrecher, der zum Generaldirektor aufstieg, bleibt Schulbildung relevant. In den meisten Studien stellt sich Bildung als differenzierendes und erklärendes Element heraus. Wenn man Lebensweisen auf Grund von Unterschieden im Einkommen oder in der beruflichen Position, ja selbst durch das Alter, nicht mehr voraussagen kann, die abgeschlossene Schulbildung bleibt erklärender Faktor.[7]

Deswegen ist für eine Wissensgesellschaft Bildung zentral. Bildung ist die Ressource, die es ermöglicht, die Fülle von Informationen zu selektieren, zu bewerten und verwertbar zu machen. Dass dies nicht immer angenehm für jene ist, die das Bildungssystem kontrollieren und bestimmen, liegt auf der Hand. Bildung schafft auch kritisches Bewusstsein, anwendungsorientierte Bildung weniger als grundlegende. Es ist denkbar, dass der Bolognaprozess, der das Bildungswesen Europas auf Anwendungsorientierung und praktische Verwertung ausrichten will, genau dieses kritische Wissen unterdrücken wird. Das mag kurzfristig vor allem für die Regierenden angenehm sein, langfristig wird es eher Unübersichtlichkeit schaffen. Die Informationen werden nicht mehr ganzheitlich bewertet werden können, Wissen wird noch spezialisierter und vor allem aufgespalteter verteilt. Die Vertreter einzelner anwendungsorientierter Wissenssegmente verstehen einander nicht mehr. Dabei kommt es nicht nur auf Fachdisziplinen an, deren Zeit anscheinend ohnedies geschlagen hat. Disziplinäre Spezialisierung nach dem Fachkanon ist gar nicht mehr so vordringlich, viel eher problemlösungsorientierte Spezialisierung, in der interdisziplinär kooperiert wird. Problemlösungsorientierte Spezialisten braucht man aber nur so lange, solange das Problem besteht oder solange man es lösen will. Was nachher? Natürlich wird es große Probleme geben, die langfristig bestehen: Verkehrsprobleme und logistische Probleme der Informationsverbreitung zum Beispiel, aber natürlich auch alle Anwendungen der Biotechnologie, deren Auswirkungen wir nicht abschätzen können. Aber anwendungsorientiert sind diese Probleme sehr präzise formuliert und was heute ein Problem ist, mag morgen schon keines mehr sein. Die Sozialpolitik der EU ändert laufend die Schwerpunkte. War es 2000 noch die Vereinbarkeit von Beruf und Familie, dann ist es heute laut einer Zwischenkonferenz zur Sozialpolitischen Agenda im März 2003 in Brüssel das „soziale Kapital".[8] Die Experten fluktuieren mit den Problemen. Entweder sie behandeln sie oberflächlich und können dann zu mehreren etwas sagen, wobei dann aber der Tiefgang fehlt, oder sie sind spezialisiert, dann ist ihr Wissen von äußerst kurzer Halbwertzeit. Es verliert seine Nützlichkeit. Die Wissensgesellschaft erzeugt diese Dilemmata.

---

7 Zahlreiche Lebensstilstudien zeigen dies, nicht nur Schulze 1993, auch viele andere. Man schlage nur irgendeinen Bericht auf, der versucht verschiedene Variable zu kombinieren, man wird sehen, dass Bildung immer am aussagekräftigsten ist.

8 Siehe die Informationen auf der Website der Generaldirektion für Arbeit und Soziales : http://europa.eu.int/comm/employment_social/index_en.htm

Anwendungsorientiertes, spezialisiertes Wissen verlangt von den Wissensträgern hohe Flexibilität. Diese geht auf Kosten der Substanz. Wer sich ständig für etwas Neues interessieren muss, der kann sich in nichts wirklich vertiefen. Burnout ist die Folge. Die Gefahr für die Wissensgesellschaft besteht darin, dass divergentes Wissen angehäuft wird, das nicht mehr koordinierbar ist. Dann drohen einfache Lösungen im Sinne einer Diktatur. Kann man Komplexität nicht mehr beherrschen, dann wird simplifiziert und eine primitive Dualität von Gut und Böse eingeführt. Dies mindert aber Demokratie und Lebensqualität.

Wissen wird durch Personen vermittelt. Informationstechnologien sind keine Wissenstechnologien, sie bieten nur die technischen Voraussetzungen für die Informationsflüsse. Nur durch Medien kann man Wissen nicht erzeugen. Es setzt einen Orientierungsrahmen voraus, der Information selektiert. Deswegen werden auch alle Versuche scheitern, Bildung in E-Learning umzuwidmen. Bestimmte Informationen kann man sicherlich medial aufbereiten, aber lernen kann man nur in einer Auseinandersetzung mit Personen. Eine Sprache kann man nur lernen, wenn man sie im Umgang gebraucht. Die Lern-CD ist nicht genug.

Wissen wird vor allem in sozialen Kontakten verbreitet. In der Zusammenkunft mit anderen wird Wissen ausgetauscht, nicht nur in der Familie. Für junge Menschen spielt oft der Freundeskreis eine wesentlich größere Rolle als Vater, Mutter oder Geschwister. Im Gespräch, im Zusammentreffen mit anderen wird Information bewertet. Es werden Orientierungsmuster konstruiert, das, was Bourdieu Habitus[9] nannte. Dadurch können sich Informationen verfestigen. Erst im Gespräch mit anderen entfalten Medien ihre Wirkung. In der Kommunikationswissenschaft sprach man ursprünglich von einem Zwei-Stufen-Weg der Kommunikation. Erst wenn man mit anderen über die Sendung redet, bleibt sie haften. Heute geschieht die Verbreitung vielfältiger. Oder sie fehlt, weil man nicht mehr dieselbe Sendung gesehen hat.

Soziale Netzwerke sind für die Verbreitung des Wissens ebenso maßgebend wie die Schule. Sie sind die Infrastruktur, auf der Information zu Wissen wird. Die Integration in diese Netzwerke ist entscheidend in der Wissensgesellschaft. Das soziale Kapital wird ebenso bedeutend wie kulturelles Kapital. Man muss nicht nur etwas gelernt haben, man braucht soziale Kontakte, um es einzusetzen, zu vertiefen und auch zu erweitern, Die Verfügbarkeit von sozialem Kapital erhöht Wissen. Die Netzwerkgesellschaft[10] ist auch eine soziale Netzwerkgesellschaft.

---

9   Bourdieu 1982
10   Siehe Castells 2003

Strukturen in der Wissensgesellschaft

Das Aufkommen der Wissensgesellschaft zeigt sich in der Verbreitung jener Bereiche, die mit Wissen zu tun haben. Zunächst also die Bildung. Es begann mit der Bildungsexpansion in den Siebzigerjahren. Die Mittelschichten wurden besser ausgebildet, vor allem Frauen konnten nun auch höhere Bildung in Anspruch nehmen. Heute überwiegt ihr Anteil an den Universitäten in den meisten Ländern Europas den der Männer. Nicht nur die Anzahl derer, die mittlere oder höhere Schulbildung genossen, stieg, auch der Umfang und die Vielfalt der Bildung stiegen. Die Bildungsforschung spricht vom Bildungsmoratorium. Die Menschen verweilen heute viel länger im Bildungsprozess als früher. Der Bildungsabschluss erfolgt später.

Die jungen Erwachsenen in ihren Zwanzigern bilden einen neuen Lebensphasentyp. Noch nicht völlig in den Arbeitsmarkt integriert, noch teilweise und zeitweise im elterlichen Haushalt wohnend, stehen sie noch in Ausbildung, arbeiten in McJobs, verdienen neben dem Studium. Gerade aus dieser Altersstufe rekrutierten sich auch die Mitarbeiter der New Economy, mit unregelmäßigen, aber hohen Arbeitszeiten und hohen Verdiensten.

Neben der Schulbildung stieg auch die Zahl der Wissensarbeiter, all jener, die in Bereichen arbeiteten, die mit Wissen zu tun haben. Zunächst stieg die Zahl der Universitätslehrer. Es stieg die Zahl der Informatiker. Auch sonstige Wissensberufe nahmen zu. Dazu zählen Vermittler und Berater, natürlich die so genannten Experten, Medienberufe vor allem, alle Dienstleistungsberufe über das Internet. Stehr[11] referiert amerikanische Studien, die den Anteil an Wissensarbeitern bei den amerikanischen Arbeitskräften zählen. Die Kategorisierung ist nicht immer scharf. Es werden in der Statistik Berufe dazugezählt, die in irgendeiner Weise mit der Produktion und gleichzeitig der Vermittlung von Wissen zu tun haben. Um 1900 wurden 10% Wissensarbeiter und 89% andere Erwerbstätige gezählt, 1980 waren es 41% Wissensarbeiter und 59% andere, Tendenz steigend. Ihr Beitrag zum BIP soll 1980 ungefähr 34% betragen haben.

Auch die technische Ausstattung erhöhte sich. Die Zahl der Internethosts stieg weltweit rasant an, und somit steigt die Zahl der Internetanschlüsse weiter. 1990 wurden weltweit 190 Internethosts gezählt, 1998 waren es 43,230 und 2000 schätzt man 878.065. 1999 gab es in den USA 102 Mill. User, in Europa über 40 Mill., weltweit rund 200 Millionen. Castells, der diese Daten referiert, erwartet eine Steigerung auf rund 700 Millionen im Jahr 2001.[12] In entwickelten Industriegesellschaften hat bald jeder Haushalt Möglichkeiten ins Internet einzusteigen, über einen Internetanschluss oder über die Telefonleitung. Die neuen Handys erleichtern ebenfalls den Interneteinstieg. Er ist noch teuer und wenig praktikabel, aber es wird nur eine Frage der Zeit sein, wann man überall an jedem Ort ins Internet einsteigen kann. Die

---

11   Stehr 2001, S. 252ff.
12   Castells 2003, S. 395ff.

Informations- und Kommunikationstechnologien sind die Grundlage der Wissensgesellschaft.

Schon regt sich aber auch Kritik. Der Einsatz ist ambivalent, ja, er kann sogar als kontraproduktiv für die Wissensgesellschaft gesehen werden. Die Maschinen verrichten mehr und mehr die Arbeit, die Softwareprogramme erledigen viel von allein, Information kann jederzeit und umfangreich über das Internet abgerufen werden. Die Vielfalt ist so groß, dass sehr individualisierte Zugänge zur Information entstehen. So entwickeln sich keine gemeinschaftlichen Orientierungsmuster. Die Fülle an aufgeteilter Information führt zu Wissensverlust.

Das Chaos an Information, die nicht mehr bewertet und verwertet werden kann, führt im sozialen Bereich zu Vereinfachung. Der Kommunitarismus in den USA ist ein Beispiel dafür. Abgeschottete, neue Gemeinschaften, die innerlichen Zusammenhalt aufweisen, sich aber gegen die Außenwelt durch Mauern, Zäune oder Schranken abgrenzen, sind die Folge. In weißen Mittelschichtgebieten sind das äußere Zeichen, der Nationalismus und Regionalismus in Europa ist die symbolische Konsequenz für Vereinfachung. Wenn die Informationsfülle zur Überfülle wird, kann Rückzug aus der Wissensgesellschaft hin zu archaisch einfachen Formen des Zusammenlebens die Folge sein.

Die Wissensgesellschaft ist eine Konsumationsgesellschaft. Die Arbeit als Wohlstandsfaktor für Gesellschaften verliert an Bedeutung, der private Konsum wird entscheidender. Die Aktienmärkte richten sich nicht danach, wie viel gearbeitet wird, sondern wie viel konsumiert wird. Das schafft neue Stratifikationsmuster, die Lebensstile.

Lebensstile, die wir in einem speziellen Kapitel besprechen werden, bestehen aus einer Fülle von Merkmalen. Sie haben mit Orientierung zu tun – es werden Einstellungen zu Politik und Religion erfragt – und sie haben mit Konsum zu tun – es wird nach Kleidungsgewohnheiten, Fernsehgewohnheiten und Essensvorlieben gefragt. So entdeckt man Milieus, die sich nicht durch Einkommen, Beruf und Schulbildung alleine abgrenzen lassen. Auffällig bleibt, dass Schulbildung das einzige Kriterium aus der traditionellen Schichtforschung ist, das auch in der Lebensstilforschung differenziert. Das entspricht ganz dem Charakter einer Wissensgesellschaft.

Bildungsverläufe sind individualisiert. Es gibt viele unterschiedliche Zweige und immer weniger Personen teilen einen gleichen Bildungsverlauf. Nicht einmal in der Mittelschule bis zu Matura bzw. Abitur bleibt man in einer Klasse, geschweige denn in der universitären Ausbildung. In den Bildungseinrichtungen entwickeln sich soziale Kontakte. Auch diese sind vielfältig und entsprechen den unterschiedlichen Bildungsverläufen. Netzwerke überlappen einander, sind aber nicht gleich für jede Person. Auch soziale Netzwerke sind individualisiert.

In den Bildungsinstitutionen wie in den sozialen Netzwerken werden jene Orientierungsmuster entwickelt, die erlauben, Information zu selektieren. In diesen beiden Bereichen entsteht Wissen. So ist auch Wissen und sind auch

Orientierungsmuster individualisiert. Sie bilden die Grundlage von Lebensstilen.

Wenn Lebensstile auch dadurch charakterisiert sind, dass sie unterschiedliche Wissensmilieus darstellen, Wissen aber eine zentrale Notwendigkeit des Lebens in der Wissensgesellschaft ist, dann sind mit Lebensstilen auch Lebenschancen verbunden. Sie eröffnen Zugang zu Wissen. Sie konstruieren neue Formen sozialer Ungleichheit.

Auch hier sehen wir Ausschlüsse. Offensichtlich ist nicht jedes soziale Netzwerk relevant. Gerade lose und lockere Kontakte scheinen für Lebenschancen wichtig.[13] Auch ist nicht klar, ob das Engagement in Netzwerken zunimmt. Putnam sieht einen Rückgang an Beteiligung in der Öffentlichkeit. Er charakterisiert die amerikanische Gesellschaft mit dem Etikett „Bowling Alone".[14] Dazu gibt es aber unterschiedliche Meinungen und Ergebnisse. In Deutschland und Österreich scheint die Beteiligung an Vereinen eher zu steigen.[15] Allerdings ist nicht klar, ob dies aus rein funktionalem Interesse geschieht oder auch aus sozialem. Betreibt man Sport nur um der körperlichen Ertüchtigung willen oder auch als soziales Ereignis? Das sind Fragen, die hier zu überlegen sind. Es gibt Personengruppen, die den Anschluss an die Wissensgesellschaft zu verlieren scheinen, indem sie sozial isoliert sind. In Europa sind das im Durchschnitt 8% der Bevölkerung.[16]

Die Wissensgesellschaft wird auch für die Politik ein Problem. Auch in ihr gibt es soziale Ungleichheit. Und es entsteht der Wunsch, Wissen zu kontrollieren. Das äußert sich in dem, was Stehr als Wissenspolitik beschreibt.[17] Wie Informationstechnologie verbreitet wird, ist eine zentrale Frage der Politik. Heute ist es wichtig zu entscheiden, welche Firmen Zugang zur Breitbandtechnik haben, welchen Lizenzen für Telephon- und Mediennetze vergeben werden.

Manche drohen von der Wissensgesellschaft ausgeschlossen zu werden. Schon entwickeln sich Programme für die Bewahrung der Demokratie in der Wissenschaftsgesellschaft. Die Heinrich-Böll-Stiftung stellte eine „Charta der Bürgerrechte für eine nachhaltige Wissensgesellschaft" vor. „Es kommt darauf an, Regeln zu schaffen, die eine künstliche Verknappung von Wissen ausschließen", begründete die Politikwissenschaftlerin Jeanette Hofmann vom Wissenschaftszentrum Berlin in einer Pressekonferenz am 13. Februar 2003 das Anliegen.[18]

Die Dilemmata und Ambivalenzen, die die Wissensgesellschaft erzeugt, bedürfen wiederum des Wissens über politische Steuerungsmöglichkeiten.

---

13 Siehe die bahnbrechende Arbeit von Granovetter 1973, die vielfach bestätigt wurde.
14 Putnam 2000
15 Das zeigen Meinungsumfragen, z.B. dokumentiert in Brix; Richter 2000
16 Aus: Europäische Kommission 2001
17 Stehr 2001
18 Siehe: http://www.heise.de/newsticker/data/jk-13.02.03-010/

Gesellschaft ohne Ort und Zeit

Ortlose Gesellschaft?

Der geografische Raum wird in der heutigen Gesellschaft immer mehr virtuell vermittelt. Mit einem ausgedehnten Raum, mit einer Weite, die man durchschreiten muss, wird er immer weniger assoziiert.

Es begann damit, dass sich die Geschwindigkeit vervielfältigte, mit der wir den Raum durchqueren. Die charakteristische Bewegung durch den Raum ist rasch. Dies begann mit Auto und Eisenbahn und wurde durch das Flugzeug fortgesetzt. Mit der Geschwindigkeit des Internets erübrigt sich die Kategorie „rasch". Der Weg von einem Server zum anderen wird unmerkbar.

Sowohl mit dem Auto als auch mit der Eisenbahn legen wir noch Strecken zurück, die wir erkennen können; wir durchfahren noch die Landschaft. Das Flugzeug ist ein weiterer Meilenstein in der Veränderung der Raumwahrnehmung. Die Landschaft, die wir überfliegen, wirkt wie ein Modell, schon unwirklich. Selten können wir identifizieren, wo wir sind. Aber wir sehen die Erde noch unter uns.

Die physische Verbindung mit dem Raum wird durch die modernen Medien völlig aufgelöst. Die mediale Vernetzung, Radio, Fernsehen und schließlich das Internet lassen den physischen Raum völlig vergessen. Wir durchschreiten nicht mehr den Raum, der Raum kommt ins Wohnzimmer.

Dazu war Hardware, wie die Elektronik oder der Server notwendig, die Kommunikationen erfassen und verteilen. Mehr aber noch war Software wichtig, Programme, die erlauben, weltweit zu kommunizieren. Die Lebensstilgesellschaft ist eine Softwaregesellschaft. Es geht um Kommunikationen, ohne Ortsgebundenheit, ohne Zeitgebundenheit.

Als Beispiel der Veränderung möchte ich in Anlehnung an Castells[1] die europäische Stadt im Vergleich zur amerikanischen Stadt idealtypisch gegenüberstellen. Die europäische Stadt bestand aus Plätzen. Typisch dafür sind die italienischen Plätze mit ihren Arkaden und ihrer spezifischen Ausstrahlung. Die amerikanische Stadt besteht aus „Flüssen" oder „Strömen", vor allem aus Verkehrsströmen. Bewegung kennzeichnet die Stadt. Der städtische Raum wird nicht mehr gleichmäßig durchmessen; es geht nicht mehr konti-

---

1   Castells 2003

nuierlich von der Wohnung in die nähere Umgebung, zu den Geschäften, zur Schule, zum Arbeitsort. In den großen Städten werden Inseln angefahren: der Wohnort, der Arbeitsplatz, die Freizeiteinrichtung, die Shopping Mall. Der Raum dazwischen wird mit dem Auto oder der Untergrundbahn zurückgelegt. Er dient nur mehr als Durchreiseraum.

Dieser Raum der Ströme beruht auf bestimmten materiellen Voraussetzungen. Zu diesen zählt Castells etwa Elektronik bzw. elektronische Impulse. Mikroelektronik, Mikrocomputer Telekommunikation, Funksysteme, also die gesamte Informationstechnologie, schafft die materielle Infrastruktur. Sie ist aber nicht völlig frei fließend, sondern konzentriert in Knoten. Obwohl der Raum der Ströme seiner Logik nach ortsungebunden ist, ist er auf der Ebene der Organisation auch an materielle Knoten gebunden. Damit sind die Zentren der Kommunikationstechnologie gemeint: Technologieparks, Informationsregionen, Server. Globale Städte, über die wirtschaftliche Transaktionen laufen (z.B. Hongkong, New York usw.) sind solche Zentren, an die lokale Städte anschließen müssen. Managereliten sind die dritte wichtige Voraussetzung für das Funktionieren des Raums der Ströme. Eliten sind kosmopolitisch, nicht lokal. Sie sind zwar nicht an einen bestimmten Ort gebunden, aber ihre Organisation wirkt sich räumlich aus, sichtbar in den immer gleichen Hotels, Gaststätten und Flughäfen. Die Managereliten schaffen für ihre Tätigkeit die Hardware, die die ortlose Gesellschaft braucht.

Der Raum der Ströme zeigt sich in der Industrie. Große Konzerne lagern Produktionen aus, es gibt nicht ein Werk, sondern viele. An unterschiedlichen Orten wird produziert, es wird ausgelagert. Es entstehen „Milieus of Innovation" in den neuen Zentren, und das sind keineswegs mehr die traditionellen europäischen Städte. Die Milieus sind durch E-Mail-Kommunikation miteinander verbunden. Die Teams müssen sich nicht persönlich kennen, es genügt der Kontakt über das Internet.

In der Wirtschaft steigt die Bedeutung von Geld. Die Geldmenge wurde stetig im zwanzigsten Jahrhundert vergrößert, sie ist ein Maß für Wohlstand und Wirtschaftswachstum.

Andererseits nehmen auch Geschäfte ohne Geld zu. Die Wirtschaft reagiert auf die Finanzmärkte. Leasing ist das charakteristische Element des Umgehens mit Gütern. Große amerikanische Flugzeugfirmen leasen ihre Maschinen und besitzen diese nicht mehr selbst. Für notwendige Fernreisen leasen Firmen für ihre Mitarbeiter Autos, das ist besser als Firmenautos zu kaufen. Sears, eine amerikanische Handelskette (Großkaufhäuser) least die Lastwägen für den Transport. Man braucht in vielen Fällen kein Geld mehr. Das gilt auch für den privaten Alltag. Wir leben in der Plastikgeldgesellschaft der Kreditkarten.[2]

Im Alltagsleben verbreiten sich Teleworking und Teleshopping. Zwar geht man noch immer lieber ins Geschäft einkaufen, man informiert sich aber vorher bei einem Onlinehändler über Angebot und Preise. Schulen und Uni-

---

2   Vgl. dazu auch George Ritzer 1995a

versitäten bieten – qualitativ unterschiedliche – Kurse im Internet an. Auch Gesundheitsdienste können über das Internet abgerufen werden. Soziale Dienste und Dienstleistungen werden in Zukunft verstärkt über das Internet angeboten werden.

Bestellungen über Internet haben den Charakter eines Versandhandels. Dieser kommt nicht ohne physische Bewegungen aus. Zunächst scheint es, dass der Handel über das Internet den Verkehr minimiert, da der Konsument zu Hause bleiben kann. Aber das Produkt muss an die unzähligen Haushalte geliefert werden, deswegen wird die Umweltbelastung durch den Verkehr wieder stärker.

Die Städte der Zukunft, die Städte der ortlosen Gesellschaft sind nicht die alten europäischen Städte, es sind Global Cities und Megacities.

Global Cities stehen international im engen Austausch, sie sind miteinander vernetzt. Sie sind gleichsam virtuelle Kommunikationszentren, die durch die zwischen ihnen fließenden Kommunikationen entstehen. Megacities formieren sich durch den Zusammenschluss vieler Städte zu einer Region, die sich in eine Großregion ausdehnt. Diese Städte bestehen wie oben angedeutet nicht mehr aus Plätzen, sondern aus Strömen. Vor allem natürlich aus Verkehrsströmen. Verbunden sind sie durch Highways, U-Bahnen oder Hochgeschwindigkeitszüge. Sie haben nicht ein Zentrum, um das sich in konzentrischen Kreisen die Siedlungen ausdehnen, sie haben vielmehr viele gleichwertige Teile.

In europäischen Städten ist Ausdehnung zwar weniger möglich, doch die Prozesse sind ähnlich. Hier entstehen wieder alte Stadtkerne, allerdings oft als nicht überdachte Shopping Cities. Daneben liegen die Vorstädte, in denen die Mittel- und Arbeiterklasse wohnt. Aber auch Immigranten mit den damit verbundenen Problemen. Bourdieu[3] hat in seinem Werk „Das Elend der Welt" die Situation in Pariser Vororten geschildert. Die Probleme finden sich in auch in Rostock und Leipzig. Die gut verdienende Mittelklasse ist gespalten zwischen den komfortableren, ruhigeren Vorstädten und der – teuren – Hektik der Stadtzentren. Auch hier löst sich die Entwicklung konzentrischer Kreise auf und viele „Inseln" sehr unterschiedlicher Art bestimmen die Städte.

Ahistorische Omnipräsenz ist ein Merkmal dieser ortlosen Gesellschaft. Das Mobiltelefon ist nur eine kleine Vorstufe. Möglichkeiten der Voice-Mail, die Übertragung von Bild und Grafik über das Telefon und das Einloggen in das Internet sind erste Kennzeichen dieser Omnipräsenz. Bei der Kommunikation via E-Mail kann der Empfänger nicht mehr feststellen, wo sich die andere Person tatsächlich aufhält. Man kann überall auf der Welt sein und seine Mailbox des Heimatstandortes verwenden. Darüber wird empfangen und ausgesendet.

Diese Omnipräsenz bewirkt eine Implosion des Raumes.

---

3   Bourdieu 1997

67

In der postmodernen Welt wird der Raum nicht weiter, sondern er schrumpft zusammen, noch mehr als McLuhan in seiner Vorstellung vom globalen Dorf beschrieben hat. Der Raum ist reduziert auf den „globalen Bildschirm". Um mit der Welt zu kommunizieren, um die Welt in Bild und Ton zu erhalten, braucht man einen Computer und einen Internetanschluss. Heute ist auch der Fernseher noch notwendig. Die meiste Implosion der Welt geschieht darüber. Die Serien verbreiten Bräuche aus anderen Ländern, wie das Feiern von Halloween oder das Essen des Truthahns zu Thanksgiving.

Der Raum muss nicht mehr durchmessen werden, Distanzen werden immer weniger räumlich als vielmehr zeitlich erlebt. Die Frage ist: Wie lange braucht eine Website, um heruntergeladen zu werden, nicht: Wie viele Kilometer ist der Server entfernt. Aber auch diese Zeit spielt schon keine Rolle mehr. Sie kann zwar physisch gemessen werden, schlägt aber bei raschen Internetverbindungen nicht auffällig zu Buche. Zusammengefasst auf eine Formel gebracht: In der heutigen Netzwerkgesellschaft sind die Menschen global verbunden aber lokal einander entfremdet.

Eine Zukunftsvision wäre es, zwischen verschiedenen Orten zu pendeln und dabei große Distanzen zwischen funktional spezifizierten Räumen zurückzulegen, von der Garage zum Parkhaus des Einkaufszentrums oder das Durchmessen mit der U-Bahn. Man sieht nichts mehr vom dazwischenliegenden Raum, man nützt ihn nicht mehr, man kennt nicht mehr die Gegend, durch die man fährt.

Menschen wohnen weiterhin auf Plätzen, aber die Bedeutung und die Dynamik hat sich gewandelt. Menschen sind immer weniger miteinander verbunden und teilen immer weniger Symbole. Das kann natürlich auch ein geringeres Verständnis und weniger Gemeinsamkeiten bewirken. Menschen leben dann zunehmend in ihren eigenen Welten. Sie sind individualisiert.

Die Auflösung von Zeitstruktur

Wie der Raum ins Wohnzimmer implodiert, so ändert sich auch die Zeitstruktur in unserer Gesellschaft radikal.

Das Mittelalter hatte eher eine lose Vorstellung von Zeit. Die Angaben „nachmittags" oder „abends" für ein Treffen genügten. Wenn man reiste, war es weder möglich noch üblich, einen genauen Ankunftszeitpunkt anzugeben. Ein bestimmter Tag wäre schon das Höchstmaß an Genauigkeit gewesen. Die Zeitvorstellung war zyklisch. Sie richtete sich nach den Jahreszeiten, nach Sonnenauf- und -untergang und vielfach auch nach den christlichen Feiertagen.

In der Neuzeit begann der Tag strukturierter zu werden. Die Kirchenglocken unterteilten ihn und wurden später mit der Kirchturmuhr synchronisiert. Nicht nur die Zeit des Gebets, die Non, die Vesper wurden geläutet, sondern jede volle Stunde, später vielleicht schon halbe und viertel Stunden.

68

Die Uhr schließlich wurde der Zeitmesser des Industriezeitalters. Mit ihrer Hilfe wurde der Tagesablauf in Abfolgen eingeteilt, Beginn und Ende der Arbeitszeiten angegeben, Pausenzeiten zwischendurch eingeläutet. Mit der Industrialisierung begann die Einführung der linearen Zeit im Gegensatz zur zyklischen des Mittelalters.

Die lineare Zeit ist unabhängig vom Wechsel von Tag und Nacht, von Naturrhythmen, von biologischen Rhythmen, von sozialen Ereignissen. Sie kennt keine Fest- und Feiertage, keine Unterscheidung von Arbeitszeit und Freizeit, sie läuft gleichsam wertneutral und unabhängig von äußeren Ereignissen ab. Die Uhr ist der Gradmesser der linearen Zeit, der Prototyp für die gewünschte Exaktheit der Moderne.

Industriegesellschaft und Moderne gehören zusammen. Während der Begriff Industriegesellschaft unser Augenmerk auf die wirtschaftliche Organisation von Gesellschaft legt, weist der Begriff Moderne auf den gedanklichen Überbau, die Ideologie der Industriegesellschaft hin. Dazu gehören Klarheit, Eindeutigkeit, Rationalität. Im Wirtschaftsbereich zeigt sich dies in der fordistischen Art der Produktion, benannt nach Henry Ford, der sie in seinen Autofabriken als erster einsetzte. Effizienz stand an der Spitze. In einfachen, immer gleichen, aufeinanderfolgenden Tätigkeiten entsteht am Fließband das Produkt. Arbeitszeiten, Pausen und Arbeitsschichten sind genau geregelt, die Menschen am Fließband ersetzbar. Soziale Unterstützung und Begünstigungen dienen der Erhaltung und Erholung der Arbeitskraft. Alles ist klar und vernünftig geregelt. Zumindest ist dies das Ziel jeder Art des Wirtschaftens.

Zu diesem Wirtschaften in der neuzeitlichen Industriegesellschaft gehört auch Planung, vor allem langfristige Planung. Die Zukunft erscheint gestaltbar und immer mehr vorhersehbar. Prognose ist das wichtigste Instrument langfristiger Planung, die Wissenschaften tragen dazu bei. Für die moderne Wissenschaft wird die Prognosefähigkeit zum zentralen Kriterium. Gesetze der Entwicklung werden gesucht, gefunden, erstellt. Die Naturwissenschaft tritt ihren Siegeszug an und ihre Methode wird von den neu entstehenden Sozial- und Wirtschaftswissenschaften übernommen. Vorhersehbarkeit erlaubt Planung und alles Bestreben geht dahin, die Zukunft zu prognostizieren. Nicht zu prophezeien. Denn es kann nicht um Vermutungen gehen, harte Fakten müssen nachweisen, wie sich der Markt entwickeln wird. Danach wird geplant.

Geplant wird aber nicht nur in der Wirtschaft, auch der Lebenslauf wird zunehmend vorhersehbar und damit planbar. Es entwickelt sich die Vorstellung von einem Normallebenslauf: Kindheit, Jugend bei den Eltern, danach Auszug und gleichzeitig Eheschließung, Gründung einer eigenen Familie, Auszug der Kinder, Pension, Tod. Für Frauen gestaltet sich in Deutschland und Österreich dieser Lebenslauf etwas anders als für Männer. Die Ereignisse, die Einschnitte, sind die gleichen, aber die Inhalte verschieden. Familiengründung bedeutet für die Frau zu Hause zu bleiben, die Kinder zu erziehen und sich dem Haushalt und der Familie zu widmen. Der Mann geht einem Beruf nach und gilt als Broterwerber für die Familie. Dieser normierte Lebenslauf existiert zumindest in der Vorstellung, es ist der Lebenslauf der bürgerlichen Familie. Auch wenn er nicht in allen gesellschaftlichen Schichten gelebt wird, wenn Arbeiterfrauen sehr wohl zum Gelderwerb arbeiten, Bäuerinnen selbstverständlich in die Arbeit am Hof eingebunden sind und in diesen Schichten auch die Kindheit nicht so ausgelebt werden kann, wie bei den städtischen Kleinbürgern und Bürgern, bei denen Kindheit ein geschützter Ort der Pflege und Bildung ist und nicht der Arbeit und Einbindung in die Tätigkeit der Erwachsenen, als Zielvorstellung teilen ihn alle.

Die starre Abfolge von Zeit, unbeeindruckt von biologischem, natürlichem Geschehen und sozialen Unterbrechungen wie Fest- und Feiertagen übt Zwang aus. Die Uhr bringt Versklavung. Man hält sich an Uhrzeiten und kann objektiv bis zur Sekunde genau kontrollieren, ob Termine, verabredete Zeitpunkte eingehalten werden. Die Uhr ist unbeeindruckt von persönlichen Befindlichkeiten, Gewohnheiten, Wahrnehmungen. Hartnäckig und in immer gleicher Weise unterteilt sie die Zeit, und die Menschen der Industriegesellschaft unterwerfen sich ihrem Diktat. Ein Verhalten nach Jahreszeiten, Mondzyklen oder Biorhythmen gilt als esoterisch, mittelalterlich.

Diese lineare Zeitlogik der Industriegesellschaft bricht heute zusammen. Man spricht vom Postfordismus im Wirtschaftsbereich. 1970 wird bereits vom Harvard Professor Daniel Bell die postindustrielle Gesellschaft ausgerufen.[4] Die Etiketten, mit deren Hilfe man versucht, den Umbruch zu signalisieren, sind zahlreich. Postmodern ist das allgemeinste, Informationsgesellschaft, Kommunikationsgesellschaft, Wissensgesellschaft, Weltgesellschaft sind andere Labels, mit denen die neuen Strukturen bezeichnet werden. Auch wenn man nicht ganz das Kind mit dem Bade ausschütten will und noch immer von Moderne spricht, dann zumindest von der reflexiven oder zweiten Moderne.[5] Allen ist aber klar, dass diese Gesellschaft einer neuen Logik unterworfen ist, die wir vielleicht noch zu wenig merken, weil wir in sie hineingewachsen sind.

Diese neue Zeitlogik hat Castells als „zeitlose Zeit" beschrieben.[6] Zeit als Abfolge spielt im Wirtschaftsbereich immer weniger eine Rolle. Alles kann jederzeit und gleichzeitig und immer und überall geschehen. Es erfolgt simultan eine Verdichtung und Komprimierung andererseits eine Ausdehnung von Zeit. Eine Komprimierung, weil über die neuen Netze gleichzeitig kommuniziert werden kann, eine Ausdehnung, weil die gesamten 24 Stunden des Tages nutzbar sind.

Die Wirtschaft bestimmt die Logik der Gesellschaft. Diese ist global, das heißt, nicht an einen Ort gebunden. Firmen sind globale Netzwerke, in denen Produktion, Konsumtion, Verwaltung, natürliche Ressourcen miteinander verknüpft sind, die aber örtlich über den Globus verstreut sind. Diese Teile kooperieren und kommunizieren miteinander, ohne dass sie an regionale Ar-

---

4   Bell 1979
5   Beck; Giddens; Lash 1996
6   Castells 2003, S. 485ff.

70

beitszeiten gebunden wären. Es ist vierundzwanzig Stunden hindurch möglich zu produzieren. Die Produktion emanzipiert sich von zeitlichen Bedingungen. Man kann in Asien eine E-Mail an die Zentrale in Los Angeles schicken, sie wird in Sekundenbruchteilen ankommen. Wahrscheinlich wird sie nicht in der Nacht gelesen werden, aber unmittelbar bei Arbeitsantritt ist diese Information verfügbar. Ein Brief dauert viel länger. Vergleicht man die Ankunft und mögliche Verarbeitung der Information von E-Mail und Brief, so hat sich die Zeit von – bestenfalls – einigen Tagen auf wenige Stunden komprimiert. Ein Telefonat wäre praktisch unmöglich, da sich kaum beide Partner zur gleichen Zeit am Arbeitsplatz befänden. Es wird also einerseits eine dauernde Kommunikation möglich, andererseits auch auf die individuellen Bedürfnisse – zum Beispiel die Schlafzeit – Rücksicht genommen. Trotzdem ist die Information schneller.

Das Paradebeispiel für Komprimierung der Zeit findet sich aber in den Finanztransaktionen über Internet, die gleichsam in Echtzeit stattfinden. Kaum ist die Order eingegeben, schon wird sie getätigt. Finanzströme sind weltweit ständig und fortwährend im Fluss. Hier spielt Zeit keine Rolle mehr, die Prozesse werden zeitlos.

Planung ist natürlich notwendig, aber sie wird kurzfristiger und Firmen reagieren unmittelbar. Nachfrageorientiertes Produzieren steht auf der Tagesordnung. Es wird nur dann etwas produziert, wenn nachgefragt wird. Die Lagerhaltung wird minimiert. Im Buchhandel gibt es die „Books on Demand". Autos werden nur nach Aufträgen gefertigt. Die Konsequenz sind rasche Firmenzusammenbrüche, wenn die Auftragslage abnimmt. Durststrecken können nicht mehr überwunden werden. Entweder es stimmt die Auftragslage oder die Firma muss unmittelbar Konkurs anmelden.

Auch im Bildungsbereich ist diese Tendenz zu merken. Massenuniversitäten hoffen durch vermehrten Einsatz von E-Learning orts- und vor allem zeitunabhängig Wissen vermitteln zu können. Sie folgt damit dem Beispiel vieler amerikanischer Universitäten, für die E-Learning eine Selbstverständlichkeit ist und die Kurse auch weltweit anbieten. Die University of Phoenix in Arizona ist das bekannteste Beispiel. Ein Glaspalast in der Wüste Arizonas, in dem Bildung koordiniert, aber in dem man kaum einen Studenten finden wird. Das Massachusetts Institute of Technology, eine der Eliteuniversitäten, stellt das eigene Kursprogramm mit den Inhalten kostenlos ins Internet und lässt sich so weltweit in die Karten blicken. Wenn man dort auch nicht damit einen akademischen Grad erwerben kann, Wissen kann so kostenlos, jederzeit, unabhängig vom Tage- und Nachtrhythmus in Boston weltweit heruntergeladen werden. Die früheren Fernuniversitäten und Fernkurse sind eine archaische und antiquierte Form des modernen E-Learnings, das rasch weltweit und jederzeit praktiziert werden kann, gleichzeitig von allen Teilnehmern. Vom E-Learning an den Universitäten erwartet man auch Einsparungen. Es muss nicht mehr ein Professor jede Woche zur selben Zeit untertags im Hörsaal stehen. Sein Wissen wird in einen E-Learning-Kurs aufbereitet und kann jederzeit von den Studierenden abgerufen werden. Dass Lernen hauptsächlich auch aus physischer Präsenz und persönlicher Vermittlung besteht, wird dabei nicht beachtet. Das oben genannte MIT stellt zwar die Lehrunterlagen ins Internet, aber Studieren mit Abschluss kann man nur vor Ort. Dass die Umstellung auf E-Learning Konsequenzen für die Qualität von Bildung haben wird, die ja eigentlich in einem intellektuellen Austausch besteht, der nicht über E-Mail geführt werden kann, wird kaum bedacht. Aber das ist auch hier nicht unsere Frage. E-Learning ist ein Beispiel von Komprimierung und Ausdehnung der Zeit durch das Internet. Universitäre Lehre ist nicht an einen Stundenrhythmus, an einen Tages- oder Wochenrhythmus gebunden. Der Inhalt einer Vorlesungsstunde erscheint in Sekundenschnelle am Bildschirm und kann beliebig verarbeitet werden. Er erscheint dann, wenn es dem Lernenden gerade passt und muss nicht auf die Öffnungszeiten von Gebäuden Rücksicht nehmen.

Nicht nur der kontinuierliche Ablauf linearer Zeit in Wirtschaft und Bildung ändert sich, auch der Normallebenslauf bricht zusammen. Die Lebenslaufphasen erodieren. Kindheit ist zwar noch sichtbar, doch schon schleichen sich Formen ein, die nach humanistischem Bildungsideal unvorstellbar wären. Kinder dürfen zwar nicht arbeiten, aber ihr Leben bekommt arbeitsähnlichen Charakter. Nicht nur, dass der Kindergarten zur Vorschule wird und dort bereits schulischer Ablauf trainiert wird, zu bestimmten Zeiten etwas zu erledigen, zum Beispiel ein Vorschulblatt mit einer Zeichenaufgabe auszufüllen, die Kinder haben bereits alle möglichen Termine in der Freizeit und die Mütter Transportaufgaben. Die klare Phase der geschützten Kindheit verschwimmt. Die Jugendphase bleibt ebenso wenig klar abgegrenzt. Sie wird sowohl komprimiert wie ausgedehnt. Es vermischt sich Jugendwelt mit Erwachsenendasein. Es wird in den Ferien oder gar während der Schulzeit nebenbei gearbeitet und eigenes Geld verdient, der Freizeitstress ergänzt den Schulstress. Freizeit wird vermehrt in die Nachtstunden verlagert. Wenn früher 17- oder 18-Jährige vielleicht schon um 23 Uhr zu Hause sein mussten, so ist das jetzt der Zeitpunkt, wo sie beginnen, auszugehen. Das Jugendschutzgesetz spielt da keine Rolle.

Die Jugendphase wird aber auch ausgedehnt. In einem Seminar fragten meine Studenten andere, wann jene sich erwachsen fühlten. Die Antworten waren für mich erstaunlich. Nicht mit zwanzig, nicht mit dreißig, vielleicht mit vierzig, wahrscheinlich mit fünfzig Jahren. Als erwachsen würden sie sich dann fühlen, wenn sie einen geregelten Arbeitstag hätten und eine Familie mit Kindern. Das konnten sich die Studierenden nicht für sich in unmittelbarer Zukunft vorstellen.

Sicher nur eine Anekdote, aber auch repräsentative Untersuchungen weisen darauf hin.[7] Es gibt die neue Phase der Postadoleszenz und nach den neuesten Erkenntnissen scheint dieser Begriff der „Nach-Jugend" angemessener als der sich langsam verbreitende Begriff der „jungen Erwachsenen". Es ist eine Phase der abgeschlossenen biologischen Reife, der weitgehenden

---

7   z.B. Vaskovics 1992

72

persönlichen Selbstständigkeit, aber gleichzeitig eine Phase, in der weiter in Bildungsinstitutionen gegangen wird und die von einem sozial wenig abgesicherten und eher sich rasch veränderten Leben gekennzeichnet ist. Dabei sind nicht nur Studierende davon betroffen, sondern auch jene, die schon im Arbeitsprozess stehen. In dieser Phase finden wir überdurchschnittlich hohe Arbeitslosigkeit, Berufswechsel und damit verbunden Weiterbildung und neue Ausbildung. Es ist eine Phase, in der man nicht zu Hause wohnt aber doch irgendwie schon. Die Einzelwohnungen haben den Charakter eines Jugendzimmers außerhalb des elterlichen Haushalts. Besuche bei den Eltern, die eigentlich nicht Besuchscharakter haben, sondern selbstverständlichem Wohnen im elterlichen Haushalt ähneln, unterstreichen das. Die elterlichen Serviceleistungen von Kochen bis Waschen werden in Anspruch genommen, man hat weiterhin einen Schlüssel und läutet nicht an, wenn man kommt. Die Zeitstruktur muss dabei keineswegs regelmäßig sein. Es wird häufig das Wochenende sein, die jungen Erwachsenen können aber auch irgendwann unter der Woche erscheinen, dann wieder eine Zeit lang weniger, abhängig oft gerade von der Partnerbeziehung, in der sie stehen.

Das bringt uns zum nächsten Einbruch im Normallebenslauf. Es gibt nicht mehr den klaren Übergang von der Stammfamilie zur eigenen Familie. Früher war Ausziehen mit Heirat verbunden. Das ist es nicht mehr. Man zieht vielleicht mit einem Partner zusammen, vielleicht auch nur tageweise oder zeitweise, beide sind aber noch getrennt in der elterlichen Wohnung gemeldet. Partnerschaften in dieser Zeit können – aber müssen keineswegs – zerbrechen. Kinder kommen irgendwann, tendenziell derzeit fast schon in der Hälfte der Fälle ohne vorausgehende Heirat. Selbst das ist nicht mehr an biologische Rhythmen gebunden. Die neuen Formen der künstlichen Befruchtung, fernab noch von gentechnischen Manipulationen, die künftig möglich sein werden, lösen Schwangerschaften von biologischer Verfasstheit. Auch Sechzigjährige können Kinder bekommen. Zwar spielen diese neuen Formen (noch?) keine quantitativ wesentliche Rolle, aber die Möglichkeit zeigt, dass hier biologische Lebensrhythmen aufgelöst werden.

Auch das Alter verliert seine Konsistenz und Chronologie. Es ist keine klare Phase mehr. Zu den Senioren gehören schon Fünfzigjährige mit einer Lebenserwartung von weiteren dreißig Jahren, in denen sie voraussichtlich lange gesund sind. Aber nicht alle werden krank und dann auch nicht zur gleichen Zeit. Die Altersforschung zeigt ein schillerndes Bild vom Alter. Die jungen Senioren zwischen 50 und 60 erreichen das höchste Einkommen in ihrem Lebenslauf. Die Pensionen sind die einzigen Einkommen, die zwischen 1999 und 2002 in Österreich in der Höhe gestiegen sind. Gleichzeitig gibt es in diesen Altersgruppen hohe Armutsgefährdung. Altersarbeitslosigkeit kann zu ökonomischer Deprivation und sozialer Isolation führen. Der Anteil der armutsgefährdeten Älteren ist höher als in allen anderen Altersgruppen. Sie machen etwa 40% aller armutsgefährdeten Haushalte aus. Vielleicht ist auch nicht allen bewusst, dass Krankheit nicht kontinuierlich ans Alter gebunden ist. 80- und 90-Jährige können noch sehr rüstig sein, gleichzeitig können

Herzkrankheiten und Krebs als häufigste Todesursachen bei jüngeren Alten auftreten. Es gibt jedenfalls keinen einfachen linearen Zusammenhang zwischen Altern und Krankheit. Gesunde und Kranke gibt es in jeder Phase des Alterns.

Schließlich wird das Ende der Lebenszeit verdrängt, der Tod. Er wird hinwegdiskutiert, gilt als unschick. Er wird verleugnet. Ein Kriterium ist sicherlich, dass Leute nicht zu Hause sterben und Sterben von der Öffentlichkeit verborgen wird. Aber es beginnt schon damit, dass biologische Alterungsprozesse als unpassend gelten. Gesunde Ernährung, Wellness, Sport, das alles will verleugnen, dass menschliche Körper altern. Der fitte Senior springt in einem Werbespot in einer jugendlichen Bermudashort vom Fünfmeterbrett in das Schwimmbecken. Wenn nicht doch das graue Haar und die nicht mehr glatte Haut darauf hinwiesen, dass es nicht ein Dreißigjähriger ist, von der Bewegung, der „Action" her, wäre es nicht entscheidbar.

Heute wird versucht die biologischen Zeitrhythmen irrelevant zu machen, die sozialen Abfolgen im Lebenslauf verschwimmen zusehends.

Die neue Zeit ist eine individualisierte Zeit, die nicht mehr mit einer Gemeinschaft geteilt werden muss.

Zaghaft wird das sichtbar in der Einführung flexibler Arbeitszeiten. Zaghaft, weil diese zumeist noch an eine Kernarbeitszeit gebunden sind, die oft ziemlich lang, zum Beispiel von 9.00 bis 15.00 sein kann, wo aber die Randzeiten flexibel gestaltet werden können. Stärker in manchen Managementbereichen, wo zwar die Arbeit meist zumindest zu einem Teil an einen fixen Ort gebunden ist, wo aber der Laptop oder gar schon der Palm als Büro an beliebigen Orten vor allem aber zu jeder Zeit Arbeit ermöglichen. Prinzipiell ist man vierundzwanzig Stunden am Tag einsatzbereit. Was sich individuell erst in Ansätzen zeigt, erweist sich in der Makroperspektive schon als gewöhnlich und üblich. Die globalen Netzwerkunternehmen arbeiten eben dadurch, dass sie global sind, rund um die Uhr.

Im Alltag kann dafür der Tag individueller gestaltet werden. Das Fitnessstudio hat zu jeder Zeit offen und man ist nicht wie früher bei Sportvereinen an einen bestimmten Kurs gebunden. Die Abendgestaltung wird immer weniger durch den Programmablauf des Fernsehens bestimmt. In den Sechziger- und Siebzigerjahren des zwanzigsten Jahrhunderts konnte man noch eine klare Gliederung erkennen. Zu den Abendnachrichten saß das Publikum vor dem Fernsehgerät, um 20.15 begann das Hauptabendprogramm, heute Prime-Time genannt. In Zeiten, wo vierzig und mehr Fernsehkanäle verfügbar sind, spielt dies keine Rolle mehr. Deutsche und österreichische Sender bieten zu unterschiedlichen, wenn auch nur leicht verschobenen Zeiten Nachrichten an. Beide kann man über Kabel oder Satellit empfangen. Spezialisierte Nachrichtensender, CNN als internationales Vorbild, ermöglichen, in der jeweiligen Landessprache jederzeit Nachrichten zu sehen. Die Einführung der Videotechnik hat erlaubt, Sendungen aufzuzeichnen und zu beliebigen Zeiten anzuschauen. Der Videoverleih oder neuerdings die DVD, die in Zukunft ähnlich wie die CD an jedem Ort zu jeder Zeit möglicherweise illegal aus

74

dem Internet gebrannt abgespielt werden kann, erlauben Zeitfreiheit. Auf Freizeitunterhaltung spezialisierte Fernsehsender, Musik oder Sport lassen die Strukturierung von Zeit durch Medien verschwimmen. Sie erlauben individuelle Gestaltung.

Die neue Internettechnologie macht Privatpersonen und Haushalte unabhängig von Öffnungszeiten. Nicht nur Einkäufe können jederzeit getätigt werden – was übrigens kaum in Anspruch genommen wird – vor allem die Banken bemühen sich, Finanztransaktionen außerhalb ihrer Lokale stattfinden zu lassen und regen zum Internetbanking an. Geld wird natürlich nicht mehr am Monatsersten durch den Geldboten überbracht, schon lange nicht mehr, es kann heute jederzeit europaweit und auch – mit Gebühren – weltweit von Bankomaten abgehoben werden. Dies lässt flexible Zeitplanung und Unabhängigkeit von linearer Zeit zu.

Dass mit zunehmender Elektronik auch zunehmende Kontrolle der Aktivitäten möglich wird, steht auf einem anderen Blatt. Die Versklavung durch die Uhrzeit in der Industriegesellschaft wird ersetzt durch die totale Kontrolle im Internetzeitalter. Daneben lebt man individualisiert in der zeitlosen Zeit.

Der Verlust an Kirche und die Wiedergewinnung von Religion

In diesem Kapitel geht es um den Verlust des Sinnhorizonts. Ich werde darstellen, wie institutionelle, allgemein verbindliche Sinngebungsinstitutionen ihre Position in der Gesellschaft verloren haben und wie sich Religiosität heute noch äußert.

Der Verlust an kirchengebundener Religion

Berger und Luckmann[1] beschreiben das Leben als eine Reihe von Ereignissen. Werden diese Ereignisse verarbeitet und reflektiert, dann entstehen Erfahrungen. Wenn man also bewusst die Ereignisse überdenkt, sie vielleicht auch einordnet in „private" oder „berufliche", „alltägliche" oder „besondere", „persönliche" und „partnerschaftliche", dann ergibt sich das, was man die individuellen Erfahrungen nennen kann. An diese erinnert man sich bei Gelegenheit, nach diesen beurteilt man neue Begebenheiten. Kurz: Erfahrungen verleihen Sinn. Das gilt nicht nur für den Lebenslauf einer Person, das gilt auch für Gruppen von Menschen und für Gesellschaften. Auch diese machen Erfahrungen. In der Summe werden die Erfahrungen nicht nur aneinander gereiht, sondern auch miteinander verbunden, aufeinander bezogen und miteinander verglichen. So wurden die Gesellschaften mit Sinn ausgestattet.

Diese Erfahrungen manifestieren sich in Institutionen, sie werden festgeschrieben in Wertesystemen wie Religion, aber auch Politik, Bildung oder Wirtschaft. Diese Wertesysteme oder Institutionen kontrollieren den Sinn der Gesellschaft, sie haben Autorität. Institutionen beruhen auf der Erfahrung des Alltagslebens und haben sich historisch entwickelt. Heute aber haben sich Alltag und Institutionen auseinander bewegt. Die großen Wertesysteme liefern keine passenden und stimmigen Antworten mehr auf die individuellen Erfahrungen, auch nicht auf die von Lebensgemeinschaften. Sie führen ein eigenständiges Leben. Systemtheoretiker würden sagen, sie haben sich aus-

---

1   Vgl. Berger; Luckmann 1969

differenziert, sind autopoetische Systeme, die sich selbst reproduzieren, aber nicht mit ihrer Umwelt (den Lebensgemeinschaften) verschmelzen. Das Resultat ist Pluralität. Es gibt verschiedene Wertvorstellungen, die nebeneinander existieren und aus denen man wählen kann. Sie haben den Charakter unverbindlicher Empfehlungen.

Auch früher gab es Vielfältigkeit, nur hatte diese eine andere Qualität. In einem traditionellen Pluralismus standen die Sinnwelten getrennt nebeneinander, räumlich wie institutionell. Es gab scharfe Grenzen. In der Industriegesellschaft etwa scharfe Grenzen zwischen Politik und Religion, auch relativ scharfe Grenzen zwischen sozialen Klassen. Man konnte zwischen den verschiedenen Religionen unterscheiden. Heute, im modernen Pluralismus herrscht Gleichzeitigkeit vor, die Sinnwelten sind nicht getrennt sondern vermischt. Man kann gleichzeitig Christ und Buddhist sein, die Grenze zwischen den Religionen ist für das Individuum unbedeutend.

Eine solche pluralistische Gesellschaft findet kein verbindendes Glied mehr in den traditionellen Wertesystemen. An ihre Stelle treten neue Integrationsmechanismen, die viel lockerer gestaltet sind. Es entwickeln sich bereichsspezifische Ethiken. So entsteht eine Wirtschaftsethik, die Berufsvereine erstellen standesspezifische Ethiken, Ethikkommissionen werden von der Regierung eingesetzt und auch das Internet kennt eine Ethik: die Netiquette. Vor allem zu neuen Technologien, Internet, Gentechnik entwickelt sich ein sehr spezifischer moralischer Überbau. Die Religion eint nicht mehr. Bestenfalls entlehnt man aus ihr moralische Formeln, sie ist durch Theologen in den Kommissionen vertreten, neben Philosophen, Technikern oder Medizinern.

Dies bringt einen Verlust an Selbstverständlichkeiten mit sich. Für jede spezifische Situation muss ein neuer Sinnhorizont geschaffen oder aus der Fülle der Sinnangebote selektiert werden. Es gibt Wahlmöglichkeiten.

Wie unterschiedlich sich man in der neuen und alten Welt auf den Sinnhorizont bezieht, zeigt eine sprachliche Differenz, auf die Berger und Luckmann aufmerksam machen: Ein Amerikaner wird sagen: My religious preference is Lutherian (etwa: Ich habe eine Vorliebe für die Lutheraner). In Europa würde man formulieren: Ich bin lutherischer Konfession.

Diese Fülle von Wahlmöglichkeiten und die Unverbindlichkeit des gesellschaftlichen Sinnhorizonts verlangt nach einem neuen Wert, der integrative Funktion übernimmt. Die nebeneinander stehenden Wertewelten müssen im Alltag kooperieren, wenn die Gesellschaft nicht völlig zerfallen soll. Toleranz als neuer integrativer und allgemein verbindlicher Wert wird notwendig. Darin stimmen Berger und Luckmann mit postmodernen Theoretikern wie Richard Rorty oder Zygmunt Bauman überein.[2]

Die Auflösung der traditionellen Sinnsysteme hat aber nicht den Sinn aus der Gesellschaft völlig verabschiedet, er wird nur diffuser, die Sinnkrise ist nicht total, sie ist schwelend. Intermediäre Sinnvermittler treten auf. Dazu gehören im politisch-öffentlichen Bereich Institutionen der Zivilgesellschaft,

---

2   Rorty 1989, Bauman 1995

Bürgerbewegungen und organisierte Vereine. Dazu gehören aber vor allem die Massenmedien, gerade im Boulevard. Gerade dort wird moralisiert und werden Werte geschaffen. Die Hochzeit vor laufender Fernsehkamera und einem Millionenpublikum als Resultat eines Gewinnspiels ersetzt die Hochzeit in der Kirche. Der Ritus geht nicht verloren, er ändert sein Umfeld.

So entstehen neue Formen der Religiosität.

Anlässlich einer Straßenbefragung in Ostberlin Anfang der Neunzigerjahre antwortete eine Frau auf die Frage, ob sie religiös sei: „ Nein. Ich bin nicht religiös, ich bin eigentlich ganz normal".

Was hat es mit dem Normalsein und dem Religiössein auf sich? Ist religiös zu sein im Deutschland der Neunzigerjahre ein Grund sich zu genieren?

Unterstellen wir einen sehr populären Gebrauch des Begriffs „normal", dann hat diese Frau nicht ganz unrecht. Normal ist das, was die meisten tun. Und die meisten sind nicht religiös, auf den ersten Blick, zumindest nicht kirchlich-religiös. In den Achtzigerjahren sanken europaweit die Zahlen der Mitgliedschaften in den Kirchen, in katholischen mehr als in protestantischen. Die protestantischen Kirchen hatten schon früher einen deutlichen Rückgang. Lebensstiluntersuchungen zeigen, dass Milieus, die man als religiös bezeichnen könnte, in den Neunzigerjahren verschwinden. So zeigt etwa die Lebensstilstudie in Österreich 1987 noch eine Lebensstilgruppe, die sich als religiös kennzeichnen lässt. Diese Charakteristik ist in den Neunzigerjahren nicht mehr vorhanden.[3]

Aber religiös sein bedeutet nicht, kirchentreu zu sein oder auch nur Mitglied in einer Kirche zu sein. In Europa gibt es dafür ein auffallendes Beispiel: Dänemark. Dänemark besitzt eine sehr säkularisierte Gesellschaft mit geringer Kirchenmitgliedschaft. Fragt man aber die Dänen, ob sie sich selbst als religiös ansehen, dann liegen sie mit über 60% Bejahungen an der Spitze, nicht ganz so hoch wie Portugiesen oder Iren und natürlich weit unter den Polen, aber wesentlich höher als andere westeuropäische Länder. Offensichtlich sehen die Dänen in der Religiosität etwas anderes als es ihre Pastoren tun. Sieht man von der Gebundenheit an eine Kirche ab, dann kann man heute sehr viel Religiosität entdecken. Sie ist nicht verschwunden, sondern hat einem diffusen Glauben an Gott Platz gemacht.[4]

Was heißt eigentlich Religion? So, wie wir den Begriff heute gebrauchen, ist es ein Begriff der Moderne. Er entsteht um ca. 1500 in der frühen Neuzeit. Das lateinische Religio meinte etwas anderes. Es ist schwer zu beschreiben. Mit dem lateinischen Religio wird etwas Übernatürliches, Heiliges angesprochen, etwas, das nicht den Naturgesetzen unterliegt. Im Zeitalter der Naturwissenschaft bleibt für diese Religion immer weniger Raum. Die Vorstellung, es gäbe etwas, was nicht den Naturgesetzen unterliegt, wird zurück-

---

3 Vgl. Fessel+GfK, 1988 und Fessel-GfK Institut 1997
4 Zulehner; Denz 1993

gedrängt, da wir lernen, die Natur immer besser zu verstehen und zu beherrschen. Das Heilige, das Übernatürliche, das Metaphysische verschwindet aus der Welt und so gesehen auch die Religion. Wir brauchen sie nicht mehr. Wir haben die Naturgesetze.

Hinter der Unterscheidung von Kirchlichkeit und Religiosität stecken auch verschiedene Auffassungen von Religion. Wir können prinzipiell zwei unterscheiden: eine substanzielle und eine funktionale.

Die substanzielle Bedeutung definiert Religion inhaltlich. Sie gibt Elemente an, die zur Religion gehören. In allen Religionen gibt es Götter, vielleicht auch Heilige oder ähnliche „übermenschliche" Wesen.

Religion funktional gesehen meint alles, was Wirklichkeit transzendiert. Sie kann mit dem Religionssoziologen Luckmann als ein Bedeutungsuniversum angesehen werden – er spricht auch vom „Heiligen Kosmos"[5] – der es erlaubt, die Alltagswelt zu bewerten, Dinge als gut und schlecht zu empfinden. Dieses Bedeutungsuniversum in Form des Heiligen Kosmos überhöht den Alltag, verleiht ihm Sinn und ist identitätsstiftend. Es äußert sich in Bräuchen und Ritualen. Dieses Bedeutungsuniversum kann durch nichtreligiöse letzte Bezugspunkte, die funktionale Äquivalente bilden, ersetzt werden: Die Massenmedien, Sport, Konsum, Rock-Musik und Liebe können solche sinngebenden Horizonte in unserer Gesellschaft sein. Sie haben nichts mehr mit Religion im ursprünglichen Sinn zu tun, sie treten an deren Stelle und erfüllen eine ähnliche Funktion.

Der Heilige Kosmos, der unser Leben bestimmt, ist ein abstraktes Gebilde, aber er äußert sich in religiösen Repräsentationen, er manifestiert sich in Riten, in heiligen Orten, in heiligen Kalendern und ähnlichem. Die Kirchengebäude, die Marterln am Wegrand, die Opferstätten, all das sind heilige Orte, Orte, die eine über sich hinausgehende Bedeutung haben. Sie sind Sinnbild für das, was den Menschen heilig ist. Solche religiösen Repräsentationen gab es zu allen Zeiten.

Ein Spezialfall in der Menschheitsgeschichte ist die Objektivierung und Institutionalisierung des Heiligen Kosmos in Kirchen, oder noch spezieller in der christlichen Kirche.

Die Kirche als Organisation von Religion entsteht in einer komplexer werdenden Gesellschaft als eigener Bereich, der hauptsächlich damit beschäftigt ist, Religion zu verwalten und zu verbreiten. Sie existiert als Subsystem der Gesellschaft neben der Wirtschaft, der Politik, dem Bildungswesen oder dem Staat. Das bedeutet Spezialisierung und Ausdifferenzierung. Die Kirche kann sich ganz auf reine Religion konzentrieren, sie kann aber so spezialisiert sein, dass sie nichts mehr mit den übrigen Bereichen der Gesellschaft zu tun hat, den Kontakt zu ihr verliert und dadurch ein überflüssiges Subsystem in der Gesellschaft wird. Diese Tendenz scheint heute vorzuherrschen.

---

5 Luckmann 1993

80

Wird die Kirche bedeutungsloser, so entstehen funktionale Äquivalente. Der Tempel wird durch den Konsumtempel ersetzt. Die Shopping Malls treten an frühere heilige Orte, das Ritual in der Kirche wird ersetzt durch das Ritual des Fernsehens. Die Hochzeit in der Kirche wird ersetzt durch die Hochzeit im Fernsehen.[6]

Postmoderne Individualreligion

In der postmodernen Gesellschaft rückt die individuelle Identität in den Mittelpunkt. Das Individuum, so können wir pointiert formulieren, ist das Heilige, die persönliche Identität das Ziel der Menschen. Besonders deutlich wird das in einer Studie von Barz über postmoderne Religion der jungen Generation in Deutschland. Seine Ergebnisse deuten darauf hin, dass alle Transzendenz dazu verwendet wird, individuelles Glück zu optimieren, er nennt dies „Eudämonismus".[7] Individuelles Streben nach Glück und Selbstverwirklichung ist zentraler Sinn des Lebens vor allem für die junge Generation. Es ist nicht bloßer Hedonismus.

Eudämonismus meint nicht ausschließlich Konsumorientierung, Abenteuerlust um jeden Preis. Man kann sein Glück auch in der Askese finden. Das zeigt etwa der Vegetarismus als moderne asketische Strömung, wohl auch die übermäßige Selbstkasteiung im Sport. Die christliche Fastenzeit als Vorbereitung für das Leiden und die Auferstehung Christi zu Ostern mutiert zum gesundheitsfördernden Heilfasten, das jeder christlich-kirchlichen Komponente entkleidet ist. Ein übergeordneter für jeden verbindlicher Sinn geht verloren. Transzendenz, der Glaube an das Übernatürliche wird für junge Menschen im Eudämonismus belanglos.

Das individuelle Glück ist nicht mehr christliche Erlösung. Es beruht auf verschiedenen Säulen: bewährte Freundschaft, Geborgenheit in der Partnerbeziehung oder der Familie, gehobener Lebensstandard, Freiheit und Selbstkongruenz, Zufriedenheit im Beruf und Gesundheit.

In dieser Situation der Individualisierung wird Religion nur so weit wahrgenommen, als sie zur Selbstfindung, zur Selbstverwirklichung beiträgt. Die Priester müssen den Nutzen der Religion für das Individuum klar machen und vermitteln können. Das moderne Individuum handelt durchaus nicht zufällig, schlittert nicht ungewollt von einem Angebot zum nächsten, sondern kann reflexiv und überlegt auswählen, was ihm für seine Situation am besten geeignet erscheint. Das moderne Individuum ist im Prinzip Häretiker, das heißt Kulturkritiker, der begreift, dass religiöse Mythen vom Menschen geschaffen wurden und dass er selbst auf diese Mythen Einfluss nehmen kann. Religion ist nicht etwas Absolutes, außerhalb des Menschen Stehendes, es ist

---

6   Reichertz 1994
7   Barz 1992

81

ein Konstrukt der Menschen. Tiere kennen keine Religion. Wenn dem Individuum klar wird, dass Religion vom Menschen geschaffen wurde, so erkennt es, dass es auch selbst Religion für sich schaffen kann. Und diese Möglichkeit wird auch umgesetzt. Religiöse Mythen werden als selbstgeschaffene Lebenshilfen erzeugt.

Zunächst stellt sich die postmoderne Gesellschaft als eine der Vielfältigsten dar. Die Angebote im religiösen Bereich sind mannigfaltig. Man könnte sie unter dem Sammelbegriff der „neuen religiösen Bewegungen" zusammenfassen, die eine Fülle sehr unterschiedlicher Strömungen beinhalten.

Eine der ersten darin waren die fröhlichen Jesus-People, ein sehr loses Netzwerk von Gruppen. Die Jesus-People orientierten sich am Leben Jesu. Sie kamen aus der Hippiebewegung. Es gibt aber, wie wir wissen, in diesem Bereich nicht nur lockere, fröhliche Bewegungen, sondern auch autoritäre, anscheinend sehr straff organisierte Sekten: Scientology, die Evangelisten, vielleicht auch das Engelswerk innerhalb der katholischen Kirche gehören dazu. Weitere religiöse Bewegungen wie der Okkultismus machen den Tod zu ihrem Thema. Am bekanntesten sind aber jene Strömungen, die man unter dem Sammelbegriff des „New-Age" zusammenfassen könnte, eigentlich eine Wissenschaftsreligion, entstanden aus der Konfrontation mit dem asiatischen Raum. Obwohl sie nicht der New-Age-Bewegung angehören oder sie vorantreiben, wie der Physiker Capra[8], ist es doch symptomatisch, dass zwei Evolutionstheoretiker, Maturana und Varela in ihrem Buch „Baum der Erkenntnis" sehr sorgfältig beschreiben, wie das Erkennen gehirnphysiologisch zustande kommen könnte. Am Ende ihres Buches sprechen sie plötzlich von Frieden, der nur durch die Liebe (zwischen Molekülen) geschaffen wird.[9] Eine typische New-Age-Variante, die weniger mit Aufklärung als mit Erleuchtung zu tun hat.

Obwohl sich mit Sekten oft tragische Schicksale verbinden, sollte man diese nicht überbewerten. Schätzungsweise gehören nur rund 1% der Jugendlichen solchen Sekten an. Aber in der speziellen Diffusität des New Age, der Esoterik, zeigen sie ein religiöses Bedürfnis auf, das traditionelle Kirchen nur unvollkommen wahrnehmen. Manche Kirchen versuchen es und auch diese Versuche reihen sich zu dem vielfältigen Angebot. Charakteristisch dafür waren die protestantischen Kirchentage vor allem in Deutschland. Dort fand man einen Jahrmarkt an Möglichkeiten vor: Stände über gesunde Ernährung, Ökologie, Frauenthemen, viele politische Themen und auch politische Repräsentanten waren dort in den Siebzigerjahren zu finden. Die traditionelle Religion wurde nahezu unsichtbar. Diese Kirchentage zogen Massen von jungen Menschen an, die hier vor allem das Gemeinschaftsgefühl, das Zugehörigkeitsgefühl erleben wollten. Hier hat sich die Kirche geöffnet und ist selbst zum Anbieter vieler Möglichkeiten geworden.[10] Ob sie das genauso gut

---

8   Capra 1983
9   Maturana; Varela 1987
10   Vgl. Soeffner 1992

82

kann wie andere – zum Beispiel wie die Alternativen oder die Frauenbewegung – das mag einmal in Frage gestellt werden.

Die vielfältigen Möglichkeiten sind aber nur eine Voraussetzung der postmodernen Gesellschaft. Es gibt eine neue Qualität, die sich in zwei Zitaten ausdrücken lässt:

„Der Beatnik empfindet sich nicht mal als Christ, mal als Buddhist, mal als Hindu ... sondern er nimmt immer zugleich alles und findet gerade in diesem Simultanen der Weltanschauungs- und Glaubenselemente seine jeweils unterscheidbare Identität."

Oder die Aussage eines Kindes: „Ich bete zu meinem kleinen Bruder, der gestorben ist und zu meinem Vater und zu Buddha und zu Jesus Christus und zur Jungfrau Maria...Ich bete zu diesen fünf Menschen".[11]

Es ist die Gleichzeitigkeit, die Simultaneität der Phänomene, die die heutige religiöse Identität prägt. Im Individuum vermischen sich die Möglichkeiten zu einem neuen Konglomerat. Ich vergleiche diese Situation gerne mit der Farbpalette eines Malers. Die Palette ist in der Moderne breiter geworden, die Maler können mehr Farben auf ihre Palette geben. Aber sie wählen nicht eine Farbe aus, sondern sie mischen sie. Genauso ist es mit der Gesellschaft: Verschiedene ausdifferenzierte Möglichkeiten fallen zusammen, verschmelzen miteinander zu einer typisch individuellen Identität. Manche sprechen dann von postmoderner Gesellschaft, die unübersichtlich und unklar ist. Wie im ersten Zitat wählt man nicht einmal diese und einmal jene Religion, sondern Elemente aus allen Angeboten verschmelzen zu der Vorstellung der individuellen Religiosität. Und auch das zweite Zitat weist auf das Phänomen der Entdifferenzierung hin: Konkrete Menschen und religiöse Lehrer, Heilige und Götter fallen in den Begriff des Menschen zusammen.

Die Religion wird zur Patchworkreligion.

Die Religion wird individualisiert, kollektive Glaubenssysteme haben nicht mehr allgemeingültige und integrative Funktion. Mestrovic bringt das Beispiel des amerikanischen Thanksgivings.[12] Früher gab es ein allgemeines amerikanisches Verständnis von Thanksgiving. Heute gibt es ein Verständnis der Indianer (die die Pilgrims als Unterdrücker sehen), ein Verständnis der Afro-Amerikaner (die es mit Sklaverei in Zusammenhang bringen), ein feministisches Verständnis, das den Sexismus der Pilgrims hervorhebt, ein Verständnis der Weißen, die es als Verherrlichung des Amerikanismus verstehen usw.

Es gibt ein lebensstilspezifisches Verständnis religiöser Praktiken.

---

11 Beide Zitate stammen aus Barz 1992, S. 120ff.
12 Mestrovic 1997, 107ff.

In dieser gesellschaftlichen Situation hat eine Religion, die Absolutheit beansprucht und vielleicht noch die Mehrheit der Menschen ausgrenzt, wenige Chancen ein relevanter Bezugspunkt in der Gesellschaft zu bleiben.

Religion verschwindet hier nicht, sie stellt sich nur sehr individualisiert dar. Kennzeichen der Postmoderne ist diese Vermischung, dieses Pastiche der sozialen Möglichkeiten. Aber selbst diese funktionalen Äquivalente werden in weiter fortgeschrittenen Gesellschaften nicht von allen anerkannt. Es herrscht kein Konsensus über das, was religiös ist. Dadurch kann alles als religiös angesehen werden.

Ein Blick auf die Erlebnisgesellschaft, wie Schulze sie beschreibt[13], zeigt dies. Er unterscheidet verschiedene Milieus. Die Namen der Milieus, sprechen zum Teil für sich: Niveaumilieu, Integrationsmilieu, Harmoniemilieu, Selbstverwirklichungsmilieu und Unterhaltungsmilieu.

Zunächst kann man durchaus eine traditionelle, vertikale Gliederung vorfinden, vor allem verursacht durch den Bildungsstand. Zum Niveaumilieu gehören überdurchschnittlich viel obere Bildungsschichten, zum Integrationsmilieu mittlere und zum Harmoniemilieu untere. Das Selbstverwirklichungsmilieu reicht von der Mitte nach oben, das Unterhaltungsmilieu von der Mitte nach unten.

Im *Niveaumilieu* finden sich also Personen gehobenerer Bildung, politisch interessiert. Sie bewegen sich in der Hochkulturszene, ihr Leben ist auf Qualität bedacht.

Das *Integrationsmilieu* ist ein typisches Kleinbürgermilieu, das der aufstrebenden Mittelschichten. Do-it-yourself ist ein ganz typisches Charakteristikum dieses Milieus. Die kulturellen Interessen reichen je nach Bildungsstand von Trivialliteratur zur Hochkultur, selten zu Avantgarde. Gebundenheit in Nachbarschaft und Familie sind Kennzeichen dieses Milieus.

Schulze bezeichnet als *Harmoniemilieu* jenes Milieu, indem sich vorwiegen untere soziale Schichten befinden, Arbeiter zum Beispiel. Fernsehen, lokale Sendungen, Heimatfilme, Unterhaltungsmusik sind dafür charakteristisch. Sie sind wenig urban, eher dörflich oder lokal orientiert.

Zum *Selbstverwirklichungsmilieu* gehört ein Großteil der Kneipenszene, man geht in ethnische Lokale essen, besucht Kabarett, hat intellektuelle, meist linke Orientierung. Abwechslung, Aktion aber auch meditative Entspannung sind typisch dafür.

Das *Unterhaltungsmilieu* schließlich besteht aus eher unteren Bildungsschichten, Fußballbegeisterung, Bodybuilding und Motorrad charakterisieren dieses Milieu. Leichte Unterhaltungsmusik gehört ebenso dazu wie Pop und Rock. An Politik herrscht eher Desinteresse vor. Action und Fun sind wichtig.

Diese Milieus beschreibt Schulze nach ihrer existentiellen Zielrichtung, wie sie in der folgenden Übersicht gezeigt wird. Ich habe noch eine Spalte angefügt, die den potentiellen Wert der Religion für diese Milieus darstellen soll.

---

13 Schulze 1993

84

Übersicht: Milieus nach Schulzes Erlebnisgesellschaft und ihr Wert der Religion.

Milieu	existentielle Zielrichtung	Wert der Religion
Niveaumilieu	Streben nach Rang	Religion als Prestigefaktor, Statussymbol. Aber auch Verinnerlichung.
Integrationsmilieu	Streben nach Konformität	Religiosität
Harmoniemilieu	Streben nach Geborgenheit	Religion als Gemeinschaft
Selbstverwirklichungsmilieu	Streben nach Selbstverwirklichung	Religion als Meditation, Mystik
Unterhaltungsmilieu	Streben nach Stimulation	Geringe Religiosität

Das Niveaumilieu ist noch am ehesten reflektiert in religiöse Wertsysteme integriert. Allerdings besteht hier meiner Meinung nach die Ambivalenz zwischen verinnerlichten religiösen Werten und Religion als Statusfaktor, die Ambivalenz zwischen Überzeugung und Ritus. Man würde eher an Hochämtern in der Kathedrale teilnehmen als an einem Gottesdienst in einer kleinen, unbedeutenden Kirche. Man geht lieber bei einer repräsentativen Fronleichnamsprozession mit, als zu einem Familienkreis. Man geht in die Kirche, auch um gesehen zu werden. Das schließt natürlich nicht aus, dass dahinter so genannte echte Religiosität gelebt werden kann. Möglicherweise ist hier auch ein Unterschied zwischen protestantischen und katholischen Regionen zu finden.

Das Integrationsmilieu ist das einzige, das Schulze auch mit „Religiosität" charakterisiert, das Harmoniemilieu abgeschwächt mit eher religiös. Im Integrationsmilieu werden wir also am ehesten religiöse Personen finden, die auch kirchentreu sind. Es ist das eigentliche Rekrutierungsmilieu für christliche Kirchen in Europa.

Ähnlich ist es im Harmoniemilieu. Allerdings dürfte hier der gemeinschaftliche Aspekt stärker betont werden als beim Integrationsmilieu. Man geht in die Kirche, auch um mit anderen zu plaudern, nimmt gerne an gemeinschaftlichen Ausflügen teil. Vielleicht sind auch Wallfahrtsteilnehmer überdurchschnittlich oft eher dem Harmonie- als dem Integrationsmilieu zuzuordnen.

Im Selbstverwirklichungsmilieu spielt die traditionelle Religion eine untergeordnete Rolle. Dieses Milieu wurde, sofern es den katholischen Bereich betrifft, in den Siebzigerjahren durch neue rhythmische Messen und die größere Offenheit angezogen, im protestantischen Bereich wahrscheinlich durch die Kirchentage. Jedenfalls war dieses Milieu eher dort zu finden als in den Gotteshäusern. Neue Formen der Religiosität sind für dieses Milieu charakteristisch, das, was wir als neue spezialisierte Sinnwelten bezeichnet haben. Es geht nicht um traditionelle Religion, sondern um diffuse religiös-ethischmeditative Haltungen.

Im Unterhaltungsmilieu ist die Religiosität deutlich geringer als in den anderen. Es geht um Spaß, Religiosität spielt keine wichtige Rolle. Dieses Milieu steht neuen und traditionellen religiösen Werten fern.

Religion taucht sehr differenziert in der heutigen Gesellschaft auf.

Reaktionsmöglichkeiten der Kirchen

In dieser postmodernen Gesellschaft, die geprägt ist gleichsam durch eine Pastiche-Religiosität, können die Kirchen in verschiedener Weise reagieren: Orthodox, reduktiv oder induktiv oder wie ich es mit deutschen Ausdrücken umschreiben will: mit Ausgrenzung, Abschied und Zuhören.

Ausgrenzung

Ein System, dessen Grundpfeiler ins Wanken kommen, das sich von seiner Umwelt gefährdet fühlt, hat die Tendenz, diese störenden Einflüsse auszuschalten und sich nach innen zu verfestigen. Das geschieht sowohl auf den Ebenen der Organisation als auch der Inhalte. Die Organisation wird gestrafft, Abweichler haben weniger Chance darin zu überleben, es herrscht die Tendenz, sie abzuschieben. Entscheidungen können zunehmend zentralistischer gefällt werden. Zusätzlich besinnt man sich auf die reine Lehre. Eine verstärkte Dogmatik wird entwickelt, wie sie sich etwa im neuen Katechismus der katholischen Kirche zeigt. Wir können diese Tendenz neo-orthodox nennen. Vom Gesichtspunkt des Systems Kirche ist sie durchaus funktional, macht Sinn. [14] Die Abschottung bewirkt auch Unangreifbarkeit, man hat mit der Umwelt eigentlich nichts mehr zu tun. Ein harter Kern führt eine nach außen abgeschlossene Organisation. Dass sie schrumpft, darüber macht sich die Orthodoxie keine Gedanken. Vielleicht gelingt es ihr, die Unannehmlichkeiten der gegenwärtigen Gesellschaft zu überleben und wieder auf breite Zustimmung zu stoßen. Die Zeithorizonte für solche Zukunftsprognosen schwanken zwischen Jahren und Jahrhunderten, mit einem Wort, eine Prognose ist in diesem Sinne nicht zu erstellen. In der Orthodoxie sprechen die Kirchen ein Intensivsegment an, das treu bleibt, sie sprechen aber nicht mehr den Menschen in der Gesellschaft an, der als Häretiker gefährliches Gedankengut einbringt. Sie haben nichts mehr mit dem postmodernen Menschen zu tun. Welche Chancen das Christentum auf dem Angebotssektor der religiösen Bewegungen hat, ist nach unseren früheren Ausführungen recht klar geworden: Es ist eine Möglichkeit unter anderen. Vor allem asiatische Strömungen verbreiten sich. Orthodoxie ist eine mögliche Reaktion zur Wahrung der reinen Lehre, ob sie zum Untergang der Religion führen wird oder nur ein Zwischenstadium ist, das kann schwer gesagt werden. Die Orthodoxen setzen ihre Hoffnung auf die Zukunft.

---

14   Vgl. Gollubits 2001

86

Abschied

Der zweite Weg ist ein Weg der Öffnung. Auf diesem Weg steht aber als Resultat die Auflösung oder zumindest eine völlige Umstrukturierung der Organisation. Sie wird etwas anderes. Wenn ein System alles von seiner Umwelt aufnimmt, dann wird es mit seiner Umwelt unverwechselbar, geht in ihr auf. Wenn die Kirche zur Partei der Alternativen wird, dann schließt man sich lieber gleich der politischen Partei an. Ich möchte diesen Weg als Abschied bezeichnen und zwar deswegen, weil die Organisation von ihren Grundpfeilern, von ihren Inhalten allmählich Abschied nimmt. Sie nähert sich dem Bild des modernen Menschen so weit an, dass sie sich mit der Welt identifiziert, wo sie doch auch das Heilige, die Transzendenz zu vertreten hätte. Sie erliegt dem Phänomen, das wir als „going native" bezeichnen, als eine Überidentifizierung mit seiner Klientel, mit seinem Publikum. Die Entmythologisierung ist ein drastischer Schritt dazu. Das Beispiel der Kirchentage weist in diese Richtung. Die Konsequenz ist, dass Menschen die Transzendenz in anderen Religionen suchen.

Die Abschaffung des Ritus ist hier vielleicht das signifikanteste Beispiel. Das zweite Vatikanum der katholischen Kirche hat viel getan, Riten abzuschaffen, durchsichtiger und rationaler die Messe zu gestalten. Von der katholischen Messe bleibt als zentraler Ritus die Wandlung von Wasser, Wein und Brot in das Blut und den Leib Jesu Christi, der Wortgottesdienst wird der Tendenz nach eher zu einem Gespräch zwischen Gemeinde und Priester. Für die Gesprächssituation findet er im falschen Raum statt, ein Versammlungsraum, wo alle um ein Zentrum sitzen und miteinander reden, wäre dafür besser geeignet.

Der Verlust des Ritus wird bei signifikanten Gesten sichtbar, die ihn sozusagen sekundär wieder hereinholen. Zum einen ist da die Geste des Händehaltens z.B. beim Vaterunser, die zu manchen Gelegenheiten in manchen Kirchen gepflogen wird. Diese Geste findet sich ebenso bei Popkonzerten, wenn sich plötzlich die Hände erheben, Lichter angezündet werden und in einer Woge schwanken. Um wie viel ruhiger und klarer ist da die ehemalige Lichterprozession der Osternacht. Die signifikanteste Geste ist aber der Friedensgruß, bei dem sich in der Kirche plötzlich fremde Menschen die Hand schütteln. Dass sie nicht ernsthaft miteinander reden, zeigt die sterile Formel: der Friede sei mit Dir. So redet man nicht mit dem Mitmenschen, mit den meisten in der Kirche ist man auch gar nicht per Du. Die Formel verweist noch auf den Rest eines heiligen Ritus. Das Händeschütteln soll wohl Gemeinschaft stiften, soll vielleicht auch signalisieren, dass man sich verträgt. Im Friedensgruß der Laien wird der Friede nicht als göttliches Geschenk dargestellt, sondern als individuelle Möglichkeit des Menschen, die sie einander anbieten. So sehr man natürlich meinen kann, dass der Frieden tatsächlich durch soziale Anstrengungen zustande kommt, so sehr ist aber hier ein signifikantes Beispiel für Abschied gegeben. [15]

---

15 Vielleicht schreckt manchen diese Überlegung. Der Friedensgruß wird generell von den Kirchgängern als etwas äußerst Positives angesehen, wie ich anlässlich eines

Abschied bedeutet also Auflösung der fundamentalen Bestandteile des eigenen Systems. Die Gesten der Umwelt werden übernommen, ohne dass man ihnen klare religiöse Inhalte zuweist. (Man sagt ja nicht: Gott wünscht, dass Frieden unter uns sei). In vielen Fällen schreitet auch der Priester durch die Reihen der Gläubigen, um einigen die Hand zu schütteln. Ich kann hier nicht die Semantik des Grußes völlig ausloten, es sollten nur Hinweise auf seine Stellung im Konzept des Heiligen und des Öffnens des Heiligen gegeben werden.

Zuhören

Wir kommen zum letzten Weg, dem des Zuhörens. Wer den Menschen zuhört, der wird finden, dass es ein Bedürfnis nach Transzendenz gibt. Der simple Aberglaube ist nur ein Aspekt, man soll ihn aber nicht unterschätzen. Die katholische Kirche war gerade erfolgreich in der Integration heidnischer Bräuche. Dies zeigt sich bei der Weihe der Ostereier ebenso wie bei der Autoweihe. Jene, die solche „heidnischen" Bräuche abschaffen wollen, übersehen wahrscheinlich, wie wichtig die Eingliederung des religiösen Ritus in den Alltag ist. Der Weg der Auflösung sagt: Ich ändere mich und komme zu euch, weil ihr offensichtlich mit meiner Art des Glaubens nichts mehr zu tun habt. Eingliederung aber heißt: Ich mache meinen religiösen Ritus nutzbar für Euch.

Hört man zu, sieht man auf die Strukturen und Bedürfnisse der Menschen, so merkt man, dass es religiöse Bedürfnisse gibt, keineswegs hat der moderne Mensch sich vom Übernatürlichen verabschiedet. Das vielfältige Angebot an Esoterik bestätigt dies. Erfahrungen des heutigen Menschen gibt es viele, die religiös nutzbar gemacht werden könnten. Obwohl in vielen Fällen die katholische Beichte ähnliches wie die Aussprache bei einem Therapeuten, Supervisor oder Coach bewirkt, werden diese Professionalisten den Priestern vorgezogen. Ein Weg des Zuhörens wäre es, die Beichte zu professionalisieren, ihre Vorteile gegenüber einer Therapie herausstellen (was nicht nur in den geringeren Kosten liegen dürfte) und sie dem Sinnangebot der pluralistischen Welt adäquat einzureihen – nicht, auf sie zu verzichten.

Der Psychotrend ist vielleicht das beste Beispiel eines säkularisierten Bedürfnisses nach Transzendenz. Es wäre ein lohnenswerter Versuch für Theologen, die Inhalte der unzähligen Selbsthilfebücher aus religiösen Inhalten der Bibel zu rekonstruieren. Vereinzelt gibt es ja bereits in Managementschulungen Versuche der Übertragung religiöser Inhalte. Die Bergpredigt für Manager ist Weiterbildungsangebot. Im Prinzip sind alle diese Management- aber auch Selbsthilfelehren nichts anderes als fallspezifische An-

---

Vortrages feststellen konnte. Eine Kritik daran wurde nicht toleriert. Es ist aber die Aufgabe der Soziologie, auf die soziale Konstruktion der Wirklichkeit hinzuweisen und diese zu interpretieren. Das muss nicht mit der Meinung der Kirche übereinstimmen.

weisungen darüber, wie Menschen miteinander umgehen sollen. Fallspezifisch heißt, dass sie einen Teil der Realität herausnehmen und auf diesen eine Managementschule aufbauen, sei es dass es um eine Neuorganisation bei Absatzschwierigkeiten, eine Vergrößerung der Auslandsmärkte, die Erreichung der persönlichen Ziele oder die Befreiung von Ängsten geht. Die Religion als universelles System müsste hier durchaus passende Antworten haben.

Die Strategie des Zuhörens verlangt aber eine grundsätzlich gegensätzliche Sicht zur Strategie der Orthodoxie. Sie sieht die Menschen als Realitätskonstruierende an, als für ihre Handlungen Verantwortliche, die sich ihr Leben zurechtzimmern. Das heißt auch, dass sie ihre eigene Religion entwickeln. Es kann nicht darum gehen, diese ihnen auszureden, sondern vom Standpunkt der institutionalisierten Religion Angebote zu machen. Eine Aufgabe der Religion ist sicher auch die Symbolisierung und nach Symbolen und Ritualen besteht Bedarf. Schafft man sie als Relikte ab, wird Religion säkularisiert und verliert ihren Stellenwert. Genau dies ist in den Verweltlichungsprozessen der Siebzigerjahre geschehen. Andere Symbollieferanten haben sich daher an deren Stelle geschoben. Die Gesellschaft ist vielleicht nicht weniger religiös geworden, die Kirchen haben sich von der gesellschaftlich gelebten Religiosität entfremdet.

Der Weg des Zuhörens hat aber auch eine Konsequenz: Die Religion, die eigene spezifische Religion, sei sie christlich katholisch, protestantisch, buddhistisch oder islamisch darf nicht als die Alleinseligmachende angesehen werden, ja mehr noch, in der postmodernen Gesellschaft müsste klar werden, dass es vielfältige Möglichkeiten gibt, Religion zu leben und zu verstehen.

Prozesse der Veränderung

Zwei Prozesse führen zur Entstehung von Lebensstilen als Unterscheidungsmerkmale in postindustriellen Gesellschaften: Individualisierung und Wertewandel.

Individualisierung

Individualisierung wird oft missverstanden und mit Egoismus gleichgesetzt. Es mag sein, dass die Gesellschaft zunehmend härter, kälter und egoistischer wird. Mit Individualisierung hat das aber nur am Rande zu tun. Individualisierung bedeutet den Verlust allgemein verbindlicher Wertmuster, aber nicht das völlige Fehlen von gemeinsamen Werten. Egoismus ist eine Persönlichkeitseigenschaft, nicht ein Element der Gesellschaftsstruktur.

Manche mögen überhaupt bezweifeln, dass mit Individualisierung die heutige Gesellschaft treffend beschreibbar ist, da so viel in ihr gleich geschaltet und keineswegs sehr individuell zu sein scheint. Die Massenkonsumgesellschaft bietet zwar viele Waren an, aber diese unterscheiden sich kaum voneinander. Man kann auch behaupten: „Es ist alles eins".[1] Zwar gibt es eine Unzahl von Fernsehkanälen, aber die Programme sind doch überall ähnlich. Zwar gibt es eine Fülle von Modegeschäften und Kleiderketten, aber so unterschiedlich sind die dort verkauften Produkte nicht. Alle tragen Jeans. Zwar sagen wir, dass wir in einer demokratischen Gesellschaft unseren Lebenswandel frei wählen können, aber dann zeigen sich doch äußere Zwänge. Ob eine fünfundzwanzigjährige Absolventin einer Universität einen Vollzeitarbeitsplatz bekommen kann oder nicht, ist von der wirtschaftlichen Situation abhängig und es bestimmt ihre Möglichkeit eine Wohnung zu kaufen und eine Familie zu gründen. Es gibt gesellschaftliche Erwartungen, von den Eltern

---

1   Unsere duale Logik bewirkt, dass wir oft nur eines als wahr ansehen. Hermann Hesse legt seiner Romanfigur Siddharta den Satz in den Mund: Von jeder Wahrheit ist das Gegenteil ebenso wahr.

91

einerseits, von den Freunden andererseits, an denen man sich mehr oder weniger orientieren muss.

Beide Argumente widersprechen nicht der Individualisierung. Weder ist Individualisierung mit Egoismus gleichzusetzen, noch wird damit behauptet, es gäbe keine äußeren Zwänge und keine Gemeinsamkeiten.

Was heißt also nun Individualisierung? Wann setzt dieser Prozess ein?

Individualisierung ist ein europäisches Phänomen. Sie setzt eine Gedankenwelt voraus, die den Menschen in den Mittelpunkt stellt. Das ist eine Errungenschaft des europäischen Christentums. Hier ist der einzelne Mensch bedeutsam.

In anderen Kulturkreisen ist dieser Gedanke weit weniger zentral. In der chinesischen konfuzianischen Tradition steht das Kollektiv, insbesondere die Familie im Mittelpunkt. Diesem System haben sich alle unterzuordnen.

Trotz Priorität der allgemeinen Institution der Kirche im feudalen Europa war Gesellschaft um das Individuum angelegt. Dieser Prozess verstärkte sich. Der Soziologe Georg Simmel beschrieb Individualisierung als einer der ersten. In seiner Philosophie des Geldes liefert er eine hervorragende Beschreibung dieses Prozesses in der westlichen Gesellschaft. Er bringt strukturelle mit kulturellen Kategorien der Entwicklung zusammen. Geld ist typisch für die Moderne. Das Vorherrschen der Geldwirtschaft prägt den modernen Lebensstil. Die Geldwirtschaft ist gekennzeichnet durch Rationalität und Objektivität. Der Charakter des Rationalen und Logischen gehe einher mit und bewirke eine Indifferenz und Charakterlosigkeit. Simmel spricht an einer Stelle vom „Mangel an Definitivem im Zentrum der Seele", der zu immer wieder neuen Aktivitäten anregt, einer Halt- und Rastlosigkeit, sichtbar im neuen Großstadtleben oder der unbändigen Reiselust.[2] Im Geld komme das „messende, wägende, rechnerisch exakte Wesen der Neuzeit" am besten zum Ausdruck. Die Allgemeinheit des Geldes, seine Allgegenwärtigkeit führe zu einem berechnenden Menschen, der tendenziell selbstsüchtig und egoistisch ist.[3] Hier wird also doch Egoismus mit Individualismus zusammengebracht, einem Individualismus, der laut Simmel mit der Geldwirtschaft Hand in Hand geht.[4]

Populär geworden ist der Begriff der Individualisierung aber durch ein Buch, das Ulrich Beck 1986 veröffentlichte. Es erschien unter dem Titel: Risikogesellschaft.[5] Er beschrieb darin, wie sich die moderne Menschheit immer größeren Risiken gegenübersieht. Ereignisse und Prozesse laufen ab, deren Konsequenzen nicht vorauszusehen sind. Anders als die Gefahren, denen

---

2 Im synthetischen Teil der Philosophie des Geldes. Stil des Lebens III (entnommen aus CD: Simmel 2001. CD.

3 Synthetischer Teil. Stil des Lebens I, Simmel 2001.

4 Synthetischer Teil 4. Die individuelle Freiheit. Simmel 2001.

5 Beck 1986

sich frühere Gesellschaften ausgesetzt sahen, beschreibt das *Risiko* die vom Menschen selbst gemachten Probleme. Gefahren drohen, Risiken geht man ein.

Es besteht immer die Gefahr von Naturkatastrophen; Hagelstürmen, die Ernten vernichten, Vulkanausbrüchen, Überschwemmungen, Lawinen, Bergrutsche. In mittelalterlichen Städten drohte die Seuchengefahr, verursacht durch schlechte Lebensbedingungen, enge Gassen, fehlende Kanalisation, fehlendes Wasser.

Heute dominiert das Risiko. Wenn in den Alpen Skipisten angelegt und ganze Hänge gerodet werden, dann geht die Bevölkerung das Risiko eines Lawinenabganges ein. Wenn wir Auto fahren, gehen wir das Risiko eines Unfalls ein. Beck analysierte vor allem die technischen Prozesse. Wenn wir gentechnische Veränderungen an Pflanzen vornehmen, an Tieren und auch am Menschen, dann gehen wir Risiken ein, die wir noch nicht kennen. Dieses Eingehen von Risiko ist ein Grundcharakteristikum der modernen Welt. Besonders beschäftigt sich Beck mit dem Risiko der Atomkraft. Sein Buch wurde zuletzt auch deshalb so populär, weil kurz nach dessen Erscheinen der Atomreaktor Tschernobyl brach.

Risiken entstehen im Prozess der Individualisierung. Dies deswegen, weil die Welt zerspalten ist. Einzelne Bevölkerungsteile unternehmen etwas (etwa die Gentechniker), sie sehen aber nicht den gesamtgesellschaftlichen Zusammenhang. Außenstehende wiederum können überhaupt nicht abschätzen, welche Konsequenzen bestimmte Entdeckungen haben. Leider können das auch die Gentechniker nicht völlig. Es entsteht ein Risiko.

Der Prozess der Individualisierung wird durch das Entstehen der städtischen Lebensweise beschleunigt. Das erste und wichtigste Merkmal in diesem Prozess ist die Loslösung aus traditionellen Verbindlichkeiten, die „*Entbettung*"[6] aus dem dörflichen Lebenszusammenhang. In der städtischen industriellen Gesellschaft lösen sich die verbindlichen Orientierungsmuster auf. Man stelle sich den Kulturschock vor, wenn eine Person von einem kleinen Dorf in die Stadt zieht, von einem Bauernhof in dicht besiedeltes Wohngebiet mit mehrstöckigen Häusern, wo sie die Menschen rundherum nicht kennt. Wen soll sie ansprechen? Mit wem kann sie reden? Von wem Hilfe erwarten? Wen kann sie besuchen? Wer besucht sie? Wie kann die Person ihren Weg finden, in dem Gewirr von Gassen, das sie nicht zu überblicken vermag? Die Familie bleibt am Land, der Bauernsohn, nun Arbeiter in einer Fabrik, ist auf sich allein gestellt.

Die traditionellen Werte des Dorfes gelten in der Stadt nicht mehr. Wichtig in der Stadt ist es, sich durchzusetzen, da man nicht mehr in eine Gemeinschaft integriert ist. Wichtig ist, zunächst einmal zu überleben. Im Dorf war das gesichert. Wichtig in der städtischen Gesellschaft ist, viele Kontakte zu knüpfen, sich nicht abzuschließen. Wichtig ist, mit Menschen aus unterschiedlichen Schichten umgehen zu können, mit Arbeitern, Ange-

---

6   Giddens 1991

stellten und Vorgesetzten. Die Vielfalt der Möglichkeiten ist nicht nur beeindruckend, sie ist auch bedrückend. Orientierungslosigkeit ist wohl das erste und nachhaltigste Erlebnis, das einem städtischen Zuwanderer begegnet.

Individualisierung heißt weiter: *Pluralisierung.*

Es mag zunächst Orientierungslosigkeit herrschen. In der Soziologie wird das als anomisches Verhalten bezeichnet. Dieses tritt auf, wenn der Einzelne keinen festen Halt mehr findet und sich nicht mehr an Wertvorstellungen orientieren kann, die verbindlich in der Gesellschaft gelten. Weltanschauungen, Religionen haben ihre moralische Kraft verloren.

Es gibt aber auch heute durchaus kollektive Verhaltensrichtlinien: Werte, die eine Gruppe von Menschen teilt. Es bilden sich unterschiedliche Gruppen heraus. Auch in der Stadt gibt es noch Familiensinn und Familienverbundenheit, nicht nur bei alten Menschen. Andere leben lieber als Singles. Es gibt auch in der Stadt Gruppen: Parteigruppen, Kirchengruppen, denen man sich anschließen kann. Vereine sind zahlreicher und vielfältiger als auf dem Land. Die Unternehmen entwickeln eine eigene Kultur, in den Arbeiterbezirken entsteht eine Arbeiterkultur und auch im Mittelstand kommen bestimmte kollektive Verhaltensmuster auf. Aufstiegsorientiertheit ist eines davon. Tendenziell gibt es keine einheitlichen für alle Menschen in einer Gesellschaft verbindlichen Werte mehr, sondern gruppenspezifische. Genau das meint Pluralisierung.

Pluralisiert werden aber nicht nur die Werte und Orientierungsmuster, pluralisiert werden auch die Lebensläufe der Menschen. Diese Pluralisierung der Lebensläufe wird besonders durch Sozialleistungen im Wohlfahrtsstaat mitverursacht.

Es gibt eine Fülle von Sozialleistungen und sozialpolitischen Regelungen, die Lösungen für individuelle Lebenslagen ermöglichen. Eine fundamentale Unterscheidung wird etwa durch die Pragmatisierung, die Lebensstellung, getroffen. Es macht einen Unterschied, ob man bei gleicher Tätigkeit sozial abgesichert und praktisch nicht kündbar ist oder ob man den Gesetzen des Marktes unterworfen und der Arbeitsplatz nicht gesichert ist. Staatliche Transferleistungen, steuerliche Absetzmöglichkeiten, das alles trägt zu einer individualisierten Lebenslage bei. Auch die Differenzierungen im Schulsystem führen zur Pluralität von Lebensverläufen. Es gibt unterschiedliche Bildungsgänge, Primär- und Sekundärschulen, spezialisierte Bildungsgänge schon im sekundären Bereich, der in humanwissenschaftliche, technische, naturwissenschaftliche Curricula aufgegliedert ist. Im tertiären Bereich bilden sich eine Fülle von Universitätsstudien heraus, ergänzt durch Hochschullehrgänge oder Fachhochschulen. Unterschiedliche Bildungsstränge bewirken eine Vielzahl von Bildungsabschlüssen. Auch das trägt zur Pluralisierung in der Gesellschaft bei. Individualisierung heißt also, dass sich durch die Fülle an Möglichkeiten individuell unterscheidbare Lebensverläufe herausbilden.

Natürlich können ähnliche Lebenssituationen wieder zusammengefasst werden. Man spricht dann von Lebenslagen. Diese sind gekennzeichnet durch gemeinsame wohlfahrtsstaatliche Merkmale, wie etwa soziale Sicherheit, aber

94

auch durch den Zugang zu Bildungsinstitutionen, Wohnlagen und vieles andere mehr. Dies erweitert die frühere Einteilung in soziale Schichten, die nur nach Beruf, Einkommen und Schulbildung unterschied. Der Prozess der Individualisierung bedeutet also nicht die Auflösung sämtlicher Kollektive in der Gesellschaft, sondern die Entstehung mehrerer verschiedener Kollektive.

Der Wohlfahrtsstaat schafft mit seinem verzweigten Netz an sozialen Regelungen eine Vielzahl an individuellen sozialen Lagen. Die Differenzierung des Ausbildungssystems, Verstädterung und Entbettung aus dem wohlgefügten dörflichen Leben tragen dazu bei, dass unterschiedliche alltägliche Lebensarten entstehen, die wir als Lebensstile identifizieren können.

Schließlich ist auf ein weiteres Phänomen der individualisierten Gesellschaft hinzuweisen: auf die steigende Bedeutung von *Kommunikation*. In individualisierten Gesellschaften ist vermehrt Kommunikation notwendig und durch vermehrte Kommunikation entsteht wiederum ein größeres Ausmaß an Individualisierung. Andererseits bedingt die vermehrte Kommunikation ein größeres Potential an Orientierungsmöglichkeiten, da mit ihr auch Werte vermittelt werden. Aber es entstehen eben zahlreiche Sinnwelten. Beides zusammen bewirkt zunehmende Differenzierung von gesellschaftlichen Aufgaben und Gruppen.

Verstädterung braucht mehr Kommunikation. Zunächst gibt es in Städten schlicht und einfach mehr Menschen, mit denen man reden kann oder muss. Die Kontaktkreise sind größer. Der Arbeitsplatz umfasst mehr Personen als der Hof auf dem Land, das Wohnhaus und die Nachbarschaft bieten mehr Rede- und Begegnungsmöglichkeit. Die tendenzielle Orientierungslosigkeit macht mehr Kommunikation notwendig, um sich wieder zurechtzufinden.

Wir dürfen bei Kommunikation aber nicht nur an verbale Kommunikation denken, sondern auch an nonverbale. Diese ist noch umfangreicher und vielfältiger. Schon allein die Benützung öffentlicher Verkehrsmittel ist ein Kommunikationsprozess. Das Einsteigen an bestimmten Haltestellen und die stumme Verständigung, welche Warteposition man einnimmt, das Lösen von Fahrkarten, das Gedränge der Passagiere, das Aussuchen eines Sitzplatzes, das damit verbundene Abschätzen, neben wem man sitzen will und neben wem nicht – das alles sind nonverbale Kommunikationsleistungen.

Es wird noch vielfältiger. Der öffentliche Verkehr selbst und natürlich der Verkehr allgemein in den Städten und dem Überland bedeutet Kommunikation. Er bringt Personen zu entfernten Punkten, zu denen sie ohne diese Mittel nie gelangen würden. Straßennetze sind materialisierte Kommunikationsnetze.

Es entstehen auch immaterielle, virtuelle Kommunikationsnetze. Zunächst natürlich das Telefon, das Gespräche ermöglicht, der Telegraph und später, im ausgehenden zwanzigsten Jahrhundert das Internet, das eine Fülle von Kommunikationsmöglichkeiten bietet.

Die wichtigsten Kommunikationsmittel sind die Massenmedien, zuerst die Zeitungen, später das Radio und das Fernsehen, vor allem das Satelliten- und Kabelfernsehen, die Kommunikation grenzenlos machen.

95

Die Fülle an Kommunikation, in die jeder und jede eingebunden ist und die sich zunehmend verstärkt, bewirkt Individualisierung. Wir bewegen uns auf eigenen Verkehrswegen, wohnen in bestimmten Stadtvierteln und sehen bestimmte Fernsehkanäle.

Andererseits teilen wir diese Kommunikationswege mit anderen, wenn sie sich auch nicht vollständig gleichen. Benutzt man täglich zur gleichen Zeit die U-Bahn, entdeckt man bald, dass immer wieder dieselben Menschen am Bahnsteig stehen. Vielleicht nimmt man sogar nach einiger Zeit Gespräche auf, grüßt einander. Es gibt auch Gruppen von Menschen, die die gleichen Fernsehkanäle, die gleichen Sendungen sehen. Das sind nicht nur die Nachrichten und der Sport, sondern auch Comedy-Serien im Vorabendprogramm, Krimiserien, über die man sich am Arbeitsplatz und in der Freizeit unterhält.

Aus der unendlichen Vielfalt möglicher Kommunikationen kristallisieren sich Gruppen heraus, die über ähnliche Inhalte kommunizieren (z.B. ähnliche Fernsehsendungen) und die ähnliche Kommunikationsmittel (Zeitungen, Fernsehkanäle, öffentliche Verkehrsmittel) benützen. Es gibt also Gruppen mit ähnlichem Kommunikationsverhalten.

Wiederum bedeutet hier Individualisierung nicht völlige Vereinzelung, sondern Differenzierung – Herausbildung von Unterschieden zwischen Bevölkerungsgruppen. Diese Unterschiede bestehen nicht nur in Beruf und Einkommen, sondern vielmehr in Werthaltungen, Wohngegenden und Möglichkeiten des Austauschs von Meinungen. Mit einem Wort: in der Wahrnehmung und Auswahl von Kommunikationsmöglichkeiten.

Einschluss und Integration in Kommunikationsnetzwerke bringt aber auch Ausschluss mit sich. Die individualisierte Gesellschaft kennt auch Ausgrenzung. Eine der wichtigsten Ausgrenzungsprozesse ist nach wie vor Armut. Es gibt Menschen, die über so wenig Einkommen verfügen, dass sie nicht an den Kommunikationsnetzen teilnehmen können. Sie können sich kein Kabelfernsehen leisten, können nicht in der Freizeit in geeigneter Weise Sport betreiben und Lokale aufsuchen. Sie werden vergessen. Das ist vielleicht das dramatische an der modernen Armut: Sie ist nicht sichtbar, sie wird übersehen. Neue Armut besteht weniger in der sichtbaren Obdachlosigkeit und Verwahrlosung, die es natürlich auch gibt, sondern im Ausschluss vom sozialen Leben, von Geselligkeit und sozialen Kontakten. Die schillernde Oberfläche der Lebensstilgesellschaft lässt die, die daran nicht teilnehmen können, in Vergessenheit geraten. Nirgends kann man anonymer sein als in einer Masse, nirgends kann man auch so stark vereinsamen, wie in einer individualisierten Kommunikationsgesellschaft mit ihren nahezu unendlichen Möglichkeiten, nicht einsam zu sein.

Individualisierung ist durch den Verlust der Einbettung in traditionelle Gemeinschaftsformen, durch Pluralisierung und vermehrte Kommunikation gekennzeichnet. Sie ist eine Grundlage dafür, dass Lebensstile sichtbar werden.

Wertewandel

Ein zweiter Prozess, der zur Entstehung von Lebensstilen beiträgt, ist der Wertewandel.

Werte spielen eine Rolle in Zusammenhang mit Orientierungsverlust und dem Entstehen neuer Orientierungsmuster. Wir wollen uns im Folgenden den Wertänderungen in der Gesellschaft des ausgehenden zwanzigsten Jahrhunderts zuwenden.

Für die erste Hälfte des Jahrhunderts gibt es kaum empirische Studien. Sicherlich dominierten Anfang des Jahrhunderts noch die bürgerlichen Werte. Auch die anderen sozialen Klassen orientierten sich daran. Zwar entwickelte sich eine eigene sozialistische Arbeiterkultur, aber sie orientierte sich durchaus an der bürgerlichen Lebensführung. Diese war wohl der Bezugspunkt der eigenen Entwicklung zu einem besseren Leben. Vielleicht gab es auch schon eine erste sexuelle Revolution in den Zwanzigerjahren des 20. Jahrhunderts, manifestiert in Romanen von D. H. Lawrence.

Wie dem auch sei, repräsentative empirische Studien gibt es erst nach dem zweiten Weltkrieg. Diese zeigen einen dramatischen Wertewandel auf.[7] In Deutschland wurde 1967 ein repräsentativer Querschnitt der Bevölkerung gefragt: „Wenn ein Mädchen und ein junger Mann zusammenleben, ohne verheiratet zu sein: Finden Sie, dass das zu weit geht, oder finden Sie nichts dabei?". Die gleiche Frage wurde 1973 nochmals gestellt.[8]

Ratelustige Leserinnen oder Leser mögen nun einmal überlegen, wie viele junge unverheiratete Männer 1967 antworteten, sie fänden nichts dabei und wie viele 1973. Und junge unverheiratete Frauen? Wie antworteten diese?

Nun, die Zahlen sprechen für sich. Zunächst gibt es einen Unterschied zwischen Männern und Frauen. Darüber hinaus unterscheiden sich die Ergebnisse zu beiden Erhebungszeitpunkte deutlich. 48% der jungen, unverheirateten Männer antworteten 1967, dass sie nichts dabei finden. 1973 gaben 87% diese Antwort, also nicht ganz doppelt so viel.

Bei Frauen fällt der Unterschied noch deutlicher aus. Nur ein Viertel (24%) der befragten Frauen sagte im März 1967: „Finde nichts dabei", im Februar 1973 waren es 92%, also fast der vierfache Anteil.

Aber nicht überall war dieser Unterschied in den Werthaltungen so sprunghaft. Es wurde eine kontinuierliche Bewegung hin zu neuen Werten beobachtet. Inglehart, ein amerikanischer Sozialwissenschaftler, veröffentlichte Ende der Siebzigerjahre ein Buch, das er mit „The silent revolution" (Die stille Revolution) betitelte.[9] Unter einer „stillen Revolution" verstand er den kontinuierlichen, langsamen Übergang von materialistischen zu postmaterialistischen Werten. Inglehart baut sein Modell einerseits auf eine Mangelhypothese auf, andererseits auf einer Sozialisationshypothese. Die Mangel-

---

7   Klages 1984
8   Schmidtchen 1979, S.13
9   Inglehart 1977

97

hypothese besagt, dass wir uns dann eher sozialen und ästhetischen Werten zuwenden, wenn existenzielle Bedürfnisse befriedigt sind. Zum Aufbau postmaterialistischer Werthaltungen braucht es also einen gewissen gesellschaftlichen Reichtum. Die Sozialisationshypothese besagt, dass die in der Jugend sozialisierten Werte sich auch im Alter erhalten. Wenn wir im Elternhaus postmaterialistische Werte mitbekommen haben, so werden wir diese auch im späteren Alter vertreten. Postmaterialismus ist also nicht nur eine Sache der Jugend.[10]

Inglehards Untersuchungen zeigen einen Trend zum Postmaterialismus. Menschen finden ästhetische Werte, wie schöne Städte oder unberührte Natur immer wichtiger als Reichtum, Macht und Kontrolle. Es gab in den letzten drei Jahrzehnten Einbrüche, Schwankungen, fast wie bei den Börsenkursen, wenn auch keine dramatischen Abstürze. Es wurde auch immer wieder methodisch und inhaltlich diskutiert, ob diese Prozesse wirklich langfristig verfolgbar sind[11], die Ergebnisse sprechen allerdings immer wieder dafür. Im ausgehenden zwanzigsten Jahrhundert waren wir auf dem Weg zu postmaterialistischen Werten.

Die Geschichte des ausgehenden zwanzigsten Jahrhunderts zeigt, dass sich das Verhältnis einpendelt. Zwar stieg zunächst der Anteil postmaterialistischer Werte, dann oszillierte er, schließlich stabilisiert sich der Trend. In der Theorie des Wertewandels zu postmaterialistischen Werten ist die Grundtendenz eingefangen, die für die Ausbildung von Lebensstilen wichtig wird: die Ästhetisierung der Gesellschaft.

Mit Postmaterialismus ist aber nicht alles erfasst. Das Wertespektrum in der Gesellschaft zeigt sich schillernd, wenn man ins Detail geht. Klages[12], ein deutscher Soziologe, der sich um die Wertwandelsdiskussion verdient gemacht hat, spricht weniger von einer einheitlichen Tendenz als vielmehr von einer Pluralität von Werten: traditionelle und neue stehen nebeneinander.

Die traditionellen Werte waren Werte des Selbstzwangs und der Selbstkontrolle, Pflicht- und Akzeptanzwerte. Disziplin, Gehorsam, Leistung, Ordnung, Pflichterfüllung, Treue, Unterordnung, Fleiß, Bescheidenheit, Selbstbeherrschung, Pünktlichkeit, Anpassungsbereitschaft, Fügsamkeit, Enthaltsamkeit und Ähnliches gehörten dazu. Wir werden an die alten Orientierungsmuster der protestantischen Lebensführung erinnert.

Dazu treten seit den Siebzigerjahren verstärkt Werte der Selbstentfaltung, etwa politische Werte wie Emanzipation, Gleichbehandlung, Demokratie, Partizipation, aber auch solche, die eher dem privaten Leben entsprechen wie Genuss, Abenteuer, Spannung, Abwechslung, auch Kreativität, Spontaneität, Selbstverwirklichung, Eigenständigkeit.

---

10 Die stille Revolution war 1968 natürlich nicht so still. Aber man darf nicht vergessen, dass es trotz allem quantitativ nur ein kleiner Teil war, der auf die Straßen ging und revoltierte. Wenige waren wirklich Hippies und stiegen aus. Aber sie prägten eine ganze Gesellschaft und auch in der breiten Masse änderten sich die Werthaltungen.

11 Vgl. Zum Beispiel Herz 1979

12 Klages 1984

98

Beide Wertebündel kommen nebeneinander in unserer Gesellschaft vor, allerdings mit einer klaren Tendenz zu den Selbstentfaltungswerten.

Klages und die Forscher, die seiner Idee folgen, verglichen eine Fülle von Daten und merkten an einigen Kennzahlen, dass der Wertewandel im Wesentlichen zwischen 1965 und 1975 stattgefunden hat. Da preschen sozusagen die Selbstentfaltungswerte vor, da überflügeln sie die traditionellen Werte. Besonders im Bereich der Erziehung wird das deutlich. Waren in den frühen Sechzigerjahren noch für etwa 30% Gehorsam und Selbständigkeit wichtige Erziehungsziele, so vertreten 1990 ungefähr zwei Drittel, dass Selbstentfaltung ein wichtiges Erziehungsziel ist, nur mehr 9% sagen das in Deutschland von Gehorsam. Die wesentliche Veränderung ist dabei bis 1975 erfolgt. Bereits in der zweiten Hälfte der Siebzigerjahre lag der Wert für Gehorsam bei rund 10%, der Wert für Selbstentfaltung über 50%. Er stieg Ende der Achtzigerjahre nochmals an.

Ein anderer Erziehungswert blieb fast gleich: Rund 30% der Deutschen halten Ordnungsliebe für wichtig. Das war schon vor 30 Jahren so.

Erst durch die parallele Entwicklung der beiden Wertebündel, in der die Selbstentfaltungswerte neben die Akzeptanzwerte traten und sie in verschiedenen Bereichen überflügelten, war die Voraussetzung für eine Aufgliederung der Gesellschaft in Lebensstilgruppen geschaffen. Diese Voraussetzung bestand darin, dass es in der Gesellschaft keinen Konsens mehr darüber gab, was nun die wichtigsten Werte wären.

Beide Wertgruppen sind qualitativ grundverschieden. Die Pflicht- und Akzeptanzwerte entsprechen der protestantischen Orientierung. Sie stehen für einen engen Zusammenhang zwischen privater Lebensführung, Wirtschaften und gesellschaftlicher Entwicklung. Die private Disziplin und Askese trug zur Akkumulation von Kapital bei. Leistung und Anpassungsbereitschaft waren funktional, sowohl für das private Leben als auch für das öffentliche.

Bei den Trägern der Selbstentfaltungswerte ist das anders. Hier kann man sehr wohl zwischen politischen Werten einerseits und auf das private Leben und das individuelle Selbst bezogene andererseits unterscheiden. Partizipation und Demokratie sind eindeutig Werte, die dem öffentlichen Leben zuzuordnen sind, dieses direkt und unmittelbar betreffen. Bei der Orientierung an Genuss, Spannung und Selbstverwirklichung ist das nicht so. Diese zielen viel eher auf das private Leben ab. Spannung und Abenteuerlust kann kein Element der Politik sein, zumindest nicht der seriösen. Natürlich kann Politik solche privaten Werte aufnehmen und sie tut es vor allem in der Werbung. Aber eigentlich funktional für das öffentliche Leben sind sie nicht. In den eigentlichen politischen Verhandlungen muss es um Vertragstreue, Vorhersehbarkeit, Planbarkeit, voraussagbares Verhalten gehen.

Nach Klages kann man diese auf das individuelle Selbst bezogenen Werte nochmals trennen in solche, die eher eine hedonistische Orientierung darstellen, wie Genuss, Spannung und Abenteuerlust, und solche, die eher individualistisch auf die Persönlichkeitsentwicklung Bezug nehmen wie Kreativität, Selbstverwirklichung und Eigenständigkeit.

Es gibt nicht nur vielfältige Werte, die Werte besitzen auch unterschiedliche Qualität.

Gerade diese Qualität der Werte, ihre Bedeutung macht den Unterschied. Dies ist zu berücksichtigen, wenn international vergleichende Wertestudien zum Beispiel zur Wichtigkeit von Lebensbereichen und Lebenszielen angestellt werden. [13] Überall auf der Welt ergibt sich eine hohe Wertschätzung von Familie und Partnerschaft. Für mehr als 80% ist dies ein wichtiger Lebensbereich, eng verbunden mit Liebe. Das Problem ist aber nicht, dass alle diesem zustimmen, das Problem liegt vielmehr darin, dass Träger unterschiedlicher Werthaltungen Unterschiedliches darunter verstehen und in verschiedener Weise Familie und Partnerschaft leben. Klages hat das an einem Beispiel verdeutlicht. Vertreter von Pflicht- und Akzeptanzwerten würden Liebe so definieren: „Liebe heißt, ich fühle mich dir zugehörig, bin bereit, dein Leben zu teilen, dir alles zu geben, was ich besitze, ja mich dir aufzuopfern und vor allem: dir treu zu sein." Vertreter von Selbstentfaltungswerten hingegen würden sagen: „Ich empfinde ein Gefühl für dich, das für mich ein großes Erlebnis ist; ich will, dass du dieses Gefühl erwiderst, dass du mir emotionale Erfüllung schenkst; ich hoffe, dass du derjenige ideale Partner für mich bist, auf den ich immer gewartet habe, dass ich mich bei dir glücklich, geborgen und frei von allen Alltagsbeschränkungen und Frustrationen fühlen kann." Und wenn nicht – so möchte ich hinzufügen – dann trennen wir uns eben.

Sicherlich sind das zwei Pole und es gibt viele Mischformen. So ist zum Beispiel Treue nach wie vor ein wichtiger Bestandteil von Partnerschaften, auch von Personen, die unverheiratet zusammenleben. Aber das Prinzip der Unterscheidung ist mit diesen Aussagen getroffen.

Es ist klar, dass derart unterschiedliche Werthaltungen in irgendeiner Weise Auswirkungen auf das alltägliche Leben haben. Zwar ist es nach wie vor wissenschaftlich ungelöst, wie Werte auf das Verhalten wirken, man kann diese Kausalität nicht nachweisen. Aber es ist auffällig, dass Sozialstruktur und Wertewandel miteinander einhergehen. Zum Beispiel entstehen etwa zehn Jahre nach dem Wertewandel so genannte alternative oder neue Lebensformen. Singledasein, Auszug aus dem Elternhaus in eine eigene Wohnung, Zusammenleben ohne Ehe, das alles begann zu Beginn der Achtzigerjahre, also zu einem Zeitpunkt, als die Kinder der Eltern, die diesen Wertewandel gelebt hatten, erwachsen wurden. Die neuen Werte waren auf die nächste Generation übertragen und die neuen Lebensformen stiegen bis in die Neunzigerjahre deutlich an.

Den unterschiedlichen Werthaltungen entsprechen auch unterschiedliche Lebensstile. Dabei kommt es, wie wir am Beispiel der Wichtigkeit von Fa-

---

13 Eine interessante Analyse lieferte neuerdings Denz zum Begriff des „Führers". Er weist nach verschiedenen methodischen Berechnungen darauf hin, dass es qualitative Unterschiede gibt, die in übersetzten Fragebögen offensichtlich nicht mit erfasst werden. Denz 2003

100

milie gesehen haben, weniger darauf an, dass alle das Gleiche für wichtig finden: Familie, Arbeit, soziale Sicherheit und Gesundheit, sondern was sie darunter verstehen. Wie Familie gelebt wird, wie Arbeit aussehen muss, damit man zufrieden ist, wie Gesundheit gelebt wird und was darunter verstanden wird – darin unterscheiden sich die Leute, das sind die unterschiedlichen Lebensstile, die sie haben.

Die Analysen von Klages sind auf Deutschland bezogen. Der von der UNESCO veröffentlichte World Culture Report[14] erlaubt einen *internationalen Vergleich*.

Wir können Ergebnisse zu den traditionellen Erziehungszielen wie Gehorsam solchen zu neueren wie Selbstentfaltung gegenüberstellen. Gehorsam ist im europäischen Schnitt für immerhin ein Drittel ein wichtiges Erziehungsziel, aber nur für 22% der Deutschen. Die Daten stammen noch aus den frühen Neunzigerjahren und gelten für West-Deutschland. Die Dänen und die Schweizer haben ähnlich unterdurchschnittliche Werte. Bei Selbstentfaltung sieht es anders aus. Es wurde nach „independence", also eher nach Unabhängigkeit gefragt, was natürlich nur zum Teil der Selbstentfaltung entspricht, aber in eine ähnliche Richtung weist. Das halten in Europa durchschnittlich 46% für einen wichtigen Wert, den man Kinder lehren sollte. Die Abweichungen vom Durchschnitt sind aber groß. An der Spitze stehen Dänemark und Norwegen, wo über 80% dies als Erziehungswert ansehen, gefolgt von Deutschland mit 73%. Wir sehen also, dass der Unterschied in der Zustimmung zu den Erziehungszielen in Deutschland besonders hoch ist. In Europa zeigt sich aber ein ähnlicher Trend: weg von den Pflichtwerten, hin zu Selbstentfaltungswerten. Einzig Frankreich scheint beim Vergleich dieser beiden Werte auszuscheren. Nur 27% halten „independence" für ein wichtiges Erziehungsziel, 53% Gehorsam.

Ein internationaler Vergleich ist immer schwer, denn genau wie es innerhalb eines Landes ein unterschiedliches Verständnis darüber gibt, was Werte bedeuten, ist das auch international der Fall. Jedes Land, jede europäische Region hat ihre eigenen Traditionen, die durchschlagen. Im Großen und Ganzen sehen wir aber, dass es eine Vielfalt von Werten in Europa gibt, die nebeneinander gelebt werden. Toleranz ist zum Beispiel ein wichtiges europaweites Erziehungsziel (für 76%), aber auch gutes Benehmen (für 76%). Hart zu arbeiten ist wichtig – für die Hälfte im Schnitt – allerdings mit enormen Unterschieden. Für die skandinavischen Länder (weit unter 10%) ist dies am unwichtigsten, in Portugal stimmen zwei Drittel diesem Erziehungsziel zu. Abenteuerlust und Spannung zu erleben, ist für genauso viele wichtig wie die Erziehung zu Gehorsam. Jeweils etwa ein Drittel stimmt zu.

Auch bei europaweiten Analysen stehen Akzeptanzwerte und Selbstentfaltungswerte nebeneinander. Widersprüchliche Werthaltungen können in der Erziehung vermittelt werden. Dies wird wohl nicht einheitlich geschehen,

---

14   UNESCO 1998

sondern auch hier bilden sich gemäß den unterschiedlichen Werthaltungen unterschiedliche Lebensstile heraus.

Es gibt kein allgemeines Verständnis mehr, welche Werte wichtig sind und was fast noch schwerer wiegt, es gibt kein einheitliches Verständnis, wie diese Werte gelebt werden sollen. Fast könnte man sagen: Es ist alles chaotisch, unübersichtlich geworden, ein postmodernes Durcheinander statt der modernen Klarheit. Auch diese Vielfältigkeit der Werthaltungen spiegelt sich in den Lebensstilen wider.

Von Lebensführung zu Lebensstilen

Um 1900. Eine Einladung zu einem gemeinsamen Mittagessen mit Freunden im Hause der Buddenbrooks. Thomas Mann[1] wendet für die Beschreibung mehr als zwanzig Seiten auf. Man trifft sich im „Landschaftszimmer" im ersten Stock und führt Konversation, bewegt sich „in zuversichtlicher Gemächlichkeit" in den Speisesaal und nimmt nach einer vorbestimmten Ordnung Platz. Nach dem mehrgängigen Menü begibt man sich zu Zigarre, Kaffee und Likör ins Hinterhaus. Immerhin regelmäßig alle zwei Wochen donnerstags hatten die Buddenbrooks diese Einladung. Dabei gehörten sie zum Mittelstand, wenn auch zum ersten, wie eine Bedienstete betonte.

Um 2000. Ein beliebiger Tag, es könnte Wochenende sein. „Sie gingen alle zusammen zum Abendessen in den nächsten Burgerladen ....aßen Fritten, rauchten und tuschelten."[2] So Nick Hornby in seinem verfilmten Roman „About a Boy" über eine Mittelschichtbeziehung. Familie kann man nicht sagen, weil die handelnden Personen eine alleinerziehende Mutter, deren Sohn und ein Yuppie sind, die aber am Ende des Buches zu so etwas wie einer Familie zusammengefunden haben. Es sind noch Freunde bei diesem Burgeressen dabei, wie auch bei den Buddenbrooks Gäste zum Familienessen geladen waren.

Die zwei Welten in diesen Romanen drücken den Unterschied in typischen Lebensweisen am Beginn und am Ende des zwanzigsten Jahrhunderts aus. Sie zeigen den Unterschied zwischen Lebensführung und Lebensstil, um den es in diesem Kapitel geht.

Lebensführung

Beschreibt man die europäische Gesellschaft um 1900 so wird einem kaum der Begriff des Lebensstils, schon gar nicht der des Life Styles einfallen. Das

---

1   Thomas Mann, Buddenbrooks. Zitiert nach der Ausgabe S. Fischer, Frankfurt/Main S. 8-31.
2   Nick Hornby, About A Boy. Zitiert nach der Ausgabe Knaur, München 1998 S. 305.

passt nicht. Wir müssen die Gesellschaft um 1900 mit anderen Begriffen beschreiben als unsere heutige.

Max Weber, der große Soziologe und Nationalökonom der Jahrhundertwende, hat diese Gesellschaft unter dem Aspekt der Lebensführung analysiert.[3] Er konnte zeigen, dass allgemeine Orientierungsmuster, wie sie Religionen bereitstellen, das Leben bestimmen. Sie beeinflussen auch unsere Arbeitsstrukturen, die Art des Wirtschaftens. Aus den herrschenden Weltanschauungen und Religionen können die unterschiedlichen Wirtschaftsweisen in Asien und Europa erklärt werden. Der auf die Kleinfamilie und das Kollektiv ausgerichtete chinesische Konfuzianismus führt zu anderen Wirtschaftsstrukturen als das europäische individualistische Christentum. Sicher sind auch die Produktionsbedingungen wesentlich, wie sie Karl Marx im 19. Jahrhundert analysierte, doch Max Weber sieht diese beeinflusst von den herrschenden Ideen und Wertvorstellungen.

Die europäische Gesellschaft war zu Beginn des 20. Jahrhunderts eine bürgerliche Gesellschaft, der Adel spielte eine zurückgehende und nach dem ersten Weltkrieg eine untergeordnete Rolle. Das Bürgertum war die prägende Kraft. Zu diesem Bürgertum gehörten vor allem die Unternehmer, eine Berufsgruppe, die damals neu entstand, Handel betrieb oder Industriebetriebe besaß. Sie wurden als Kapitalisten bezeichnet, von den einen wegen ihres Erfolgs bewundert, von den anderen als Ausbeuter gehasst. Zumindest manche der neuen Kapitalisten hatten auch eine soziale Ader. Sie hatten nicht nur Adam Smiths „Der Wohlstand der Nationen" gelesen, sondern auch von seiner Schrift zur Moral „The Theory of Moral Sentiments"[4] gehört. Sie errichteten Armenhäuser in den Dörfern und begannen mit dem, was wir heute Sozialfürsorge nennen. Das entstand vor und parallel mit den großen Bewegungen der Gewerkschaften und der Entwicklung staatlicher Sozialfürsorgesysteme.

Mit dem aufstrebenden Bürgertum im 19. Jahrhundert erreichte auch der Kapitalismus einen Höhepunkt und in den europäischen Gesellschaften wurden große Mengen an Kapital angehäuft. Das begünstigte die Kriegsführung im ersten Weltkrieg.

Max Weber fiel auf, dass sich der Kapitalismus zunächst und viel stärker in den protestantischen Ländern ausbreitete.[5] In der Schweiz bei den Kalvinisten, im Norden Deutschlands, in England, erst später im katholischen Frankreich. Ob sich in den katholischen Ländern wie Italien oder Irland tatsächlich so etwas wie ein unternehmerisches Bürgertum ausbildete, bleibt fraglich.

Max Weber zeigt in seiner Schrift „Die protestantische Ethik und der Geist des Kapitalismus", wie eng protestantischer Glaube mit der wirtschaft-

---

3   Max Webers Werk beschäftigt sich stark mit Lebensführung, vor allem natürlich in seinen Aufsätzen zur Religionssoziologie. Als Begriff bezieht er sich auf ständisches Leben. Weber 1976, S. 179f.

4   Smith 1978, 2000

5   Weber 1988

104

lichen Entwicklung zusammenhängt. Durch die protestantische Ethik wird der Geist des Kapitalismus, die Anhäufung von Kapital, gefördert.

Es ist kein Zufall, dass das moderne Unternehmertum und der Kapitalismus sich gerade im protestantischen Norden Europas ausbreiteten. Zu dieser Zeit schickten vor allem Protestanten ihre Kinder in die damals neu entstehenden Realgymnasien. Dort wurde die technische, praktische Ausbildung gefördert. Die Katholiken schickten hingegen ihre Kinder, in allgemein bildende Schulen, in solche, wo auch Latein und Griechisch gelehrt wurde, sofern sie es sich überhaupt leisten konnten. Das lässt sich auf die grundlegenden Orientierungsmuster der Kirchen zurückführen.

Zwei Prinzipien sind es im Wesentlichen, die das Leben der Protestanten steuern: Die Prädestinationslehre einerseits und die innerweltliche Askese andererseits.

Die Prädestinationslehre besagt, dass das Leben vorherbestimmt ist. Man muss gottgefällig leben und auf das Jenseits warten. Man kann nichts gegen die Ströme des Lebens unternehmen. Die Grundhaltung ist die des Abwartens und Duldens.

> „Nicht Muße und Genuss, sondern nur Handeln dient nach dem unzweideutigen geoffenbarten Willen Gottes zur Mehrung seines Ruhms."[6]

> „It is for action that God maintaineth us and our activities: work is the moral as well as the natural end of power ... welfare or the good of many is to be valued above our own."[7]

Diese Grundhaltung wird verstärkt durch die Forderung nach innerweltlicher Askese. Diese wiederum hängt eng mit dem Begriff der Gnade zusammen. Anders als in der katholischen Kirche, ist in der protestantischen die Einrichtung der Beichte nicht vorgesehen. Durch unrechtes Verhalten verliert man den Stand der Gnade und wird gottungefällig. Im Jenseits wird man dafür bestraft. Deswegen muss man sich bemühen, in dieser Welt ein Leben ohne Sünde und Tadel zu führen. Man muss sich aller Vergnügungen enthalten, darf nicht die weltlichen Freuden genießen, sondern muss in allen Bereichen enthaltsam sein. Ein bescheidenes, zurückgezogenes Leben muss angestrebt werden.

Eine Quelle dafür sind die Benimmbücher. Sie sind voll von Anweisungen für ein gottgefälliges Leben.

> „Der Geizige rafft Geld und Gut zwecklos zusammen; der Verschwender bringt es zwecklos durch. Der Geizige hat keinen, der Verschwender hat einen unnützen Genuß von dem Seinigen."[8]

Die Protestanten gehen nicht aus, die Feste sind spärlich. Sie verprassen Geld nicht. Lustvoll ist das protestantische Leben zur damaligen Zeit nicht. Dies

---

6 Weber 1988, S. 167
7 Zitiert nach Weber 1988, S. 167f.
8 Hebel 1999, S. 46

105

bewirkt oder begünstigt zumindest die Anhäufung von Kapital. Das Geld wird nicht gedankenlos für Freizeitvergnügungen ausgegeben.

Es wird aber nicht nur privat angehäuft. Es wird in den Betrieb wieder investiert. So vergrößert sich das Unternehmen. In vielen Fällen wird das Geld auch verwendet, um soziale Einrichtungen zu schaffen. Wohnungen für die Arbeiter, Armenhäuser oder der Aufbau eines lokalen Gesundheitswesens. Natürlich waren nicht alle Unternehmer sozial aktiv. Wichtig ist für diese Haltung, dass das Geld nicht zum Vergnügen verschwendet wird. Allenfalls wird in die Weiterbildung investiert.

Prädestination und innerweltliche Askese sind die Grundprinzipien eines protestantischen Lebens. Sie sind allgemeine Orientierungs- und Wertmuster, die Ziele des Lebens vorgeben.

Natürlich können sich diese allgemeinen Orientierungsmuster in unterschiedlichen Verhaltensformen niederschlagen. Die einen investieren ihr Geld im Betrieb, die anderen sparen es, tragen es zur Bank. Manche verwenden es für soziale und öffentliche Aktivitäten, aber alle, Handlungstreibende, Kaufleute, selbst Bauern orientieren sich am gleichen Muster, wie sie das „Leben führen" sollen.

Auch den Arbeitern werden in der Sonntagspredigt diese Werte vermittelt. Enthaltsamkeit war eines der wichtigsten Ziele der Arbeiterbewegung in der ersten Hälfte des zwanzigsten Jahrhunderts.

Wir könnten in den unterschiedlichen Arten, wie diese Orientierungsmuster verwirklicht werden, schon Lebensstile erkennen. Allerdings gibt es einen grundlegenden Unterschied zu modernen Lebensstilen: Die Lebensgewohnheiten um 1900 sind durch gemeinsame Ziele verbunden. Das sind die neuen Lebensstile nicht mehr. Es gibt heute keine religiösen Prinzipien mehr, die für alle gelten und das Leben so anleiten, wie es die religiösen Werte um 1900 taten. Die Kirche, gleichgültig ob protestantisch oder katholisch besitzt kaum mehr normative Kraft in der Gesellschaft. Die Religion ist privatisiert und vereinzelt. Man ist gläubig, aber auf eine sehr individuelle Art und Weise.

Gesellschaften, in denen eine solche verbindliche Kraft religiöser Werte herrscht, sind durch Lebensführung bestimmt. Hier teilt man noch so etwas wie einen Wertekonsens. Lebensführung ist stabiler und dauernder, stärker im Kollektiv verankert als es die modernen Lebensstile sind. Es gab sicher auch um 1900 unterschiedliche Lebensstile, die protestantische Lebensführung war aber für alle geboten.

Max Weber hat diesen engen Zusammenhang zwischen Religion und Gesellschaft auch für andere Religionsgemeinschaften aufgezeigt. Weltreligionen wie Buddhismus, Hinduismus, Islam und das Judentum zeigen Konsequenzen für das Wirtschaften.[9] Seit den urzeitlichen magischen und mystischen Vorstellungen von Gott, verfolgen diese immer besondere Interessen. Sie streben nach Gesundheit, Reichtum, Ehre, nach Nachkommen, einem langen Leben oder einem glücklichen Leben im Jenseits. Die chinesischen

---

9   Max Weber 1988, Aufsätze zur Religionssoziologie

106

Volkssagen, das alte Judentum, der Islam, der Hinduismus und der Buddhismus, alle versprachen die Heilung. All diese Heilsreligionen standen immer schon in einem Spannungsverhältnis zur Welt der Ökonomie.

Der Begriff Lebensführung gibt also gleichsam die Spurweite vor, auf der sich das Leben bewegt. Die Landschaft, durch die die Gleise führen, ist die Gesellschaft. Es kann viele Strecken geben, die durch verschiedene Landschaften führen. Es gibt auch verschiedene Arten von Zügen, die dem Lebensstil entsprechen. Die Spurweite ist aber für alle gleich.

Von Lebensführung in diesem Sinne ist wohl heute nur in Ausnahmefällen zu sprechen. Allgemeine verbindliche Muster fehlen. Einige gesellschaftliche Gruppen mögen noch an den früheren Regeln festhalten. So mag es eine bürgerliche Lebensführung durchaus noch geben, so wie einen Stil des klassischen Arbeiters. Aber beide gehen zurück, sie sind weniger sichtbar und nicht mehr allgemein verbindlich. Die bürgerliche Gesellschaft des 19. Jahrhunderts hat sich im 21. Jahrhundert endgültig aufgelöst.

Auf dem Weg zum Lebensstil: die Lebensweise

Es gibt immer nur eine begrenzte Anzahl an Möglichkeiten das Leben zu gestalten. Die Lebensführung, in der wir das allgemeine Ziel des Lebens vorgegeben haben, muss sich den alltäglichen Gegebenheiten in einem gewissen Maße anpassen.

Wenn Protestanten ihre Kinder in eher technisch orientierte Schule schickten, so hing das natürlich auch davon ab, ob diese Schulen vorhanden waren. Am Land war dies sicherlich viel schwieriger als in der Stadt.

Will man soziale Kontakte knüpfen, gleichgültig ob sie beruflicher oder privater Natur sind, so ist es immer wertvoll, offen und ansprechbar zu sein. Für die berufliche Seite ist es oft notwendig, den Partner schnell zu erreichen. Das kann einerseits durch das Telefon oder eine E-Mail geschehen, in vielen Fällen muss man ihn aber persönlich treffen, um zum Beispiel Produkte zu liefern. Dann sind Verkehrswege wie Straßen und Schienen wichtig. Will man private Kontakte pflegen, muss man leicht erreichbar sein. Man besucht einander umso häufiger, je näher man beieinander wohnt. Zeit spielt dabei eine wichtige Rolle. Kann eine Person innerhalb von einer Viertelstunde erreicht werden, wird sie häufig besucht, bei einer halben Stunde schon seltener.[10]

Kontaktaufnahme ist in der Stadt wesentlich einfacher als auf dem Land. Nicht nur sind die Verkehrswege innerhalb der Stadt kürzer, es können auch mehr Menschen in kürzerer Zeit erreicht werden. Die Anbindung an das Verkehrsnetz ist günstiger. Ein Betrieb kann gleichzeitig an mehreren Ausfalls-

---

10 Das zeigen Zeitverwendungsstudien zu Familienkontakten, z.B. für Deutschland: Lauterbach 1998, für Österreich: Klar 1993

straßen liegen und daher einfach in verschiedene Richtungen ausliefern können.

Natürlich sind auch die zentralen Einrichtungen in den Städten besser. Der Anschluss an zentrale Telefonämter und die technische Infrastruktur liegen näher und können daher leichter genutzt werden.

Alles spricht für die Stadt. Kein Wunder also, dass die Menschen zu Arbeitsplätzen in die Stadt strebten.

Wenn sich die Lebensführung an die infrastrukturellen Gegebenheiten anpasst, sozusagen geographische Entsprechung findet, dann sprechen wir von Lebensweise.

Um beim Bild der Bahn zu bleiben: Gab die Lebensführung die Schienen und die Spurbreite vor, so können die Landschaften, die bestimmen, wie die Streckenführung aussehen muss, Bilder für die Lebensweise sein. Die verschiedenen Zugsgarnituren und Waggons mögen weiterhin die unterschiedlichen Lebensstile darstellen.

Die bürgerliche, kapitalistische Lebensführung konnte sich am besten in der Stadt verwirklichen. Die städtische Lebensweise, wie die Soziologen und Soziologinnen sagen, bildete sich heraus. Die Stadt wird zum Prototyp der Industriegesellschaft.

Die städtische Lebensweise der Industriegesellschaft löste die bäuerliche Lebensweise der Feudal- und Agrargesellschaft ab. Sie wird typisch für das zwanzigste Jahrhundert.

Zunächst entsprach die städtische Lebensweise den Bedürfnissen der Industriegesellschaft und des Handels. Sie brachte eine gute Einbindung in die Verkehrswege, sowohl was Straßen betrifft als auch die Kommunikation über Telegraph und Telephon. Vielfältige Möglichkeiten und Schnelligkeit sind charakteristisch für die Stadt.

Die Stadt zieht die Massen an. Zahlreiche Unternehmer und Betriebe siedeln sich in Städten an und auch die Bauern wandern vom Land in die Stadt. Die Folge ist ein starkes Wachstum, eine Überfüllung der Städte.

1870 leben in Wien 834.000, in Paris 1.852.000 und in London 3.890.000 Menschen. Um 1910: hat Wien 2.031.000, Paris 2.888.000 und London 7.256.000 Einwohner.[11]

Das hat negative und positive Auswirkungen. Nirgendwo kann man so unauffällig sein wie in der Masse. Nirgendwo kann man auch so anonym sein. Das Gefühl der Vereinsamung steigt in den Städten an. Viele Menschen, die eine neue Weltordnung in der Stadt bewirken, bringen auch den Verfall der traditionellen Werte mit sich. Kriminalität nimmt zu.

Das städtische Leben besticht durch Abwechslung. Es bilden sich verschiedene Gesellschaftsschichten heraus. Die Unternehmer, die Beamten, die Arbeiter, Kleingewerbetreibende und vor allem die neue Klasse der „kleinen Angestellten", die Kleinbürger werden sichtbar.

---

11 Mitchell 1998, S. 74ff.

Siegfried Kracauer stellt 1929 in seinem Buch „Die Angestellten" fest: „(...) es gibt heute in Deutschland 3,5 Millionen Angestellte, von denen 1,2 Millionen Frauen sind. Im gleichen Zeitraum, in dem sich die Zahl der Arbeiter noch nicht verdoppelt hat, haben sich die Angestellten annähernd verfünffacht."[12] Und weiter bezieht er sich auf Sombart, den er zitiert:

> „Sombart hat einmal bemerkt, dass unsere großen deutschen Städte heute keine Industriestädte, sondern Angestellten- und Beamtenstädte seien."[13]

Sie leben mit- und nebeneinander, kommen miteinander aus oder sie bekämpfen einander und grenzen einander aus. Es gibt typische Arbeiterviertel und jene, wo die reichen Bürger wohnen. Aber im Betrieb und auf den Verkehrsflächen treffen sie aufeinander. Es gibt Mischbezirke. Trotzdem: In den Städten des frühen zwanzigsten Jahrhunderts ist die Abgrenzung der Viertel, die Segregation in der Stadt auffälliger. Diese wird im Laufe der Zeit in den meisten europäischen Städten geringer, wenn sie auch immer tendenziell bestehen bleibt, etwa in den Gebieten, die fast ausschließlich von Migranten bewohnt werden.

> „Im Zuge wieder zunehmender sozialer Ungleichheit und wachsender Bedeutung askriptiver Merkmale (wie Hautfarbe, Geschlecht, Alter, Behinderungen etc.) zur Diskriminierung „fremder" Menschen, erhält die ungleiche Verteilung der Wohnstandorte von sozialen Gruppen in einer Stadt („residentielle Segregation") wieder eine verstärkte Bedeutung."[14]

Die städtische Lebensweise beeinflusst aber auch die Ziele und Werte der bürgerlichen Lebensführung. Die Schnelllebigkeit der Stadt drängt die Muße zurück, die Geschäftigkeit lässt die Orientierung an den traditionellen protestantischen Werten immer mehr vergessen. Die neuen Bevölkerungsgruppen tun ihr Übriges. Die Stadt ist nicht nur eine Stadt der Großbürger, sie ist eine Stadt der Arbeiter und kleinen Angestellten. Viele von ihnen kommen aus dem ländlichen Bereich, aus der bäuerlichen Welt, mit dem Hintergrund von Wertvorstellungen, die in der Stadt nicht mehr gelebt werden. Die Zuwanderer verlieren ihre soziale Einbettung.

Die Menschen der Stadt sind entbunden von traditionellen Verankerungen in kleinen Gemeinschaften. An die Stelle der Dorfgemeinschaft tritt die städtische Gesellschaft, wie der Soziologe Tönnies am Anfang des Jahrhunderts analysierte. Das Leben in den Städten schafft neue Normen und Werte, Stadt heißt Loslösung und Fortschritt, Erweiterung des Horizonts. Dies wird auch als Prozess der Individualisierung beschrieben.

Es entsteht eine Vielfalt an Orientierungsmustern. Nicht mehr eine einzige Form von Lebensführung setzt sich durch. Zwar bleibt die übereinstimmende Orientierung an bürgerlichen Werten, das Ziel der Gesellschaft, erhalten. Sie ist aber mehr ein Orientierungsmuster, an dem sich auch das auf-

---

12   Kracauer 1929, S. 11
13   Kracauer 1929, S. 15
14   Häußermann 2000, S. 209

strebende Kleinbürgertum und die Arbeiter in der Industrie orientieren. Diese können aber nicht in der Weise nach diesen Werten leben, wie der klassische Bürger. Sie haben zu wenig Ressourcen, sowohl was ökonomisches Kapital als auch was Bildung betrifft. Wie die Entwicklung des zwanzigsten Jahrhunderts zeigt, wird sich diese Schicht, die sich an bürgerlichen Werten orientiert ohne bürgerlich zu sein, quantitativ durchsetzen. Sie wird die dominierende Gesellschaftsschicht, auch wenn ihre Entwicklung durch die zwei Weltkriege unterbrochen wird. Bereits in den Sechzigerjahren spricht man von einer Mittelschichtgesellschaft.

Die Vielfalt an Möglichkeiten ist verbunden mit einem Verlust, dem Verlust der Einbettung in eine traditionelle Gemeinschaft mit klaren Vorstellungen darüber, was man tun soll und was nicht. Der Gewinn, sich von der sozialen Kontrolle des dörflichen Lebens gelöst zu haben, wird mit dem Verlust an Geborgenheit und Sicherheit bezahlt. Die ständige Beobachtung im Dorf wurde als Zwang erlebt. Dieser Zwang wird mit Unsicherheit eingetauscht. Orientierungslosigkeit und nicht Orientierungsmuster, über die Konsens besteht, beherrschen die städtische Lebensweise. Anonymität und Isolation nehmen zu.

In der Folge sehnt sich der Mensch offensichtlich nach Überschaubarkeit. In den Städten bilden sich kleine Gemeinschaften heraus. Nachbarschaften sind der Ersatz für die dörfliche Lebensweise. Die Städte simulieren in ihren Stadtteilen kleine Dörfer. Es ist nicht verwundernswert, dass gerade in amerikanischen Städten die Nachbarschaftsidee auflebt. Der Gedanke an Nachbarschaftseinheiten, den „neighborhood units" und an Arbeit im Gemeinwesen, von „community development", entstehen in den USA. [15] In den europäischen Städten werden Nachbarschaften und die Pflege der Viertel erst in den Siebzigerjahren verstärkt, als die europäische Tradition immer mehr zurückgedrängt wird und die Städte sich amerikanisieren. Erst zu dieser Zeit beginnen sich die traditionellen segregierten Einheiten stärker zu überlappen.

Die europäischen Städte waren typischerweise aus einer Vielzahl von früheren Dörfern zusammengewachsen. Die großen Städte, wie Prag, Wien, Budapest, Berlin, entstanden aus einer kleinen Stadt, befestigt mit Stadtmauern. Im Zuge der Stadterweiterung wurden umliegende Dörfer eingegliedert. Die Städte waren ein Konglomerat von Dörfern.

Erst im Zuge der fortschreitenden Industrialisierung verwischen sich die Grenzen. Die Stadterweiterungsgebiete und Neubausiedlungen der Sechziger- und Siebzigerjahre des 20. Jahrhunderts haben keinen dörflichen Charakter mehr. Mit der Entwicklung von Satellitensiedlungen auf dem freien Feld wird aber das Bedürfnis nach Nachbarschaften stärker.

Die Städte wuchsen um die Wende vom 19. zum 20. Jahrhundert rasant. Besonders gut kann man das an London, Paris, aber auch an Wien sehen.

---

15 Zusammenfassend Chapin 1974 oder der Klassiker von Jacobs 1961

Wien hatte um die Jahrhundertwende über zwei Millionen Einwohner, aus allen Teilen der Monarchie strömten die Menschen in die Hauptstadt, um mehr und bessere Arbeit zu finden.

> „Der immer größere Bedarf der Städte an Arbeitskräften oder der Wunsch vieler Menschen aus dem Hinterland, die dort keine Arbeitsplätze mehr fanden, und diese in den Städten zu erreichen hofften, haben zu immer neuen Wellen des Zuzugs und damit der Verstädterung geführt."[16]

Es entstanden die so genannten Gründerzeitviertel. Sie verbanden Teile der Vorstädte und die alten Ortskerne. Bezeichnenderweise heißt in Wien auch eine Bahnstrecke durch diese Teile der Stadt „Vorortelinie". Erst als nach dem Zweiten Weltkrieg die europäischen Städte wieder expandierten, Neubauten am Stadtrand mit besseren Wohnungen errichtet wurden, verschwand allmählich das Bewusstsein der zu einer Stadt zusammengeschlossenen Dörfer. Statt dessen ließ die Rezeption der amerikanischen Lebensweise die Idee der Nachbarschaftseinheiten auch in Europa entstehen.

Die städtische Lebensweise mit ihren Merkmalen der Vielfalt und der Auflösung traditioneller Wert- und Moralvorstellungen dehnte sich auch auf das Land aus. Die Träger traditioneller Werthaltungen, die Bauern verließen die Dörfer. Ihr Anteil an der Bevölkerung sank dramatisch. Straßenverbindungen ermöglichten das Pendeln und brachten damit die Ideen der Stadt auf das Land. Das traditionelle dörfliche Leben verblasste. In den Sechziger- und Siebzigerjahren des 20. Jahrhunderts begann das Dorfwirtshaus der Pizzeria zu weichen. Die Diskothek wurde der Treff für Jugendliche. In den Fremdenverkehrsregionen Europas, vor allem in Norditalien und Tirol, auch in weiten Teilen Frankreichs, trieb der Tourismus die Auflösung traditionaler dörflicher Gemeinschaft voran.

Wie im städtischen Bereich die Nachbarschaftsidee als Reaktion auf zunehmende Anonymisierung auflebte, so entwickelte sich im ausgehenden zwanzigsten Jahrhundert vereinzelt wieder ein Dorfbewusstsein. Es entstanden Dorfentwicklungs- und Verschönerungsprogramme. Zum Beispiel in Niederösterreich. Dort begann man, in vereinten Anstrengungen, die sich zunächst in der Gründung eines Dorferneuerungsvereines ausdrückten, das Dorf zu verschönern. In der Regel ging es um eine architektonisch ästhetische Verbesserung. Die riesigen Garagentore im industriellen Einheitsdesign sollten verschwinden, die schmucklosen Privathäuser der Sechzigerjahre neueren oder erneuerten Stilen Platz machen. Durch die Beteiligung der Bewohner und durch die optische Neugestaltung wurde die Identität mit dem Dorf wieder erhöht und die Lebenszufriedenheit verbessert. Die Politik versuchte, die Leute in den Dörfern zu halten.

Die schlimmsten Auswirkungen eines kommerzialisierten Tourismus sollten beseitigt werden. In manchen Ländern war man dazu übergegangen, die Preise in ausländischen Währungen anzuschreiben. Das wurde wieder

---

16 Häußermann 2000, S.224

111

rückgängig gemacht, als man sah, dass auch Touristen gerne merken, dass sie nicht zu Hause sind. In Portugal an der Algarve etwa, die nach der Nelkenrevolution von 1974 einen unglaublichen touristischen Aufschwung erlebte, ordnete man in den Achtzigerjahren an, dass auf den Speisekarten die Preise auch in Escudos, der Landeswährung, angeschrieben sein müssen. Man verwendete zuvor Speisekarten, die ausschließlich die ausländische Währung angaben. Im österreichischen Tirol sah man wieder vermehrt Schillingpreise neben den DM-Preisen. Man begann sich in einzelnen Regionen langsam wieder auf das „Dorf" zu besinnen.

Der Durchsetzung der städtischen Lebensweise tat das Erstarken des Dorfbewusstseins keinen Abbruch.

Die Wiederbelebung des Regionalen fand im Rahmen eines noch viel gewaltigeren Prozesses statt, als es die Durchsetzung der städtischen Lebensweise war, nämlich in dem Prozess der Globalisierung. Die traditionellen Städte verloren ihre Bedeutung. Sie wurden abgelöst von Megalopolen. Die Städte dehnten sich in die Umwelt aus. Städtische Agglomerationsgebiete sind heute, im 21. Jahrhundert, die Zentren der Wirtschaft. Die Zukunftsstädte, die megalopolen Zentren, werden sich von den Städten des neunzehnten und auch des zwanzigsten Jahrhunderts wesentlich unterscheiden. Der städtische Flaneur, der durch die Prachtstraßen wandert, hat nicht nur dem Shopper in der Shopping Mall Platz gemacht, er hat auch dem globalen Manager Platz gemacht, der bestenfalls noch in der Flughafenhalle herumflaniert, um die Wartezeit auf das nächste Flugzeug zu überbrücken, sofern er nicht arbeitsbewusst in der Lounge in seinen Laptop hämmert. Er hat der Mutter als „Chauffeurin" Platz gemacht, die ihre Kinder zu den Inseln in der Stadt führt, die sie benutzen: zur Schule, dann zur Musikstunde, zum Sportverein, zur Freundin. In diesem Prozess der Globalisierung lebt Regionalbewusstsein wieder auf, „Glokalisierung" nennt das Robertson. [17] Es ist aber zweifelhaft, ob eine Orientierung am Lokalen mehr als eine Anekdote in der Entwicklung bleibt.

Hier tritt die Lebensführung des bürgerlichen Zeitalters völlig in den Hintergrund. Die städtische Lebensweise, die wir als Adaption der Lebensführung auf strukturelle Gegebenheiten beschrieben haben, beginnt sich in einer globalisierten Wirtschaft selbst aufzulösen. Mit der neuen Entwicklung wird auch die Sozialstruktur verändert. Nicht mehr Gemeinschaften, nicht mehr lokale Gesellschaften bestimmen das Verhalten der Menschen. Die Menschen erscheinen gleichsam vereinzelt in einer Weltgesellschaft, die zu diffus ist, als dass sie klare normative Richtlinien für das individuelle Leben geben könnte.

Diese Gesellschaft, die globalisierte Gesellschaft, wird nun am besten mit dem Begriff des Lebensstils beschrieben, dem wir uns im Folgenden zuwenden.

---

17   Robertson 1992

112

Lebensstil

Die allgemeinen Orientierungsmuster in der Gesellschaft fehlen heute am Beginn des 21. Jahrhunderts. Es gibt zwar allgemeine Werte für die Weltgesellschaft, wie etwa die Menschenrechte, aber nicht einmal darüber gibt es einen Konsens. Auch so genannte europäische Werte sollen zumindest für die Länder, die der Europäischen Union angehören, verbindlich sein. Aber das ist eher ein politischer Wunsch, der wenig mit dem Alltagsleben zu tun hat. Nord- und Südeuropäer haben unterschiedliche kulturelle Traditionen und auch Werte. Es gibt kaum mehr Alltagstugenden, denen jeder zustimmen würde. Wenn auch Wertestudien immer wieder eine große Übereinstimmung zeigen, so sagen sie wenig darüber aus, wie die Werte gelebt werden. Es stimmt schon, dass Gesundheit, Familie und Arbeit an der Spitze der wichtigen Lebensbereiche stehen, doch wie und ob man gesund lebt, was man unter Familie versteht und wie die Arbeit aussehen muss, die für den Einzelnen wertvoll erscheint, darin unterscheiden sich die Menschen. Die einen sind Vegetarier, andere vermeiden nur etwas Fett, die einen schwören auf Fisch, die anderen auf Teigwaren. Die einen leben in einer Ehe mit Kindern, die andern ziehen vor, zusammenzuleben ohne zu heiraten, auch mit Kindern. Die einen wollen sich in der Arbeit selbst verwirklichen, für die anderen ist es vor allem wichtig, viel Geld zu verdienen. Das sind die unterschiedlichen Lebensstile, die gelebt werden. Sie finden sich in allen Ländern, sie sind nicht nationalspezifisch.

Dabei gibt es keine einheitliche Lebensführung mehr. Lebensstile sind ein Konglomerat aus Werthaltungen, die man im Laufe der Sozialisation mitbekommen hat und Verhaltensgewohnheiten beziehungsweise Ideen, die man in den täglichen Kontakten überprüft, bestätigt findet und verfestigt. So unterschiedlich, wie die gesellschaftlichen Milieus und Subkulturen sind, so viele unterschiedliche Lebensstile gibt es.

Auch was städtisch ist, wird unklar.

Die städtische Lebensweise ist nicht mehr charakteristisch für alle Städter. Heute haben die Städter sehr verschiedene Gewohnheiten. In europäischen Städten gibt es Viertel mit fast dörflichem Charakter. Besonders, aber nicht ausschließlich in Migrantengebieten, leben Menschen, die sehr auf ihren Stadtteil und die darin lebenden Bekannten fixiert sind. Eine ökologische Orientierung würde viel eher zu Personen, die am Land leben passen. Die am stärksten umweltbewussten Gruppen findet man hingegen in den Städten. Außerdem gibt es die Stadt als Bezugspunkt nicht mehr mit so klaren Grenzen. In den Agglomerationsgebieten, den Stadtrandgebieten, außerhalb der Stadt, siedeln sich die Stadtflüchtlinge an. Sie leben in kleinen Dörfern, in denen man einander auch kennt. Teilweise werden alte Bräuche wieder belebt. Es gibt Schlafstädte, in London schon im frühen zwanzigsten Jahrhundert geplant, die bewusst aus der Stadt ausgegliedert werden. Es handelt sich dabei um Siedlungsgebiete im Grünen, etliche Kilometer außerhalb der Stadt. Die so genannten „Garden Cities"[18] in England waren als kleine städtische Einheiten von bis zu hunderttausend Einwohnern geplant. Rund um eine Kernstadt, in der die administrativen, politischen und wirtschaftlichen Zentren konzentriert werden sollten, sollte in den Wohngebieten die umliegende Landschaft integriert werden. Dort sollte gute Luft und Ruhe herrschen; ländliche Stille gegenüber dem Lärm der Stadt. Solche Großplanungen sind heute nicht mehr möglich, da sich die Lebensstile zu rasch verändern.

Es wird zunehmend unklar, was städtische Lebensweise ist. Das Stadtzentrum verliert an Bedeutung, die Shopping Malls, teilweise am Rande oder außerhalb der Städte übernehmen die Funktion der früheren Einkaufsstraßen. Diese bleiben aber auch daneben erhalten.

Die städtische Lebensweise als Prototyp industrieller Gesellschaften manifestiert sich in den verschiedenen Stadtvierteln sehr unterschiedlich. In einkommensarmen Gebieten unterscheidet sie sich von jenen in den Nobelbezirken, in Sanierungsgebieten von denen in sanierten Gebieten, am Stadtrand von denen im Zentrum, in Neubausiedlungen von denen in alten Baubereichen. Kulturelle Werthaltungen sind also neben materiell strukturellen Gegebenheiten maßgebend für den Stil.

Man erkennt deutliche Unterschiede von Lebensweisen innerhalb der Stadt.

Dazu kommt, dass sich die so genannte städtische Lebensweise auf das Land ausgedehnt hat. Das Land ist von der Berufsstruktur her nicht mehr agrarisch. Es finden sich dort genauso Industriegebiete und Dienstleistungsbetriebe wie in den Städten. Auch die Pendelmobilität hat zugenommen und lässt die Grenzen zwischen Stadt und Land verschwimmen.

Macht es da noch Sinn, von städtischer Lebensweise zu sprechen?

„Eher mental steht dafür der Begriff der Rurbanisierung, also das strukturlose, nahtlose Ineinanderübergehen von den früher sich getrennt gebenden Sphären Stadt vs. Land. Auch Entwicklungen wie die Rurbanisierung, d.h. das Wiederentdecken einer innerstädtischen Lebenswirklichkeit durch mobile, ungebundene und anpassungsfähige Erwachsene stellt nur eine Welle dar in dem offensichtlich unaufhaltsamen Strom der Verstädterung, dem Ent- oder Wiederentdecken von Räumen für städtische Lebensweisen."[19]

Diese Vielfältigkeit des modernen Lebens drückt sich in den Lebensstilen aus. Die Lebensstilforschung sieht in Lebensstilen ein Konzept, dessen Inhalt nicht sofort ersichtlich ist, sondern sich aus verschiedenen Verhaltensweisen zusammensetzt und von Soziologen zu einem Beriff oder Typus abstrahiert

---

18 Howard 1902
19 Häußermann 2000, S.224

114

wird. Es ist ein Muster des Alltagsverhaltens und dieses Muster kann von anderen unterschieden werden und grenzt sich auch in Details sichtbar (Kleidung z.B., Sprache) von anderen ab.[20] Im Begriff Lebensstil werden Werthaltungen und Verhaltensweisen verbunden. Und sie betreffen alle Gebiete des täglichen Lebens: Partnerschaft, soziale Beziehungen, Wohnen, Essgewohnheiten ebenso wie Kleidungspräferenzen, Freizeitvorlieben ebenso wie Einstellungen zur Arbeit, Politik und Religion.

Der Lebensstilbegriff, den wir hier verwenden ist viel substanzieller als das, was heute in den verschiedenen Magazinen als Life Style gehandelt wird. Er hat aber durchaus damit zu tun. Ebenso wie Life Style hängen Lebensstile eng mit Konsumgewohnheiten zusammen. Sie sind nur dauerhafter. Life Style ist oberflächlicher. Dauerhafter sind Lebensstile deshalb, weil sie sich langfristig im Zusammenleben in der Gesellschaft entwickeln und nicht bloß Reaktionen auf mediale Berichte sind. Ein Lebensstil entsteht bereits in der frühen Kindheit. Wie man wohnt, in welcher Nachbarschaft man lebt, welche Gewohnheiten man bei den Verwandten und Bekannten der Eltern sieht, ebenso auch, welche Freunde man sich aussucht, das alles bestimmt den Lebensstil.

Grundlegende Geschmacksorientierungen entstehen schon früh. Was man als geeignete Kleidung und als korrektes Benehmen ansieht, lernt man im Elternhaus. Natürlich kann sich das im Laufe des Lebens wandeln, aber keineswegs so rasch, wie der Life Style, der so schnell wechselt, wie die In und Out Listen einschlägiger Zeitschriften.

Life Style kommt aber einer Facette des Lebensstils nahe, nämlich der Stilisierung. Stilisierungen sind beliebt, fluktuieren und ändern sich rasch. Sie sind an Accessoires zu erkennen. Eine beliebte Art der Stilisierung zum Zeitpunkt des Schreibens dieses Buches ist das Piercing. In den Siebzigerjahren gehörte der Palästinenserschal dazu. Zur Stilisierung gehört auch, wenn Personen plötzlich nur mehr eine bestimmte Marke Tennisschuhe tragen oder sich wie der englische Landadel kleiden. Kleine Gewohnheiten, Spielereien, denen man immer wieder nachhängt, die man aber auch rasch ablegt, sind Kennzeichen der Stilisierung und des modischen Life Styles. Immer, wenn sich Personen an Empfehlungen von Life Style Magazinen orientieren, handelt es sich um Stilisierungen.

Ich habe einmal drei Ebenen des Lebensstils unterschieden: subtile Distinktion, Distinktion und attributive Kultur.[21]

Subtile Distinktion ist am schwierigsten zu beschreiben. Damit ist der Kern, das Typische eines Stils gemeint. Verletzt man diesen, so wirkt man in der Gesellschaft unpassend. Subtile distinktive Merkmale werden vom El-

---

20 Vgl. ursprünglich Hradil 1987 S. 51ff und S. 164ff. Mittlerweile gilt der Begriff als Grundbegriff der Soziologie. Siehe den Beitrag von Hradil in dem Lexikon der Grundbegriffe der Soziologie: Schäfers 1998, S. 204-207.

21 Richter 1994

115

ternhaus von frühester Kindheit an mitgegeben und sie gehen wahrscheinlich ein Leben lang nicht verloren.

Es sind oft Unterschiede, die nur ein geübtes Auge wahrnehmen kann. Man empfindet sie mehr, als das man sie bewusst wahrnimmt. Hat man das Gefühl, irgendetwas stimme mit einer Person nicht, irgendwie gehöre diese nicht dazu, obwohl man nicht genau sagen kann, warum, dann ist das die Auswirkung subtiler Distinktion oder auch des Habitus, wie der französische Soziologe Bourdieu[22] formuliert hätte. Die Kleidung allein ist es nicht, auch nicht die Sprechart, nicht das Benehmen. Aber doch auch. So ganz glaubwürdig ist es ja auch in My Fair Lady nicht, dass die Blumenverkäuferin plötzlich zur großen Gesellschaft gehört. Distinktion kann ihr vom Sprachprofessor Higgins beigebracht werden, subtile Distinktion nicht.

Die zweite Ebene ist die der Distinktion. Das ist die zentrale Ebene des Lebensstils. Dadurch wird er sichtbar. Hier sind alle erkennbaren Merkmale versammelt, nach denen wir einen Menschen einem bestimmten Lebensstil zuordnen können. Es geht um sichtbares Verhalten, das messbar ist. Es geht um grundlegende Einstellungen und Werthaltungen, politische Meinungen, Auffassungen zum Alltagsleben, Freizeitgewohnheiten. Diese sind relativ stabil. Natürlich kann sich der Lebensstil im Laufe eines Lebens ändern. Er unterwirft sich aber nicht täglich neuen Moden. Die gehören zur dritten Ebene.

Die dritte Ebene ist die der Stilisierung, der attributiven Kultur. Hier haben der Life Style und dessen Accessoires Platz. Welches Brillenmodell ich trage, welche Frisur gerade aktuell ist, welche Farbe „in" ist, das alles gehört zur attributiven Kultur und verflüchtigt sich so rasch, wie sich Moden ändern.

Ein Lebensstil besteht also nicht nur aus dem gelebtem Verhalten. Er hat einen unsichtbaren Kern einerseits und sehr flüchtige Merkmale andererseits, die man nicht als eigentliche Lebensstilmerkmale bezeichnen kann, sondern die modische Zufälligkeiten sind. Hierzu gehören die Stilisierungen. Mit Hilfe von Stilisierungen können künstlich Lebensstile erzeugt werden.

Stilisierungen treten dann auf, wenn bewusst äußerliche Merkmale eingesetzt werden, um einen Lebensstil zu simulieren. Zum Beispiel kleidet man sich, wie die oberen zehntausend. Wie aber schon der gleichnamige Film zeigte, genügt das nicht. Gehört man nicht dazu, wird man sofort entlarvt. Bewegt jemand sich unpassend in seinen Kleidern, wissen die anderen, der gehört nicht dazu. Der Träger selbst fühlt sich nicht wohl, wenn das Gewand nicht zu ihm passt.

Stilisierungen sind, abgesehen von dieser Simulation von Lebensstilen, in alltäglichen Kleinigkeiten ständig anzutreffen. Verständlicherweise ist dies besonders in der Jugendkultur auffällig. Denn die Jugend ist eine Phase, in der man seinen eigenen Stil sucht. Das einzige Kriterium, das wichtig ist, ist die Differenz zum Stil der Eltern. So werden jugendkulturelle Stilisierungen ausprobiert. Zum Schluss endet diese Stilisierung meist in einer Modifikation

---

22 Bourdieu 1982

116

des elterlichen Stils, keineswegs in einer Abkehr. Die Einrichtung von Wohnungen junger Erwachsener ist womöglich billiger, aber stilistisch ähnlich.

Es sind nicht mehr soziale Klassen, die die Gesellschaftsstruktur bestimmen. Weder kann heute noch von Arbeiterklasse im marxistischen Sinne gesprochen werden, noch von einer bürgerlichen Klasse. Beide mag es zwar noch geben, so wie es auch schon früher Lebensstile gegeben hat, aber sie prägen nicht das Leben in der Gesellschaft. Soziale Schichten, die wir nach Einkommen, Beruf und Schulbildung beschreiben, haben ihre differenzierende Kraft verloren. Alles drängt sich in der Mittelschicht. Soziologen gehen davon aus, dass etwa 80% der Bevölkerung zur Mittelschicht gehören. Die Gesellschaft ist in dieser Hinsicht einheitlicher geworden. Aber die Menschen wollen sich voneinander unterscheiden. Und wenn viele Menschen ein ähnliches Einkommen erhalten, dann wird nicht mehr so wichtig sein, wie viel und was man hat, sondern wie man das, was man hat, einsetzt. Genau das beschreibt der Lebensstil.

Eurostyles: Lebensstile in Europa

Die Entdeckung von Lebensstilen

Bislang unterteilten Soziologen und Meinungsforscher die Gesellschaften Europas in soziale Schichten oder soziale Klassen. Das geht relativ einfach. Nur drei Merkmale sind dafür wichtig: Beruf, Einkommen und Schulbildung. Diese werden zu einem Index zusammengefasst und es entsteht die bekannte Einteilung von A-Schicht, der Obersten, zur D- oder E-Schicht, der Untersten. Das Einkommen wird dabei am stärksten gewichtet und trägt so am meisten zu Schichtkategorisierung bei.[1]

Mit einer komplexer und vielfältiger werdenden Gesellschaft, wie wir sie in diesem Buch geschildert haben, werden auch die Ungleichheitsformen komplexer. Man erweiterte das Schichtmodell auf sozialen Lagen[2] und Lebensstile. Dann ist die Messung viel umfangreicher. Es gibt viele Merkmale und es gibt auch unterschiedliche, nicht so einfach zu messende Merkmale. Zu den Indikatoren, die zumeist in Fragebögen abgetestet werden, gehören die Wohnsituation, Alter, Geschlecht, Wohngegend, soziale Absicherung, Familienstand, ebenso wie Freizeitinteressen und –gewohnheiten, Einstellungen zu Arbeit, Politik und Religion, allgemeine Werthaltungen, Hobbies und vieles andere mehr. Lebensstilstudien erfassen oft vierhundert und mehr Merkmale. Man kann sie durch rechnerische Verfahren[3] sinnvoll reduzieren, aber mit bloß drei Merkmalen, wie bei der Schichtmessung wird man nie auskommen. Diese Vielfalt an Variablen ist notwendig, weil es bei Lebensstilen nicht nur darum geht, was eine Person besitzt, sondern auch darum, wie sie es im täglichen Leben einsetzt.

Um 1980 begann die Soziologie sich mit Lebensstilen als Elemente sozialer Ungleichheit zu beschäftigen. Maßgebend dafür war, dass die Unterteilung der Bevölkerung in soziale Schichten nach arm und reich nicht mehr ausreichte, um Verhalten vorherzusagen.[4] Traditionelle und gewohnte Gesetzmäßigkeiten lösten sich auf. Zum Beispiel stimmte der Zusammenhang

---

1   Natürlich beinhalten verschiedene Ungleichheitsanalysen in der Soziologie mehr Variable, aber die genannten drei sind sozusagen der Kern aller Ungleichheitsanalysen.
2   Hradil 1987
3   In der Regel werden statistische Clusteranalysen angewandt.
4   Vgl. Hradil 1987

zwischen Schicht und Wahlverhalten nicht mehr. Die Arbeiter wählten nicht mehr nur sozialistisch, die Unternehmer nicht mehr nur konservativ. Die Parteitreue zerfiel in allen Ländern Europas. Auch im Bereich der Erziehung gab es die alten Unterschiede nicht mehr. Es stimmte nicht, dass etwa die Arbeiter autoritärer erzogen werden als die Oberschicht. Vielmehr entdeckte man einen u-förmigen Zusammenhang: Die Mittelschicht hatte vor allem demokratische Erziehungswerte, obere und untere Schichte eher autoritäre. Aber auch dieser Zusammenhang wurde brüchig und neue Erziehungsstile breiteten sich über alle Gesellschaftsschichten aus. Schließlich spielte es eine Rolle, dass man bei der Schichtmessung immer auf den Haushalt Bezug nahm. Haushalte wurden nach den Merkmalen des Haushaltsvorstandes einer Schicht zugeordnet. Als Haushaltsvorstand galt derjenige, der die höchste Schulbildung hatte und am meisten zum Einkommen beitrug. Das war zumeist der Mann. Er verdiente entweder alleine oder zumindest mehr als die Frau und hatte in der Regel eine höhere Schulbildung. Als vermehrt Frauen erwerbstätig waren und eine gleich hohe Schulbildung hatten, ging man dazu über, als Haushaltsvorstand den zu wählen, der zur höchsten Schichteinteilung führte. Aber auch das hatte wesentliche Mängel. Der Haushalt wurde nur nach einem Haushaltsmitglied eingeteilt, der Maßstab war Erwerbstätigkeit. Bei der Messung fielen alle Nicht-Berufstätigen, Hausfrauen, Schüler und Studentinnen aus der Zählung. Auch die Zuordnung von Pensionistinnen und Pensionisten, die immer mehr wurden, war nicht klar. Sollte man den früheren Beruf berücksichtigen? Das jetzige Einkommen? Ein mittlerer Beamter bekam wesentlich mehr Geld in der Pension als ein höherer Angestellter. Er wäre also als Pensionist einer höheren Schicht zuzuordnen als zu Zeiten seiner Berufstätigkeit. Der pensionierte Beamte mag zwar eine deutlich höhere Kaufkraft gehabt haben als der pensionierte Angestellte, aber die sozialen Unterschiede wurden damit nicht wirklich erfasst. Außerdem kam die Frage auf, ob es in Zeiten, in denen das Individuum immer wichtiger wurde, noch sinnvoll war, Haushalte und nicht Individuen zu schichten. Immer mehr Personen, fast 80%, drängten sich in der Mittelschicht. Unterscheidungen verschwammen.

Die Veränderungen im Schichtgefüge wurden zunächst in der Konsumforschung entdeckt. Die Zugehörigkeit zu einer Schicht sagte nicht mehr voraus, welche Produkte gekauft wurden. Das war nicht verwundernswert. Denn schon wurde klar, dass nicht nur der Nutzen, sondern auch der Symbolwert den Kauf eines Produktes bestimmte. Sehr viel hing von der Lebenseinstellung ab. Sie beeinflusste, was man kaufte. Extrovertierte Personen, Leute, die gerne abends in Gesellschaft ausgingen, zogen andere Produkte vor, als solche, die lieber vor dem Fernseher saßen oder ihren Garten pflegten, auch wenn sie die gleiche Bildung oder das gleiche Einkommen hatten. Der Amerikaner Arnold Mitchell[5] untersuchte als einer der ersten das neue Konsumverhalten. Er beschrieb neun amerikanische Lebensstile. Diese teilte er in In-

---

5   Mitchell 1983

120

nen- und Außenorientierung auf, zwei Pole, die in den Fünfzigerjahren eine Forschungsgruppe um David Riesman[6] als Charakteristika der amerikanischen Gesellschaft aufgezeigt hatte. Riesman beschrieb in den USA einen innengeleiteten protestantischen Charakter, dessen Bezugspunkt sein eigenes verinnerlichtes Wertsystem war. Dieser innengeleitete Typ wandelte sich in der amerikanischen Gesellschaft des zwanzigsten Jahrhunderts zum außengeleiteten Typ, der gesellig, extrovertiert und sehr stark auf seine soziale Umwelt bezogen lebte. Diese beiden Typen konnte Mitchell in neun verschiedene amerikanische Lebensstile aufteilen.

Diese Lebensstile prägten und prägen die amerikanische Konsumgesellschaft. Dazu gehören so genannte Achiever und Emulators, die außengerichtet sind, aktiv an der Gesellschaft und der Umgebung teilhaben und sie gestalten, dazu gehören auch Nachläufer, die das tun, was die anderen tun, aber auch selbstbezogene Menschen, denen die eigene Person am wichtigsten ist, Leute, die stark sozialbewusst sind, aber auch solche, die gerne spielerisch und experimentierend mit ihren Lebensweisen umgehen. Gut in die Gesellschaft integrierte gehören ebenso dazu wie arme Menschen, die um ihr Überleben kämpfen müssen und von der Wohlstandsgesellschaft ausgeschlossen sind.

In der Folge entstanden zahlreiche Lebensstilstudien mit schillernden Typenbenennungen. Zunächst wandte man sich dem politischen Bereich zu, vor allem in Deutschland. Denn es wurde auffällig, dass das Wahlverhalten nicht mehr schichtspezifisch war. Den Startschuss gab in Europa die Sinus-Studie, im Auftrag der Konrad Adenauer Stiftung, die Stile und Wahlverhalten maß.[7] Hier zeigte sich einerseits eine horizontale, andererseits aber auch eine vertikale Gliederung der Stile. Diese Studie identifizierte verschiedene Milieus. So war auffällig, dass sich ein alternatives Milieu herausbildete. Bemerkenswert war daran, dass dieses über alle Schichten streute, wenn auch untere am wenigsten dazugehörten. Es ließ sich nicht einer bestimmten Schicht zuordnen. Alternative waren in allen Schichten zu finden, wenn auch mit Schwerpunkt in oberen Mittelschichten. Auch unterschiedliche Arbeitermilieus wurden sichtbar. Ein traditionelles, das wohl noch sozialistisch wählte, aber auch ein traditionsloses, das nicht mehr einer politischen Gruppierung, auf keinen Fall einer linken, zugeordnet werden konnte. Auch in der Oberschicht wurden neben Teilen des alternativen Milieus, liberale, sozialistische, aber auch konservative Gruppen sichtbar. Ein modernes Arbeitermilieu war aufgestiegen und reichte schon fast bis an die obere Mittelschicht. Alles in allem zeigte die Studie ein Konglomerat an Milieus, das sehr gut die verschiedenen Einstellungen zu Politik und Verwaltung aufzeigte. Später wurde diese Studie perfektioniert und heute wird sie sowohl für politische als

---

6   Riesman 1956
7   Sinus Studie. Zitiert nach Hradil 1987, S. 127ff.

auch für wirtschaftliche Zwecke verwendet. Die Grundstruktur der Milieus[8] hat sich in den letzten beiden Jahrzehnten kaum geändert.

In Frankreich beschäftigte sich ein Wissenschaftler schon sehr früh mit Lebensstilen. Es war Pierre Bourdieu, der bereits in den Sechzigerjahren Untersuchungen über den unterschiedlichen Geschmack von Bevölkerungsgruppen anstellte. Sein Buch „Die feinen Unterschiede" ist 1982 auf Deutsch erschienen.

Als Denker, der am Marxismus orientiert war, hielt er daran fest, dass es deutliche Unterschiede zwischen den Bevölkerungsgruppen gab, wesentliche Grenzen, die sich am Ausmaß des Kapitals zeigten. Aber unter Kapital verstand er nicht nur finanzielles Vermögen. Er unterschied neben dem ökonomischen Kapital auch das kulturelle und das soziale Kapital.

Das kulturelle Kapital bestand im Wesentlichen in Bildung, nicht nur in Ausbildung und Wissen, sondern in Intellektualität im umfassenden Sinn. Das soziale Kapital umfasste für ihn die sozialen Kontakte, den Bekanntenkreis und die Netzwerke, über die man verfügte.

Besonderes Augenmerk widmete er dem kulturellen Kapital. Dieses wird im Wesentlichen durch Schulbildung vermittelt und ist verantwortlich dafür, welche Art von Geschmack man hat. Er unterschied dabei zwischen einem populären, einem mittleren und einem legitimen Geschmack. Zu dieser Einteilung kam er durch verschiedene Messverfahren. Zum Beispiel ließ er seine Untersuchungspersonen Fotos von Händen einer alten Frau oder eine Nachtaufnahme einer Industrieanlage bewerten. Er fragte danach, was eigentlich ein schönes Foto sei: eine Aufnahme der Erstkommunion oder eine Baumrinde? Er beobachtete bei seinen Interviews die Wohnungseinrichtung und fragte auch nach dem Musikgeschmack.

Dabei wurde deutlich: Der populäre Geschmack richtet sich nach der Materialität der Dinge, er ist stark auf den Nutzen orientiert. Die faltigen Hände der Frau werden sofort mit Arbeit assoziiert und nicht mit Ästhetik. Alle leicht unterhaltenden Inhalte werden bevorzugt, Volksmusik und Schlager stehen an der Spitze der Beliebtheit.

Der mittlere Geschmack ist charakteristisch für das neue Kleinbürgertum. Dazu gehören Personen, die erstmals in der Familie eine mittlere oder sogar höhere Schulbildung genossen, in der sie Bildungsgut vermittelt bekamen. Am alltäglichen Markt der Gespräche und der sozialen Kontakte zeigen sie ihr Wissen. Sie lassen zum Beispiel Namen von Künstlern fallen, die sie kennen, zitieren Literatur. Das zeigte sich bei der Beurteilung des Bildes der Hände einer alten Frau. Während Arbeiter sagten, diese sehen abgearbeitet aus, waren typische Antworten des mittleren Geschmacks mit Wissensinhalten bestückt. Sie erinnerten an van Gogh oder an eine Erzählung von Flaubert, die nächtens beleuchtete Industrieanlage an ein abstraktes Gemälde von Jackson Pollock. Personen mittleren Geschmacks haben Wissen angehäuft und zeigen es. Sie reüssieren am Markt, indem sie ihr Wissen als Kapital ein-

---

8 Vgl. www.sinus-milieus.de

122

setzen und daraus Anerkennung ziehen. Dazu gehören vielfältige Spielarten. Neben dem Allgemeinwissen auch Spezialwissen in der Kunst, der Popmusik, beim Markensammeln und Ähnlichem.

Der legitime Geschmack ist jener der Oberschicht. Personen, die im Bereich des legitimen Geschmacks sozialisiert wurden, gehen wie selbstverständlich damit um. Bei der Beschreibung von Artefakten überwiegen formale Kriterien. Es fallen bei Fotos die Licht- und Schattenkomposition eines Bildes auf. Ästhetik wird wichtig. Personen dieses Geschmacktyps müssen nicht andauernd zeigen, was sie wissen. Man weiß, dass sie wissen.

Anders als es die empirischen Lebensstilstudien heute zeigen, bestand die Gesellschaft der Sechziger- und Siebzigerjahre für Bourdieu noch aus eindeutig abgrenzbaren Gruppen. Zunächst differenzierte er nach der Art des Kapitals. Unternehmer hatten viel ökonomisches, Intellektuelle viel kulturelles und Politiker viel soziales Kapital. Aber bedeutsamer war für ihn die Frage, wie sehr man in einer Gesellschaft aufsteigen kann und wie mobil die Gesellschaft ist. Da sah er Grenzen. Wiederum konzentrierte er sich auf das kulturelle Kapital.

Kulturelles Kapital erhält man durch Schulbildung. Also konzentrierte er sich darauf, wer Schulbildung kontrolliert, das Curriculum entwarf und die Organisationspläne festlegte. Das waren Akademiker selbst, Spitzenpolitiker, Universitätsprofessoren. Diese sagten, was vermittelt werden sollte, sie definierten den legitimen Geschmack. Wir können dies sicher heute um Interessensvertretungen wie Wirtschaftskammer, Industriellenvereinigung, Arbeiterkammer und Gewerkschaften erweitern. Tendenziell gibt aber immer eine Elite vor, was als Bildungsgut zu gelten hat. Diese Elite bewahrt ihre Position, indem sie Schranken errichtet. Erreichen zu viele den Standard, dann wird der Standard geändert und neues Können wird als notwendig definiert. So reproduziert die Elite sich selbst und es gibt sehr wenige Chancen, in sie vorzudringen. Kaum hat man in Bildungsinstitutionen aufsteigend das Wissen erworben, schon wird der legitime Geschmack neu definiert oder erweitert, die Elite setzt sich ab. Während es große Mobilität in der Gesellschaft gibt und ganze Gruppen aufsteigen, bleibt die oberste Elite doch relativ abgeschlossen. Man kommt schwer aus einem Milieu unterhalb der Elite heraus und in sie hinein.

Das mag sich nun im Zuge einer weitgehenden Demokratisierung der Gesellschaft gewandelt haben. Die Schule wird nicht mehr von einer kleinen Elite kontrolliert, alle möglichen Bevölkerungsgruppen stimmen mit und auch einige Kleinbürger sind in die Elite vorgestoßen. Die Lebensstile heute mögen vielfältiger sein als in den Sechzigerjahren.

Aber für Bourdieu wirkt noch ein weiteres Element stabilisierend, der Habitus. Dieser entwickelt sich im Lebenslauf, in der Erziehung, in der Sozialisation. Zunächst entwickelt sich eine Beziehung zu den Eltern, schon das Kind kommt aber in Kontakt mit Verwandten, den Freunden der Eltern, der Nachbarschaft. Das sind Personen mit ähnlichen Werthaltungen und Einstellungen, sie kommen aus dem gleichen Milieu, es ist eben das Milieu, in dem man aufwächst. Im weiteren Leben nehmen wir immer wieder Kontakt zu Personen auf, die ähnliche Anschauungen haben, aus einem ähnlichen Milieu kommen, einen ähnlichen Lebensstil verfolgen. Sehr selten werden wir uns Freunde suchen, die gänzlich andere Lebensgewohnheiten haben. Indem sich gleich zu gleich gern gesellt, verfestigt sich der Lebensstil.

Möglich, dass sich dies im Zuge einer sich pluralisierenden Gesellschaft um 2000 gelockert hat, möglich, dass der Habitus nicht mehr so bestimmend ist und die Bewegung innerhalb einer Gesellschaft bremst. Aber es gibt noch deutliche Unterschiede zwischen Bevölkerungsgruppen. Wir können noch Unterscheidungen treffen, auch wenn wir in der U-Bahn, im Restaurant sitzen oder auf Einkaufsstraßen gehen. Es gibt dabei eine einfache Probe, wie wir Lebensstilgruppen voneinander trennen können: Immer, wenn wir sagen, so etwas gehört sich nicht, oder wenn wir meinen, es sei selbstverständlich so zu handeln, dann sprechen wir Elemente von Lebensstilen an, grenzen uns ab gegenüber anderen, die anderes natürlich oder selbstverständlich finden. In dieser Vielfalt der Meinungen wird es vermehrt notwendig, anderes zu tolerieren. Tatsächlich ist auch das Nebeneinanderleben verschiedener Lebensstile möglich. Aber die Toleranz hat Grenzen. Von fremden Stilen werden viele befremdet. Sie scheinen feindlich zu sein und das Resultat ist Fremdenfeindlichkeit.

Bourdieu hat sozusagen den theoretischen Rahmen geliefert, er hat das Konzept geliefert, unter dem Lebensstile betrachtet werden können. Er sagt uns etwas über die Art und Weise, wie Lebensstile zustande kommen und wie sie gelebt werden. Die Kapitalformen und der Habitus sind dabei die wesentlichen konstruktiven Elemente.

Lebensstile in Deutschland

Mitte der Achtzigerjahre des vorigen Jahrhunderts gab es noch die Zweiteilung in West und Ost-Deutschland. Der Westen befand sich gerade in einem Wirtschaftsaufschwung. Die Yuppies, die Young Urban Professionals belebten die Szene: Reiche Singles, die an der Börse Geschäfte machten. Daneben entstanden die Dinks – double income no kids – Partner, die verheiratet waren oder auch nicht, mit zwei Gehältern das Leben genießen konnten, ohne ihr Geld in Kinder investieren zu müssen. Das Idealbild dieser Gesellschaft war es reich, single und unabhängig zu sein und seine Bedürfnisse auszuleben. So ist es auch nicht verwunderlich, dass Schulze seine Lebensstilstudie aus 1986 mit „Erlebnisgesellschaft" übertiteln konnte.[9] Die Achse, um die sich nicht nur in der deutschen Gesellschaft alles drehte, war das Abenteuer, das Erlebnis. Es ging um Spannung, die man suchte. Man suchte sie in Discos, in der Populärkultur, im Sport. Im Abenteuerurlaub fand man das organisierte und tatsächlich möglichst gefahrlose Erlebnis.

---

9   Schulze 1986

Schulze fand fünf Milieus: das Niveaumilieu, das Integrationsmilieu, das Harmoniemilieu, das Selbstverwirklichungsmilieu und das Unterhaltungsmilieu. Die Bezeichnungen sind nicht wertfrei. Sie zeigen, dass Bildung entscheidend bleibt. Leute aus dem Niveaumilieu haben in der Regel gehobene Schulbildung, lesen gute Literatur, lieben klassische Musik und gehen häufig ins Museum. Das ist zum Beispiel das alte etablierte Bürgertum. Aber es gibt auch ein neues Milieu, das sich vor allem aus Leuten gehobener Schulbildung zusammensetzt: das Selbstverwirklichungsmilieu. Dazu gehört eine neue Kulturszene, schrill und alternativ. Yuppies wie Grün-Alternative gehören zu diesem Milieu. Sie sind, wie Schulze feststellt, sportlich, alternativ und elegant.

Gehen wir in den Bereich mittlerer Schulbildung, dann finden wir gehäuft Vertreter aus dem Integrationsmilieu. Dazu gehören häuslich orientierte Personen, Bastler, Leute, die ihrem Hobby nachgehen. Das neue Kleinbürgertum gehört großteils zu diesem Milieu. Ein Teil – der weniger gebildete – zeigt Interesse an Schlager und Unterhaltungsmusik, der andere, besser gebildete auch an Politik, Zeitgeschehen und Kultur, aber nicht an Avantgarde.

Die weniger gebildeten Schichten finden sich im Harmonie- und Unterhaltungsmilieu. Ähnlich wie bei der Oberschicht gibt es auch hier ein eher traditionelles Milieu, das Harmoniemilieu und ein moderneres, das Unterhaltungsmilieu. Für das Harmoniemilieu ist das Interesse an Autos oder Motorrädern, Volksmusik, häufigem Fernsehen, an Heimat- und Naturfilmen typisch. Das Unterhaltungsmilieu ist typisch für die Erlebnisgesellschaft. Bodybuilding, Bräunungsstudio und Spielhallen stehen ganz oben in der Beliebtheitsskala. Am liebsten würden die Mitglieder dieser Bevölkerungsgruppe Rennautos fahren. Da das nicht geht, statten sie ihre Autos mit Rennwagenattributen aus. Spoiler, Sportlenkrad und unzählige Aufkleber sind dafür charakteristisch. Vor allem jüngere Arbeiter oder Verkäuferinnen gehören dazu.

Für die modernen Milieus ist die Eventkultur charakteristisch, entweder billige für untere Einkommensschichten oder teurere für höhere. Die Erlebnisgesellschaft war der Inbegriff der Gesellschaftsstruktur der Achtzigerjahre in Westeuropa.

Diese Erlebnisgesellschaft zeigte in der Folge Brüche. Die Atomkatastrophe in Tschernobyl 1986 war der erste, verheerende Anstoß. Die Erlebnisgesellschaft ging unglaublich große Risiken ein. Zwar explodierte der Reaktor im kommunistischen Osten, aber der Westen war davon betroffen. Strahlung macht keinen Halt vor politischen Grenzen. Die Welt rückte, was das Risiko betraf, ein Stück zusammen. Aber die Events gingen noch weiter, bis zum vielleicht größten, dem Fall der Berliner Mauer 1989 und dem damit signalisierten Zusammenbruch des kommunistischen Ostblocks.

Mit der Grenzöffnung kam wieder Armut in das Blickfeld der europäischen Gesellschaften. Einerseits gab es sie zuhauf im Osten, andererseits wurde gerade durch die Wiedervereinigung Deutschlands klar, dass der Westen von seinem Reichtum Abstriche wird machen müssen. Dazu kam in der Folge die geplante Einführung des Euro und die Notwendigkeit für die Nationalstaaten, die Maastrichtkriterien zu erreichen. Das bedeutete Senkung

125

der Budgetdefizite. Dies war nur über teilweise außerordentlich strikte Sparmaßnahmen zu erreichen. Die Erlebnisgesellschaft wurde zur Spargesellschaft. Plötzlich geriet der Wohlfahrtsstaat nicht nur in den Diskussionen ins Wanken, sondern es wurde klar, dass die Sozialpolitik der Siebzigerjahre zu großen Belastungen für das staatliche Budget führte. Von einer breiten Wohlfahrtsstaatspolitik wurden Abstriche gemacht, der Wohlfahrtsstaat wurde „abgebaut". Plötzlich brachen auch verloren geglaubte Unterschiede zwischen arm und reich wieder auf. Trotzdem kehrte man nicht zu alten Unterscheidungen zurück. Giddens[10] behielt recht, wenn er als neue politische Strategie für Tony Blair den Weg jenseits von links und rechts propagierte.

In Österreich ging dieser Prozess der Reduktion des Wohlfahrtsstaates mit wenigen Protesten vor sich. Es gab vereinzelte Streiks, der Eingriff in das Bildungssystem brachte in Österreich ein turbulentes „Streiksommersemester 1996" mit sich, aber die Sparmaßnahmen blieben. Die Proteste in Deutschland waren später, 1997, wesentlich härter, änderten aber auch nichts. Auch die noch viel einflussreicheren Demonstrationen in Frankreich konnten nicht verhindern, dass Europa in die Sparmaßnahmenschiene geriet.

Die westeuropäischen Gesellschaften waren zwar noch immer reich, aber nicht mehr so wie früher, vor allem konnte man nicht annehmen, dass das Wirtschaftswachstum so weiterging. Zum ersten Mal in der Nachkriegsgeschichte, wurde davon gesprochen, dass die folgenden Generationen ärmer werden würden.

Trotzdem überlagerten diese strukturellen Entwicklungen kaum die Herausbildung von Lebensstilen. Zwar kann man wahrscheinlich nicht mehr schlechthin von einer Erlebnisgesellschaft sprechen, doch Erlebnis und Abenteuer als eine wichtige Kategorie des Lebens blieb auch in den beginnenden Neunzigerjahren erhalten. Die Gesellschaft blieb reich genug, um sich ein gewisses Ausmaß an „Fun" leisten zu können. Die Armut und die Einkommensunterschiede wurden größer, die untere Mittelschicht war von einem Wohlfahrtsabstieg bedroht, da gerade sie von den wohlfahrtsstaatlichen Regelungen profitiert·hatte, doch nach einem gleichsam erstaunten Durchatmen kam es keineswegs zur Wiederbelebung eines alten Klassenbewusstseins. Die Gesellschaft setzte ihren Weg in die postmoderne Lebensstilgesellschaft fort.

Während die Erlebnisgesellschaft Schulzes sich sehr stark an den kulturellen Faktoren, an Freizeit und Konsum orientierte, entwickelten sich in Deutschland auch umfangreichere, repräsentative Lebensstilstudien, die objektive und subjektive, sozialstrukturelle und kulturelle Merkmale auf einer repräsentativen Basis erfassten. Diese wurden von Spellerberg[11] auf der Basis des deutschen Wohlfahrtssurveys durchgeführt.

Spellerberg erfasste Freizeitverhalten, Mediennutzung, Zeitungslektüre, Musikgeschmack, Fernsehinteressen, Lektüregewohnheiten, Kleidungsstil, Einrichtungsstil, Lebensziele und subjektive Merkmale, wie die Wahrnehmung

---

10 Giddens 1997
11 Spellerberg 1996

126

des persönlichen Alltags. Sie kommt zu neun Lebensstilen, die sich sowohl horizontal wie vertikal aufteilen lassen. Wiederum ist Bildung ein wichtiger Faktor. Neben Vorlieben für etablierte Kultur, die drei verschiedene Lebensstile zeigen, unterscheidet sie noch moderne Kultur mit vier Lebensstilen und populäre volkstümliche Kultur mit zwei Lebensstilen. Gemeinsamkeiten mit Schulzes Erlebnisgesellschaft werden durchaus deutlich. Im Bereich kreativer Kultur befindet sich der alte gutbürgerlich protestantische Lebensstil, den Arbeitsorientierung und Führungsbewusstsein auszeichnet, daneben aber auch ein sehr kreativer, sozial- und naturverbundener Stil, dessen Angehörige an Selbsterfahrung interessiert sind, und ein postmaterieller, erlebnisorientierter Stil. Die Stile der Mitte sind breit. Neben unterhaltungsorientierten Stilen, die einerseits Popmusik, jugendliche Kleidung und leichte Unterhaltung bevorzugen, gibt es sportorientierte, genussorientierte Stile. Es gibt die Einzelgänger, aber auch solche, die Interesse an Freunden und Geselligkeiten zeigen. In den unteren Schichten finden sich Stile, die eher als bescheiden und sicherheitsorientiert gelten können, oder solche, die Hobbys nachgehen, gerne den Garten pflegen und volkstümlichen Geschmack haben.

Obwohl die Erlebnisgesellschaft Schulzes und die Lebensstilstudie Spellerbergs verschieden konzipiert sind, kommen sie zu einer ähnlichen Einteilung von Stilen.

Spellerberg kann aber noch etwa anderes zeigen, das für die Analyse der Lebensstile bedeutsam ist: Sie kann deutliche Unterschiede zwischen Ost- und Westdeutschland nachweisen. Wesentlich ist dabei zweierlei: Die östlichen Stile sind wesentlich stärker innenorientiert als die westlichen. Sie sind viel mehr auf das eigene Heim bezogen. Weiters haben sich zu Beginn der Neunzigerjahre noch keine Selbstverwirklichungsstile in den oberen Bildungsschichten entwickelt. Das Unterhaltungsmilieu findet sich eher in unteren und mittleren Schichten. Ost und West – das sind im ausgehenden zwanzigsten Jahrhundert noch recht unterschiedliche Gesellschaften.

Allgemeine westeuropäische Lebensstile

Die Meinungsforscher entdeckten die Praktikabilität der Lebensstilstudien, ja die Idee ging sogar von ihnen aus. Mit Hilfe von Lebensstilstudien konnte man zielgruppenspezifisch Produkte anbieten. Die Gesellschaft für Konsumforschung, der Meinungsforschungsinstitute aus vielen Ländern, nicht nur Europas, angehören, entwickelte ein umfangreiches Programm zur Messung der Lebensstile, das in verschiedenen Ländern eingesetzt wurde. In den so genannten Eurostyles wurde eine europaweite Lebensstiltypologie entwickelt.[12]

---

12 Siehe die Euro-Styles Analysen der GfK Gruppe in der Marktforschung. Neuerdings werden sie durch Lebensweltstudien ergänzt. Siehe http://www.gfk.de/. Frühere Untersuchungen sind dokumentiert in Kramer 1991

Lebensstile sind in einer globalisierten Gesellschaft nicht an National-staaten gebunden. Regionale historisch-kulturelle Traditionen mögen zwar einen wichtigen Einfluss haben, sie wirken sich aber eher in Akzentverschie-bungen aus, als in der Entstehung national abgegrenzter und begrenzter Le-bensstile. Es gibt Überschneidungen ebenso wie Unterschiede. Auch Klassen und Schichten kamen ja nicht nur in einem Staat vor, sondern in allen indu-strialisierten Gesellschaften.

Eurostyles erlauben eine Typenbeschreibung über alle Länder Europas. Die Häufigkeit mit der sich die Typen zeigen, mag länderweise verschieden sein, doch es gibt die Typen in ähnlicher Weise in allen Ländern der Europäi-schen Union. Obwohl die Berechnungen der Eurostyles als Betriebsgeheim-nis gehütet werden, kann man zumindest länderspezifisch auf sie zugreifen.

Fünfzehn solcher Eurostyles wurden entwickelt, zu viele, um sie hier be-schreiben zu können. Auf Grund des österreichischen Zahlenmaterials wur-den sie mit Hilfe statistischer Prozeduren zu sechs verschiedenen Stilen zu-sammengefasst.[13] Dabei wurden die Eurostyles hinsichtlich ihrer demogra-phischen Merkmale wie Alter, Geschlecht, Erwerbsstatus und Familienstand untersucht. Besonderer Wert wurde aber auf die jeweilige ökonomische Si-tuation und die weltanschauliche Grundhaltung gelegt. So fließen Einstellun-gen und Werthaltungen, insbesondere politische Einstellungen und Religio-sität in die Typenbildung ein.

In dieser Art berechnet unterscheiden wir sechs verschiedene Stile:

Konservativer Lebensstil

Menschen mit konservativem Lebensstil sind zumeist über 50 Jahre alt, etwas häufiger männlich als weiblich und haben einen hohen Bildungsabschluss, hohes Einkommen und eine hohe berufliche Position. Politisch sind sie etwas häufiger rechts der Mitte. Überdurchschnittlich viele von ihnen sind religiös.

Sie halten Ideale wie Freiheit und Individualismus hoch, schätzen per-sönlichen Ehrgeiz, Wissen, Wirtschaftsliberalismus und Kultur. Allgemein geben sie moralischen und traditionellen Werten einen hohen Stellenwert. 1998 konnten etwa 16% der Stichprobe diesem Cluster zugeordnet werden.

Intellektueller Lebensstil

Zu diesem Lebensstil gehören überdurchschnittlich häufig so genannte Intel-lektuelle. Es zählen mehr Männer als Frauen dazu. Sie sind berufstätig und zwischen 30 und 50 Jahren alt. Hochgebildet besitzen sie auch eine hohe beruf-liche Position mit hohem Einkommen. Sie sind wenig bis kaum religiös einge-stellt und politisch eher links der Mitte. Sie wählen überdurchschnittlich oft al-ternative Parteien aus dem linken Spektrum. Sie leben im städtischen Bereich.

---

13 Richter; Hager 1998

128

Diese Bevölkerungsgruppe ist ehrgeizig, liberal, tolerant und humanistisch. Sie glaubt an Fortschritt und befürwortet den sozialen Wandel. Angehörige dieses Lebensstils treten für kreative, innovative Lösungen ein und blicken 1998 optimistisch in die Zukunft. Wichtig für sie ist persönlicher Erfolg, kulturelles Interesse, Bildung und Dialog. Etwa 8% der Österreicher gehören zu diesem Cluster.

Hedonistischer Lebensstil

Die Hedonisten sind jung, meist unter 30 Jahren, häufig Männer, meist ledig, in Ausbildung oder berufstätig. Sie besitzen eine gute Bildung, relativ gutes Einkommen, arbeiten als Facharbeiter, Angestellte oder auch freiberuflich mit zumeist technischer Ausbildung. Politisch sind sie links zu finden, wählen aber eher kleine linksgerichtete Parteien. Sie sind kaum religiös.

In ihren Eigenschaften können sie als optimistisch, wettbewerbsorientiert, freizügig, liberal, tolerant und unbekümmert beschrieben werden. Sie glauben an den Fortschritt der Technik und an Europa. In ihrem Alltag und ihrer Freizeit schätzen sie Komfort, Vergnügen und Sport. 35% der Stichprobe konnten zu ihnen gezählt werden.

Materialistischer Lebensstil

Menschen mit einer materialistischen Lebensweise sind zumeist jünger. Etwas mehr Frauen als Männer gehören dazu. Sie sind ledig oder auch verheiratet und haben zumeist Kinder. Sie besitzen einen eher niedrigen Bildungsstand, sind Hausfrauen oder arbeiten als Facharbeiterinnen, Arbeiter und Angestellte mit durchschnittlichem Einkommen. Politisch finden sie sich eher in der Mitte.

Für diese Menschen ist es wichtig, viel Geld zu haben. Erfolg und Wohlstand wird angestrebt. Vergnügen und Konsum nehmen in ihrem Leben einen hohen Stellenwert ein. Sie sind sportlich, gesellig, modern, auch opportunistisch. Sie schätzen die moderne Technik und streben nach sozialer Anerkennung. Wichtig dabei ist „sich durchzusetzen" und ihr Lebensprinzip lautet: „Jeder kämpft für sich". In Österreich gehören 9% dazu.

Konventioneller Lebensstil

Konventionelle sind vermehrt berufstätig, zwischen 30 und 50 Jahren alt, sind verheiratet und haben zumeist auch Kinder, sind überdurchschnittlich oft Landwirte und Arbeiter mit geringer Schulbildung und weniger Einkommen. Sie arbeiten in niedriger beruflicher Stellung. Sie stufen sich selbst zwar überwiegend in der Mitte ein, betrachtet man allerdings das Konglomerat ihrer Einstellungen, dann muss man sie als rechts bezeichnen. Dementsprechend ist auch ihr Wahlverhalten.

Diese Menschen sind orientiert an ihrer Region, sie sind tendenziell europa- und fremdenfeindlich. Ihr Alltag ist auf Arbeit, Geld und Familie ausgerichtet und sie halten traditionelle Werte hoch. Sie sind verunsichert, oft misstrauisch und enttäuscht. Sie fühlen sich immer wieder bedroht und äußern den Wunsch nach repressiven Maßnahmen. Sie haben ein großes Bedürfnis nach sozialer Akzeptanz und Anerkennung und wollen ein „modernes", „modisches", schickliches" oder „ordentliches" Mitglied der Gesellschaft sein. 11% der österreichischen Stichprobe zählen dazu.

Traditioneller Lebensstil

Eine traditionelle Lebensweise führen vor allem ältere und alte Menschen, hauptsächlich Rentnerinnen, aber auch Hausfrauen, verheiratet oder verwitwet. Sind sie berufstätig, dann finden sich unter ihnen überdurchschnittlich häufig an- und ungelernte Arbeiterinnen mit wenig Bildung und sehr wenig Einkommen. Sie sind sehr religiös, vertrauen auf Tradition, Moral, Ordnung, Gott und Kirche und stufen sich politisch in der Mitte oder auch rechts der Mitte ein.

Sie blicken pessimistisch und ängstlich in die Zukunft, sind eher europaskeptisch und ausländerfeindlich, gehen in ihrem Leben keinerlei Risiken ein, ziehen sich eher zurück in ihre Familie und leben sehr sparsam, pflichtbewusst und „sittlich". Sie haben Angst vor Veränderung, sehen ihr Gegenüber eher skeptisch und fühlen sich dadurch bedroht. Deswegen äußern sie ein Bedürfnis nach strengen Vorschriften und repressiven Maßnahmen. Diesem Lebensstil gehören etwa 21% der Bevölkerung an.

Sicherlich, diese Stile wurden aus der österreichischen Stichprobe errechnet. Aber ähnliche Stile wären wohl in ganz Europa feststellbar und die fünfzehn Eurostyles, auf die diese Berechnung aufbaut, können auch diesen sechs Typen zugeordnet werden. Über die Häufigkeit der einzelnen Typen kann allerdings europaweit nichts ausgesagt werden. Das ist sicher von Land zu Land verschieden.

Insgesamt bilden diese Typen die Bevölkerung sehr gut ab, sie lassen sich sowohl vertikal als auch horizontal gliedern. Das heißt, dass konservativer und intellektueller Lebensstil eher in oberen sozialen Schichten zu finden sind, der hedonistische eher in der Mitte und der materialistische, der konventionelle und der traditionelle Lebensstil eher im unteren Spektrum. Aber sie entsprechen dieser Hierarchie der Schichtung nicht eindeutig. Die Lebensstile breiten sich über mehrere Schichten aus und in ihnen sind verschiedene Schichten zu finden. Auch besteht eine soziale Schicht aus mehreren Lebensstilen. Insofern erweist sich der Lebensstilzugang als ein eigenständiger Zugang, um die Bevölkerung zu kategorisieren.

Alle diese Lebensstilstudien zeigen die Pluralität einer Gesellschaft auf. Sie sind Ausdruck des Wertewandels, der zwischen 1965 und 1975 stattgefunden hat. Diese Pluralität kam früher nicht zum Vorschein. Selbstverwirklichungs- und Selbstentfaltungsstile sind ein Produkt des ausgehenden zwanzigsten Jahrhunderts. Auch die Erlebnisorientierung gehört dazu. Lebensstilstudien zeigen soziale Ungleichheiten, die auf kulturellen, symbolischen

130

Unterschieden beruhen. Sie konzentrieren sich auf die Art und Weise, wie man seine materiellen Ressourcen einsetzt. Es kommt auf die Werthaltungen, auf Einstellungen an, die bestimmen, wie man sein Geld ausgibt. Es kommt auf das Milieu an, in dem man sich bewegt, das einem vorgibt, wie man das Geld ausgeben soll, welche Produkte Symbolwert besitzen und die Person dann als zugehörig oder fremd ausweisen.

Nicht alle traditionellen Schichtmerkmale werden aber unwichtig. Es ist vor allem die Bildung, durch die sich die Menschen nach wie vor wesentlich unterscheiden. Leute mit hoher Schuldbildung verhalten sich anders als Leute mit geringerer Schulbildung. Bildung ist das wesentlichste Unterscheidungskriterium in der Gesellschaft. Sie trägt erheblich dazu bei, welchem Lebensstil man angehört.

Noch ein weiteres Unterscheidungskriterium erweist sich als wichtig: das Alter. Dabei ist es weniger das Alter als solches, sondern vor allem die Phase des Lebenslaufs, in der man sich befindet. Lebt man in einer Familie mit Kindern, so verwirklicht man andere Lebensstile als Singles, gleichgültig, ob man diese Familie im Alter von 25 Jahren oder von 40 hat. Wichtig ist auch die Pensionierung, gleichgültig ob sie mit 50 oder mit 65 erfolgt. Natürlich erlaubt zunehmendes Alter nicht mehr jede körperliche Anstrengung, wodurch sich sicherlich auch hier Einschränkungen für mögliche Stile ergeben. Trotzdem: So deutlich und stabil das Ausmaß an Bildung die Bevölkerungsgruppen voneinander unterscheidet, so deutlich tut es das Alter – außer natürlich in den Extremen des Kindesalters und des hohen Alters – nicht. Bildung bleibt neben dem Lebensstil ein wesentliches Unterscheidungsmerkmal in der Lebensstilgesellschaft.

Lebensstile in Osteuropa

Ende der Neunzigerjahre wurde es auch möglich, Lebensstilstudien in osteuropäischen Ländern durchzuführen. Das österreichische Fessel Institut entwickelte Instrumente zur Erfassung von Lebensstilen, im konkreten Fall als Mentalitäten bezeichnet, in osteuropäischen Gesellschaften.

Die Studie, auf die ich mich hier beziehe wurde 1997 in sieben europäischen Ländern durchgeführt[14] und zwar in Ungarn, Polen, der Tschechischen Republik, der Slowakei, Bulgarien, Rumänien und Russland. Vereinzelt (z.B. für Bulgarien) gibt es auch Nachfolgestudien. Die Studie ist in allen Ländern repräsentativ. Notwendig wurde sie deswegen, weil die (westeuropäischen) Eurostyles nicht die Situation in den neuen Demokratien abgebildet haben. So wurden besondere Fragen, die in der Formulierung der Situation in den Ländern angepasst waren, zu den Themen der wichtigen Lebensbereiche, zum nationalen Selbstbewusstsein, zu Zufriedenheit mit dem Einkommen, Einstellungen zu Religion, Politik und Gesundheit und Ähnlichem erhoben.

---

14   Siehe http://www. fessel.gfk.at, bzw. die Analyse in Richter 2002.

Die Bevölkerung wurde nach diesen Indikatoren zu Gruppen (Cluster) zusammengefasst, die als Mentalitäten bezeichnet wurden. Es ergaben sich folgende fünf Mentalitäten:

Die „Re-Rootings"

Befragte, die zu diesem Typus gehören, fühlen sich von allem, was neu ist, bedroht. Sie scheuen das Risiko und ziehen sich auf sich selbst zurück. Geld spielt eine wichtige Rolle in ihrem Leben, sie sind stark materialistisch orientiert. Sie fühlen sich sehr betroffen und besorgt durch den Verlust traditioneller Werte und zeigen wenig Vertrauen in gegenwärtige Institutionen. Sie empfinden großes Verständnis für nationalistische Bewegungen und glauben nicht, dass der Westen Lösungen für ihre Probleme schaffen wird. Es sind eher ältere Leute, die dazugehören, mit großen Familien. Vom Beruf her zählen überdurchschnittlich viele Arbeiter dazu, oder auch Pensionisten. Ihr Einkommen ist gering. Sie sind von ökonomischen und sozialen Privilegien eher ausgeschlossen.

Die „Newcomer"

Die „Newcomer" bilden eine weitere typische Gruppe in diesen Ländern. Es sind die Neulinge, wie der Name schon sagt, die in der sich entwickelnden Gesellschaft entstehen, die sich nicht nur darin zurechtfinden, sondern sie auch mitgestalten. Sie sind überzeugt von neuen Werten gegenüber den ihnen früher aufgezwungenen kommunistischen. Zwar wollen sie ihre nationale Identität behalten, aber sie befürworten die westliche Art des Wirtschaftens. Sie sind an einer aktiven Beteiligung an der Politik interessiert. Zu ihnen gehören vor allem jüngere Personen, Studenten, aber auch jüngere Angestellte und Beamte, vorwiegend aus den Städten. Sie stehen derzeit finanziell gut da, sind dynamisch, übernehmen Risiko und sind äußerst erfolgsorientiert. Sie wollen originell sein und für ihre Verdienste auch beachtet und belohnt werden. Sie sind auch umweltorientiert, achten auf ihr eigenes Aussehen und ihre Gesundheit.

Die „Etablierten"

Die „Etablierten" sind idealistisch orientiert. Sie sind um Sicherheit bemüht, um Ausgleich und Harmonie in ihrem Leben. Sie sind pflichtbewusst, aber keineswegs überdurchschnittlich materialistisch orientiert. Sie sind neugierig, was auf der Welt geschieht, unterhalten sich gerne und befürworten Kreativität und Originalität, wenn auch nicht überschwänglich. Sie sind einerseits dynamisch, andererseits aber auch konformistisch und passiv. Sie verlangen nach einem gemeinsamen Ziel in der Gesellschaft. Sie treten für freies Unternehmertum ein. Sie erweisen sich als umweltbewusst. Ein Teil dieser Gruppe sucht nach neuen Lebensstilen, andere halten sich eher an konservative Werte. Überdurchschnittlich häufig gehören jüngere und Leute mittleren Alters zu dieser Gruppe. Sie haben relativ hohes Einkommen und arbeiten als mittlere oder höhere Angestellte, hauptsächlich in den großen Städten.

Die „Traditionalisten"

Die „Traditionalisten" sind, wie der Name schon andeutet, an traditionellen Werten interessiert. Sie sehnen sich nach einem ruhigen Leben aber akzeptieren auch passiv, was so in ihrem Leben geschieht. Sie sorgen sich sehr um ihre Gesundheit, leben eher puritanisch und sind sehr pflichtbewusst und solidarisch. Sie sind gegen die neuen materialistischen Werte und halten an Traditionen fest. Sie sind autoritätsgläubig und wollen unbedingt ihre nationale Identität erhalten. Sie sind trotzdem mehr für Dialog als für Gewalt. Ältere Leute über 50 aus der Arbeiterklasse, Landwirte oder Pensionisten gehören überdurchschnittlich oft zu den Traditionalisten. Sie haben ihre Leben hindurch eher geringes Einkommen gehabt.

Die „Winner"

Die „Winner" sind die Profiteure des neuen entstehenden liberalen Kapitalismus. Aber sie lieben ein zwangloses Leben, kümmern sich kaum um die Zukunft, sondern wollen das Leben jetzt und hier genießen. Sie sind für alles, was neu ist. Sie sind kosmopolitisch orientiert. Ein Teil von ihnen will durchaus so leben wie traditionell gewohnt, aber ebenso werden sie von der Attraktion einer ungewissen Zukunft angezogen. Sie zählen nur auf sich selbst, wenn sie Probleme lösen wollen. Überdurchschnittlich häufig finden sich Personen unter 40 in ihrer Gruppe, durchaus in unterschiedlichen Lebensformen lebend, Singles, Paare, Studenten, mittleres Management. Sie verfügen über ein durchschnittliches Einkommen und leben in kleinen oder durchschnittlich großen Familien.

Diese Stile wirken sich auf die Stabilität und Integration der Gesellschaft begreiflicherweise aus.

Nach den erwähnten Charakteristika können wir die „Etablierten" am ehesten als Mittelstand verstehen. Vielleicht ist aber Mittelstand zuviel gesagt, denn das Wort „Stand" spiegelt Einheitlichkeit vor. Es gehören aber durchaus verschiedene Wertvorstellungen zu dieser Bevölkerungsgruppe, konservative wie eher am Neuen orientierte. Das Entscheidende ist, dass beides nicht in missionarischer, radikaler Art vorkommt, sondern als ein, fast möchte ich sagen: dezent, aber durchaus selbstbewusst vertretener Wert. Sie verdienen relativ viel und gehören so gesehen zu den oberen Mittelschichten. Wichtig ist aber für ihre Einschätzung, dass sie ein ruhender, sicherer Pol in der Gesellschaft sind.

Die aufsteigenden „Newcomers" ergreifen vor allem die ökonomischen Möglichkeiten der neuen Gesellschaften, sie sind karrierebewusst. Wichtig aber scheint bei ihrer Einschätzung zu sein, dass sie durchaus zukunftsorientiert sind. Sie wollen Geld machen, aber auch über ein stabiles Einkommen verfügen. Das unterscheidet sie von den „Winners", die eher in den Tag hinein leben, das Leben genießen wollen und politisch wenig interessiert sind. Auch ihre Zusammensetzung ist nach Werthaltungen eher heterogen, aber sie sind stärker zwischen Vergangenheit und Zukunft hin und her gerissen, es ist ein geringere Wertstabilität als bei den Etablierten zu beobachten.

„Winners" sind politisch schwer einschätzbar und eher eine weniger integrierende Gruppe.

Die „Traditionalisten" sind vermutlich eher eine zurückgehende Gruppe. Sie kommen mit der neuen Welt nicht zurecht und sind in der Vergangenheit verankert. Sie sind das retardierende Element in der Gesellschaft.

Für die Stabilität wohl am problematischsten sind die „Re-Rootings", die entwurzelt erscheinen, sich am liebsten in der Vergangenheit verankern würden. Sie sind sozial und ökonomisch depriviert, zumindest der Tendenz nach. Sie sind also mehr oder weniger ausgeschlossen von der Gesellschaftsentwicklung und deswegen ein destabilisierender Faktor in der Gesellschaft.

Sehr grob kann man daher sagen, dass Gesellschaften, in denen die Etablierten und Newcomer überwiegen, stabiler sein werden, als solche in denen die Re-rootings überwiegen.

Die folgende Tabelle gibt einen Überblick, wie die Stile in den einzelnen Ländern 1997 verteilt waren.

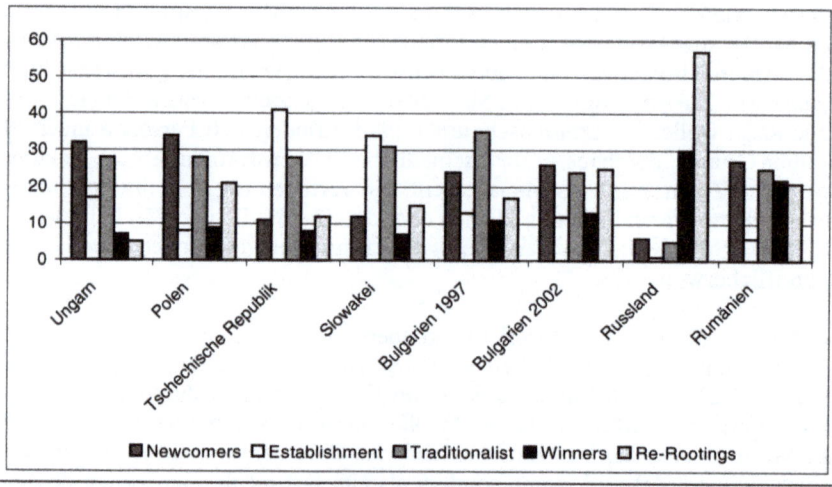

	Ungarn	Polen	Tschechische Republik	Slowakei	Bulgarien 1997	Bulgarien 2002	Russland	Rumänien
Newcomers	32	34	11	12	24	26	6	27
Establishment	17	8	41	34	13	12	1	6
Traditionalist	28	28	28	31	35	24	5	25
Winners	7	9	8	7	11	13	30	22
Re-Rootings	5	21	12	15	17	25	57	21

Quelle: Fessel-GFK. Mentalities 1997. Richter 2002.

134

Demnach erweist sich Russland als besonders instabile Gesellschaft. Mehr als die Hälfte gehören den „Re-Rootings" an, fast ein Drittel den „Winners". Das sind Mentalitäten, die am wenigsten zu einer Integration der Gesellschaft beitragen. Russland hat noch einen langen Weg zu einer stabilen Gesellschaft zu gehen. Rumänien ist zwar schon weiter fortgeschritten, zeigt aber ebenfalls noch einen hohen Anteil an traditionellen oder weniger integrierten und gefestigten Mentalitäten.

Sehr uneinheitlich zeigt sich auch Polen. Dort gibt es auffallend wenige „Etablierte". Vielen „Newcomers", die sich an der modernen Wirtschaft orientieren, stehen auch viele Traditionalisten gegenüber. Das gilt ebenso für Ungarn, allerdings nur bedingt. Denn hier gibt es doppelt so viele „Etablierte" wie in Polen und die „Re-rootings" sind äußerst gering vertreten. Ungarn erscheint so als ein stabiles, ökonomisch aufstrebendes Land. Tschechien und Slowakei zeigen ein ähnliches Profil. Hier hat sich bereits eine solide Mittelschicht entwickelt.

Für Bulgarien liegen auch Vergleichsdaten für 2002 vor, die eventuell eine mögliche Entwicklung aufzeigen. 1997 gab es noch über ein Drittel „Traditionalisten", aber auch immerhin ein Viertel „Newcomers" und einen ähnlichen Prozentsatz an Personen wie in Polen, die den eher instabilen Mentalitäten angehörten. Die wesentlichste Verschiebung von 1997 auf 2000 hat sich dabei von den Traditionalisten zu den „Re-Rootings" ergeben. Die Abnahme der Traditionalisten entspricht durchaus der Entwicklung zu einer fortgeschrittenen demokratischen Gesellschaft. Die traditionellen Werthaltungen nehmen ab. Allerdings ist immer die Frage, in welche Richtung sie sich bewegen. Im Fall des Beobachtungszeitraums in Bulgarien scheint sich der Teil eher zu den Entwurzelten zu bewegen. Für diese Traditionalisten gilt: Die traditionellen Werthaltungen werden nicht durch neue ersetzt, sondern es kommt eher zu einem Zustand der Orientierungslosigkeit.

Globale Stile und Regionalismen

Es gibt zumindest zwei Gruppen von Menschen, die weltweit sofort erkennbar sind: Topmanager und Touristen. Das sind die globalen Lebensstile des 21. Jahrhunderts.

Sie sind identifizierbar. In jeder Stadt, an jedem Flughafen, wird offenkundig, ob es sich um Manager oder Touristen handelt. Sie sind zunächst an den Accessoires erkennbar.

Globale Stile haben eine gemeinsame Umwelt, sie bewegen sich in einer für sie geschaffenen, präparierten und adaptierten Infrastruktur. Die Flughäfen ähneln einander und in den Fast-Food-Ketten kann man sich leicht orientieren und ohne Kenntnis der Landessprache das Gewohnte bestellen. Nicht nur, weil die Piktogramme, die den Burger zeigen, keine Sprachkenntnis voraussetzen, auch weil das Personal international zusammengesetzt ist und zumindest Englisch versteht. Manchmal blinkt Lokalkolorit hervor. Es wird so getan, als gäbe es Regionalismus. Der Hamburger wird zeitweise und lokal zum Mexican Burger und in Europa feiert man folkloristisch „Los Wochos".

Die Managerstil

Der elektronische Taschenkalender mit E-Mail-Anschluss gehört fast zum Standardrepertoire jedes Managers. Der Laptop im Aktenkoffer, der beim Gate bearbeitet wird, gleich im Flugzeug eingeschaltet und nur für die kurzen Unterbrechungen des Start- und Landeflugs ausgeschaltet wird, ist ein weiteres Kennzeichen. Das Verhalten ist auch überall das gleiche. Das hektische Anrufen beim Gate, noch vor dem Einstieg ins Flugzeug, das Verstecken hinter der Financial Times oder das eifrige Durchsehen von Papieren. Die obersten Topmanager haben eine Schar von Sekretären und Sekretärinnen um sich, sie selbst geben bestenfalls Anweisungen und tragen überhaupt keine störenden Accessoires mit sich. Sie befinden sich auch nie in der normalen Flughafenhalle, immer in der VIP-Lounge, fliegen zumindest Business-Class, wenn nicht erster Klasse, und werden mit einer Limousine zum Flugzeug gebracht und von dort abgeholt.

Die Architektonik der Flughäfen täuscht wenig Lokalbezogenheit vor. Hier geht es um Bewegung, um Mobilität, um Verknüpfung, nicht um Lokalbezug. Flughäfen sind Symbole der globalisierten Stile. In ihnen bewegen sich die Managereliten genauso wie die Touristen. Sie sind überall gleich. Die Architektur ist zum Verwechseln ähnlich. Der Flughafen in Abu Dhabi mag pompöser und glanzvoller sein als der Flughafen in Los Angeles. Aber er könnte auch woanders so errichtet worden sein und keiner würde meinen, dass damit eine Kultur verpflanzt worden wäre.

Hotelketten kommen dazu. Sie schaffen Erwartbarkeiten. Das Zimmer im „Holiday Inn" in New York sieht genauso aus wie das in Porto in Portugal, wie das in Shanghai oder in Nairobi.

Das kommt beiden globalen Lebensstilen zugute: Managern wie Touristen. Man bewegt sich in gewohnter Umgebung. Für Manager, die häufig in wechselnden Hotels wohnen, ist das essentiell: Man muss sich nicht laufend auf neue regionale Gegebenheiten einstellen und kann sich auf das Wesentliche konzentrieren: das Geschäft.

Die Managereliten finden eine Infrastruktur vor, die überall die gleiche ist. Die immergleiche Anordnung in den Flughäfen erleichtert die Orientierung ungemein. Kaum verlässt man das Flughafengebäude, setzt man sich in ein Taxi, das einen zur Firma bringt. Auch hier gleicht ein Konferenzsaal dem anderen. Es ist sehr leicht auszumachen, welcher Saal als Konferenzsaal gilt, man weiß in Texas wie in Peking, wie man sich darin bewegt, wo der Vorsitzende sitzen wird und man selbst Platz finden muss.

Diese gleiche Umgebung erwartet einem auch in den Hotelketten. Die Rituale der Begrüßung, Zimmerverteilung und des Auscheckens sind weltweit dieselben.

Der amerikanische Soziologe George Ritzer hat die „McDonaldisierung der Gesellschaft"[1] beschrieben. Die amerikanische Gesellschaft sieht er nach den Grundkriterien des Fast Food organisiert. Effizienz, Kontrolle, Berechenbarkeit und Vorhersagbarkeit sind die Grundpfeiler der McDonaldisierung. Das sind auch die Grundpfeiler der globalen Stile. Es sind ihre distinktiven Merkmale.

Es ist effizient, wenn alle Hotels gleich aussehen, weil nicht verschiedene Varianten überlegt und gebaut werden müssen. Man kann von einem Schema ausgehen.

Auch sind die Kosten berechenbar und kalkulierbar. Die Zimmerpreise in den Hotelketten orientieren sich mit geringfügigen Adaptionen an der Kaufkraft der Manager, nicht an dem Durchschnittsgehalt der ansässigen Bevölkerung. Die Preise sind weltweit annähernd gleich, mit kleinen Schwankungen. Sie bieten auch annähernd gleichen Komfort.

Die Gleichheit der Hotelpaläste schafft Vorhersagbarkeit. Man weiß, wie man empfangen wird, weltweit werden an der Rezeption die gleichen Sätze aufgesagt, die gleichen Fragen gestellt, es wiederholen sich die gleichen

---

1   Ritzer 1995b

138

Worte. Sie könnten in einer fremden Sprache zu uns sprechen und wir würden die Angestellten in der Rezeption verstehen. Sie sind gerade in internationalen Hotelketten auch international zusammengesetzt, keineswegs ist nur Personal aus dem Land angestellt.

Und es herrscht Kontrolle. Das Aussehen des Personals wird kontrolliert, der Haarschnitt und die Länge der Fingernägel. Auch der Gast unterliegt der Kontrolle, indem er einen Meldezettel ausfüllen muss, mehr aber noch, wenn er die Kreditkarte zur Bezahlung verwendet. Dann ist klar, was er konsumiert hat und dies ist nicht nur auf der Hotelrechnung gespeichert, sondern auch von der Kreditkartenfirma nachvollziehbar. Die Hotels werden automatisch überwacht. Es gibt Kontrollzettel über die Zimmerreinigung.

Die McDonaldisierung ist gleichsam der Eckpunkt globaler Stile.

Der Tourismusstil

Was im Berufsbereich der globale Stil des Managers ist, ist in der Freizeit der globale Stil des Touristen. Sie sind ebenso wie Manager in der Regel sofort zu erkennen. Sie tragen überall unpassende Kleidung. Sie landen bei 30 Grad Hitze mit langer Hose und kommen bei 15 Grad mit Shorts zurück. So würden sich Touristen im Alltagsleben in ihrer eigenen Umgebung nie kleiden. Sie sind ganz begeistert vom Flugservice oder bemängeln dieses. Sie stürzen sich auf die kostenlosen Getränke, beginnen einander im Flugzeug zu knipsen. Die immer wieder gleiche unvergessliche Flugreise. Machte man sich früher in Europa über die Amerikaner in bunt karierten Hosen und ebenso schillernden Hemden lustig, so hat sich dieser Stil heute angeglichen. Wer im Sommer im Zentrum einer Großstadt mit Bermudas herumläuft, ist höchst wahrscheinlich ein Tourist. Wer auch in glühender Hitze Anzug und Krawatte trägt, ein Manager.

Vorwiegend sind Touristen in südlichen und sonnigen Gebieten anzutreffen. Dann gibt es den unvermeidlichen Sonnenhut, die Shorts, die vor allem in arabischen Ländern unangenehm auffallen und zumeist bunte Kleidung. Natürlich gibt es Unterschiede. Japaner fotografieren viel öfter als andere und scheinen sich besonders häufig ausschließlich in Gruppen zu bewegen. Aber auch sie nutzen eine ähnliche Infrastruktur.

Touristische Infrastruktur ist in den Städten an den großen, überdeutlichen Ankündigungen der Gaststätten zu erkennen, die im Extremfall sogar ein Touristenmenü anbieten. Im Freizeitbereich ist die Infrastruktur ebenfalls gleich, zumindest substanziell. Die typische Touristeninfrastruktur der Gegenwart sind Hotelressorts und Clubs mit integrierter Animation. Große Anlagen, die eine umfangreiche Freizeitinfrastruktur bieten. Sie sollen den völligen Gegensatz zur Berufswelt darstellen. In den All-Inclusive Anlagen ist Geld ausgeschalten. Man hat schon alles bezahlt und lebt den Schein eines Schlaraffenlands: Trinken und Essen im Überfluss und es kostet nichts. Dazu gibt es alle möglichen Freizeitangebote, zumeist natürlich Sport und abends Unterhaltung, manchmal auch kulturelle Angebote: Die einheimische Sprache lernen, zeichnen, fotografieren, malen. Für die Kinder sind eigene Bereiche vorgesehen. Das Urlaubsleben wird durchorganisiert, der Tourist muss nur mehr genießen.

Eine neuere Entwicklung in diesem Bereich, wahrscheinlich die Zukunft des Tourismus, stellen die Erlebniszentren dar: Themenparks, spezialisierte Disneylands, die Illusionen der Wirklichkeit erzeugen. Themenparks simulieren die Wirklichkeit, man kann gefahrlos die Gefahren des Dschungels überstehen. Obwohl sie kulturspezifisch sein können – in Japan gibt es solche, die nur der Erfahrung der eigenen fünf Sinne dienen und keine Unterhaltung anbieten – sind sie doch substanziell global, sie haben überall das gleiche Kennzeichen. Es wird eine bestimmte Realität vorgespiegelt, die es so nicht gibt, die aber durchaus für den Touristenstil ausreichend ist. Man hat zum Beispiel die Illusion in einem alpinen Dorf zu sein, mit alten Häusern, einem Müller und einem Bäcker. Vielleicht kommt man auch auf die Idee mitzuarbeiten. Aber alles ist organisiert. Der Bäcker ist Angestellter einer Handelskette und der Bauer Angestellter der Genossenschaft. Er arbeitet hier im Sommer im Nebenerwerb.

Aber mehr noch als kulturspezifische sind amerikanisierte, internationalisierte Themenparks gefragt und vorhanden. Disneyland gibt es nicht nur in Florida und Los Angeles sondern auch in der Kulturstadt Paris. Disneyland und Erlebniswelt sind überall.

Alles kulminiert in Las Vegas. Die Stadt ist ein globalisierter Erlebnispark. Man kann in einer ägyptischen Pyramide (Luxor Hotel) genauso übernachten wie in Manhattan (Hotel New York) oder Venedig (The Venetian). Überall gibt es die gleichen Supermarkt- und Fast-Food-Ketten. Die Wohnungen der Bevölkerung sind genauso wie die Dienstbotenzimmer in den Hotels unsichtbar. Las Vegas glänzt nach außen. Wie dieser Glanz zustande kommt, danach wird nicht gefragt.

Tourismus ist der Prototyp eines globalisierten Lebensstils. Individualisiert ist er auf besondere Weise. Er ist temporär. Er prägt nicht die Identität einer ganzen Persönlichkeit, man schlüpft in diesen Stil nur für kurze Zeit. Vielleicht nicht einmal jedes Jahr. Der Individualisierung entsprechend, gibt es auch hier Vielfalt. Vom so genannten Individualurlaub bis zum kollektiven Abenteuerurlaub und natürlich den All-Inclusive Clubs gibt es die unterschiedlichsten Angebote. Manche mögen sagen, dass doch alles das Gleiche ist. Aber selbst die vorgespiegelte Mannigfaltigkeit ist sicherlich noch mannigfaltiger als das Tourismusangebot in den Sechzigerjahren des 20. Jahrhunderts.

Pluralisierung schließt aber eine gewisse kollektive Komponente nicht aus: Viele teilen diesen Stil und er ist verbindlich. Man weiß, wie man sich als Urlauber, besser: als Tourist, verhalten muss.

Es ist äußerst schwer, aus dem Touristendasein auszubrechen und den Touristenkodex zu verletzen. Das zeigt sich etwa darin, dass man kaum einheimische Lokale aufsuchen kann. Nicht nur weil man All-Inclusive gebucht hat und der Reiseführer nur zu den für internationale Kunden verträglichen Plätzen führt. In vielen Fällen wird es von Einheimischen gar nicht gewünscht, dass man deren Treffpunkte aufsucht.

Die Grundpfeiler der McDonaldisierung sind auch die Grundpfeiler des Tourismus als globalem Lebensstil.

Auch dieser ist durch Effizienz, Kontrolle, Vorhersagbarkeit und Berechenbarkeit gekennzeichnet. Prototyp für diese Art von Tourismus sind die All-Inclusive Touren, die immer beliebter werden.

Sie sind effizient. Alles ist beisammen. Man muss nicht weite Wege zum Restaurant zurücklegen, jede Überlegung, wohin man essen geht, entfällt. Das mannigfaltige Buffet steht wie erwartet bereit.

Der Urlaub ist auf weite Strecken vorhersehbar. Der Ablauf ist in allen Hotels identisch. Vom Einchecken bis zum Auschecken läuft jeder Urlaub ab wie der letzte, in Thailand, wie in der Türkei, in Malaysia oder in Griechenland. Die Zimmer sehen vertraut aus. Das Doppelbett mit Blick auf die Anrichte mit dem Fernseher. Wie gehabt.

Kontrolliert sind nicht nur die Angestellten, wie überall in den großen Hotels, kontrolliert ist auch der Gast. Er bleibt im Club, Ausflüge sind organisiert. Sie sollten nicht individuell unternommen werden. So hat man die Touristen übersichtlich im Griff. Damit es keine individuellen Besonderheiten gibt, werden Trinkgeldbehälter für alle aufgestellt. So werden extreme Abweichungen nach oben vermieden.

Vor allem ist der All-Inclusive Urlaub berechenbar. Man zahlt einmal im Reisebüro und weiß, dass man kein Geld mehr ausgeben muss. Man müsste nicht einmal Geld wechseln, in die Trinkgeldbüchse gibt man Euros oder Dollar, die werden überall gerne genommen.

So kann man den Urlaub genießen.

Die McDonaldisierung ist ein Kennzeichen des globalen Lebensstils des Tourismus.

Regionalismen

Globalisierte Stile sind ambivalent. Sie lassen immer auch Lokalkolorit durchscheinen. Es scheint gerade eine Eigenheit der Globalisierung zu sein, dass sie auch Regionalbezug vorspielt. Das ist ihre Stärke. Wie die katholische Religion Fuß fassen konnte, indem man dem Volksglauben durch eine Unzahl von regionalen Heiligen entgegenkam, so lockt McDonalds mit dem Mexicoburger. Fraglich ist allerdings, ob er die Mexikaner oder die Touristen anspricht. In jedem Land gibt es eine Spezialität und die Werbung selbst zeigt statt einem Cowboy einen Gaucho. Oder einen buddhistischen Mönch.

Die Einheitlichkeit der globalen Lebensstile überdeckt regionale Besonderheiten. Lokale Gewohnheiten werden in einem Knigge zusammengefasst.

141

Die Reiseführer beinhalten Kapitel über Verhaltensregeln der jeweiligen Länder. Selbst die Reisebüros verteilen Broschüren mit solchen Verhaltensregeln. So kann man sich ein Bild davon machen, wie sich ein Tourist den örtlichen Gegebenheiten anpassen soll. Natürlich ist auch das wieder gleichgeschaltet: denn die Einheimischen werden sofort erkennen: Das ist ein Tourist, der sich wie wir verhalten will.

Die Dörfer der Touristen sind der Architektonik des Landes angepasst. Die Touristenclubs greifen typische regionale Stile auf. Auch wird darauf Bedacht genommen, dass einheimisches Personal bedient. Nicht bei der Rezeption, aber im Speisesaal. Es werden folkloristische Veranstaltungen angeboten. Den Speisen ist die regionale Schärfe genommen, aber doch nicht so weit, dass man sie nicht noch als regionale erkennen könnte.

Globalisierung und Regionalisierung gehören zusammen.

Auch bei der Managerelite. Da erfreut man sich abends am einheimischen Restaurant. Man hat auch im Knigge für Manager über Verhaltensgewohnheiten im Land nachgelesen. Mit Italienern rede man zuerst über die Familie, Asiaten lächeln immer, Aufstoßen bei Tisch ist ein positives Zeichen in Taiwan. Skandinavier kommen ohne lange Einleitungsworte gleich zur Sache. Man wendet die Regeln an und stellt erstaunt fest, dass sie stimmen. Man weiß nur nicht, ob nicht die offensichtliche Anwendung der Regeln eben jenes Verhalten erst erzeugt, von dem man annahm, es sei authentisch. Auch hier kommt Regionalbewusstsein durch.

Regionalbezug in Europa ist ein Kennzeichen der Verstädterung, eine Sentimentalität des urbanen Lebens. Eine Studie in Österreich zeigte: Nicht die Landbewohner richten sich rustikal ein, sondern die Städter.[2] Leute aus Industriegemeinden bevorzugen eher einen rustikalen Stil als Bauern in Agrargemeinden. Und natürlich gehört in den alpinen Regionen rustikaler Stil zum Fremdenverkehr.

Hier wird Regionalismus kultiviert. Der globale Stil im Fremdenverkehr kehrt seine regionale Innenseite nach außen. Die Dorfidylle wird gezeigt, dahinter gelten die Regeln des globalen Wirtschaftslebens.

Es entstehen auch regionale Stile, Regionalismus wird inszeniert. Auffällig ist dies in der Populärkultur, insbesondere in der Jugendkultur. Volksmusik hatte schon immer einen großen Zulauf, dieser wurde durch die Verbindung mit Schlagermusik nochmals vermehrt. Die Zillertaler Schürzenjäger sind ein typisches Beispiel dafür. Sie bewegen sich aber im Wesentlichen auf der Ebene der Volksmusik. Anders bei Gruppen wie den Alpinkatzen von Hubert von Goisern, die in den Achtzigerjahren des zwanzigsten Jahrhunderts entstanden. Hier wird die Volksmusik zum Kunstschlager, zur Popmusik und bekommt auch von jungen Popfans Zulauf. Sie ist jugendliche Populärmusik, vergleichbar mit Rap, Hip-Hop oder Techno. Es ist jedenfalls wie-

---

2 Richter; Pevetz 1993

142

der in, regional zu denken, wenn auch die regionalen Musikstile Merkmale globaler Popkultur erhalten.

Regionalstil wird im ländlichen Raum zur Dorferneuerung. Man besinnt sich heute wieder verstärkt auf lokale Traditionen. Die Pizzahütte wird wieder durch das traditionelle Wirtshaus ersetzt.

Dorfbewusstsein tritt gegenüber urbanem Denken wieder stärker hervor. Ländliche Stilelemente fließen in die städtische Moderne ein. Die Trachtenmode, modern modifiziert, ist durchaus populär. Sie war, was Österreich betrifft, nie richtig out. Der so genannte Salonsteirer, ein für die urbane, nicht ländliche Bevölkerung geschnittenes Trachtengewand, hatte schon früh Saison. Dazu kommt die Mode der geländegängigen Wagen, die wahrscheinlich nie off-road fahren. Die amerikanischen Jugendlichen schwärmen für Pick Ups, aber die Ladefläche darf nicht beladen werden. Das könnte sie beschädigen.

Traditionelle Werthaltungen wirken stilbildend. Innerhalb der einzelnen Staaten entstehen plötzlich selbstbewusste Ethnien. Auf einer weitgefassteren Ebene hat dies wiederum mit neuem Nationalismus in Europa zu tun.

Das bringt uns zur Frage, ob vielleicht doch die globalen Stile wieder in einen Regionalismus zurückfallen. Dafür gibt es aber kaum Anhaltspunkte. Regionalismus mag zum Accessoires werden, aber auf längere Sicht überleben regionale Stile nur, wenn sie globalisierbar sind. Im kommerziellen Bereich der Folklore und der Volksmusik ist das zu bemerken. Amerikanische Country Musik und der alpenländische Musikantenstadl liegen auf einer Ebene. Sie erzeugen für ein Massenpublikum die Illusion regionaler Verbundenheit. Das scheint auf großen Widerhall zu stoßen. Nicht nur Sendungen in dieser Sparte haben hohe Zuseherzahlen, es gibt auch eigene spezielle Zeitschriften. Auch diese Lokalspezifität ist strukturell globalisiert. Der Musikantenstadl spielt in Australien oder China österreichische Mentalität vor, er gehorcht den Elementen der Globalisierung. Es singen keine echten Cowboys die millionenfach aufgelegte Country Musik, genauso wenig wie Tiroler Bergbauern die Lieder der Zillertaler Schürzenjäger. Lokalbezug ohne globale Orientierung hat keine Überlebenschance.

Lokale Stile werden immer wieder auftauchen, als Erinnerung, als Sentimentalität, im politischen Sinn als Extremismus. Sie sind aber nur kurze Anmerkungen zum Skript globaler Stile.

Der Prozess der Globalisierung dominiert, auch wenn Ambivalenz verspürt wird, die mit dem Begriff „Glokalisierung"[3] erfasst werden soll. Lokale Besonderheiten werden wichtig, für das private Leben, für die persönliche Identität. Aber das darf nicht darüber hinwegtäuschen, dass gesellschaftsbestimmende Prozesse heute global sind.

---

3 Robertson 1992

Ausblick

Neue Gruppen

Was uns auffällt, wenn wir im Alltag „Gesellschaft" betrachten, sind einzelne Menschen. Aber sehr selten sehen wir in ihnen unverwechselbare Individuen. Wir etikettieren sie und ordnen sie Typen zu. Das geschieht rasch und oft unbewusst. Die Einordnungen sind vielfach. Der uns begegnende Mensch kann uns freundlich oder sympathisch oder abweisend erscheinen. Wenn er uns als solcher erscheint, dann auf Grund bestimmter Merkmale. Das können die Gesichtszüge sein, das kann die Gangart sein, das kann auch die Kleidung sein. Wenn wir Merkmale identifizieren, dann haben wir gleichsam verallgemeinert und können mehrere Menschen mit diesen Merkmalen klassifizieren. Damit ist nichts anderes geschehen, als dass wir sie typisiert haben. Für einen freundlichen Menschen könnte zum Beispiel gelten, dass der Mund ein leichtes Lächeln andeutet. Das wäre dann „typisch" für Freundlichkeit. Wenn wir diese Merkmale mehreren Menschen zuordnen, dann gewinnen wir den Eindruck, es gibt eine bestimmte Gruppe von Menschen, die Merkmale teilen. Bestimmte Typen bilden gemeinsam eine gesellschaftliche Gruppe. Auch wenn wir selbst glauben, unverwechselbar zu sein, wir werden Typen, Kategorien, Gruppen – wie immer wir das nennen wollen – zugeordnet, wie wir es selbst mit anderen mehr oder weniger bewusst auch tun.

Was sind solche Zuordnungsmerkmale? Individuell werden wir sie rasch benennen können. Es ist das Aussehen, die Sprache, die Art, wie eine Unterhaltung geführt wird, die Körperhaltung und vieles andere mehr. Manchmal können wir es vielleicht nicht ganz genau sagen, aber wir „fühlen" sozusagen, welchem Typus das Gegenüber zuzuordnen ist. Dafür sind die sogenannten „subtilen" Unterscheidungsmerkmale verantwortlich, wie ich sie nennen möchte.[1] Diese sind uns oft unbewusst, aber wir können nach ihnen die Personen rasch einordnen. Sie sind für uns so selbstverständlich geworden, dass wir nicht lange darüber nachdenken müssen. Das Timbre der Sprache, die Wortwahl, die Gesichtszüge, durchaus auch die Kleidung und das Aussehen gehören zu diesen subtilen Merkmalen.

---

1   Vgl. Richter 1989

Nun mag noch interindividuell große Übereinstimmung bei manchen Merkmalen bestehen. Tiefe Sprache klingt beruhigend, eine Altstimme bei Frauen oft sexy, ein männlicher Bass Ehrfurcht gebietend und väterlich. Bei anderen Merkmalen wiederum wird das keineswegs so selbstverständlich sein. Kleidung kann dafür ein Beispiel sein. Die einen finden eine Jean immer passend, andere nur, wenn es eine Designerjeans ist, Dritte finden dieses Kleidungsstück überhaupt unpassend. Für manche gelten ausgewaschene Hosen als schick, für andere als schlampig. Einige mögen sich freuen, Menschen in Städten in Trainingsanzügen herumgehen zu sehen und finden das salopp, für andere ist das eine Unsäglichkeit. Es wird heute kaum eine Einigung in allen gesellschaftlichen Gruppen darüber zu finden sein, was nun passende Kleidung ist. Das Gleiche gilt für alle möglichen äußeren Merkmale, für Essgewohnheiten, Freizeitgewohnheiten, Urlaubsziele, Wohnungseinrichtung und vieles andere mehr. Es gibt eben verschiedene Geschmäcker.

Aber die Sache wird noch komplizierter. Manche Merkmale sind für manche Menschen belanglos. Sie kategorisieren nicht nach diesen Merkmalen. So muss man keineswegs die Kleidung beachten, Essgewohnheiten können einem für die Beurteilung eines Menschen höchst egal sein, genauso wie man völlig gleichgültig den Einrichtungsstilen gegenüberstehen kann. Das ist dann für die Beziehung zu diesem Menschen ohne Belang.

Es gibt also nicht nur verschiedene Meinungen darüber, was angemessen ist, es gibt auch unterschiedliche Entscheidungskriterien, welche Merkmale überhaupt relevant sind.

Ich behaupte, dass dies nicht immer so war und diese Vielfalt ein Charakteristikum der Wissensgesellschaft des 21. Jahrhunderts ist. Die unterschiedlichen Dimensionen, nach denen wir Menschen heute einteilen, waren früher zwar vorhanden, aber sie waren nicht so bedeutend.

Im 19. Jahrhundert kann man nach dem Umbruch des Feudalsystems in Europa, vor allem in den industrialisierten Regionen im Wesentlichen zwei Gruppen unterscheiden: Arbeiter und Bürger. Natürlich ist nicht jeder eindeutig diesen beiden Klassen zuzuordnen und selbst Karl Marx hat nie davon gesprochen, dass es nur zwei Klassen gäbe. Er spricht sehr wohl von Kleinbürgern, Handwerkern, Bauern oder Gewerbetreibenden als besondere gesellschaftliche Gruppen.[2] Er hat allerdings gemeint, dass sich die Industriegesellschaft auf diese Polarität hinentwickeln wird: Ausgebeutete und Ausbeuter.

Tatsächlich kann man Arbeiterklasse und Bürgerstand sehr gut voneinander im Stil unterscheiden.

Arbeitsformen sind das augenfälligste. Arbeiter bekommen Tages- oder Wochenlohn nach geleisteter Arbeit, Bürger sind Unternehmer oder hohe Angestellte und Beamte. Als Unternehmer leben sie vom Betriebsgewinn, als

---

2 Das zieht sich durch das Hauptwerk. Sehr deutlich aber in einer kleinen Schrift dargelegt über die französische Situation in der ersten Hälfte des 19. Jahrhunderts. Marx 1852

146

Angestellte oder Beamte bekommen sie monatlich ausbezahlt, und das im Voraus. Sie hatten ursprünglich auch andere Arbeitszeiten. Kaum ein Bürger arbeitet im Schichtbetrieb und die Arbeitszeiten im Kontor sind geringer als in der Fabrik. Die Art der Tätigkeit ist ein weiteres wichtiges Unterscheidungskriterium. Körperliche Anstrengung bei den Arbeitern, eher Kopfarbeit bei den Bürgern.

Es gibt auch unterschiedliche Wohnformen. Arbeiter wohnen in kleinen Wohnungen, eng aneinander, eine Familie teilt ein Zimmer, um die Jahrhundertwende in Wien befinden sich noch Wasseranschluss und Toilette auf dem Gang und werden von allen Parteien des jeweiligen Stockwerkes geteilt. Später, in den Gemeindebauten der zwanziger und dreißiger Jahre gilt es als große Errungenschaft, dass es in der Wohnung einen Wasseranschluss gibt und jede eine individuelle Toilette hat. Bürger wohnen in Bürgerhäusern, in Villen am Stadtrand oder auch in Palais, die sie einem verarmten Adel abgekauft haben. Die Wohnungsausstattung ist teuer, wertvoll und dauerhaft. In bürgerlichen Salons werden Konzerte und Lesungen gegeben. Der Unterschied kann nicht größer sein. Er ist auch auf der Straße in Kleidung sichtbar und natürlich erkennt man sofort, ob man sich in den Städten in bürgerlichen oder in Arbeiterwohnvierteln bewegt.

Wie wir wissen, hat sich die Prophezeiung von Karl Marx, die Gesellschaft würde sich in zwei soziale Klassen polarisieren, nicht bewahrheitet. Stattdessen zieht eine weitere Gruppe in der Gesellschaft ihren Siegeszug fort: die Mittelschicht. Sie rekrutiert sich aus dem so genannten Kleinbürgertum, aus Handwerkern und kleinen Gewerbetreibenden, aber auch aus aufstrebenden Arbeitern, Facharbeitern, aus neuen Bildungsschichten und zum Teil auch aus abgestiegenem Bürgertum. In der Industriegesellschaft des zwanzigsten Jahrhunderts bildet sich allmählich eine mittlere Schicht heraus, die dann in den Sechzigerjahren so dominant erscheint, dass man von einer Mittelstandsgesellschaft sprechen kann. Durch sie wird der gesellschaftliche Geschmack geprägt. Die Produkte, mit denen sie sich ausstattet, sind Massenware. Geringe Unterschiede zwischen arm und reich kennzeichnen diese Gesellschaft. Sie gilt als notwendig und typisch für einen demokratischen Staat. Ohne Vorhandensein einer Mittelschicht kann kein stabiler demokratischer Staat begründet werden. Die Mittelschicht ist auch das Resultat eines demokratischen Wohlfahrtstaates. Die Umverteilung des gesellschaftlichen Reichtums auf möglichst viele ist die zentrale Strategie der Politik in der Mittelschichtgesellschaft.

Die europäischen Staaten, ausgenommen die kommunistischen Länder nach dem zweiten Weltkrieg, sind Mittelschichtgesellschaften. Die Soziologen zählen rund 80% der Bevölkerung zur Mitte. Zwar gibt es noch genauere Unterscheidungen in „untere" und „obere" Mittelschichten, aber zur Mittelschicht gehören fast alle. Wenn alle dazu gehören, dann ist die Unterscheidung schwierig. Die Mittelschichtgesellschaft ist eine mit minimaler Distinktion. Die Menschen sind einander sehr ähnlich, ihr Geschmack ist geprägt von der Massenkultur. Das muss nicht nur populärer Geschmack sein, also

147

eingängige Volksmusik und Schlager. Das heißt auch, dass die so genannte Hochkultur vielen zugänglich wird. Nicht nur sind es die technischen Medien, die Schallplatte, das Radio, später die Musikkassette oder die CD, über die Hochkultur verbreitet wird, auch die Eintrittspreise in Theater oder Oper werden für mehr Leute leistbar. Die Bildungsinstitutionen öffnen sich und das Bildungsniveau steigt. Einkommensunterschiede innerhalb der Mittelschicht sind zwar vorhanden, verwischen sich aber. Ein Facharbeiter kann mehr verdienen, als ein akademischer Beamter. Die Ausdehnung der Mittelschichten ist typisch für eine Industriegesellschaft. Die Menschen werden nach Beruf, Einkommen und Schulbildung eingeteilt.

Die gesellschaftlichen Unterschiede werden heute wieder größer. Die Kluft zwischen arm und reich wächst. Trotzdem gruppieren sich die meisten um ein mittleres Einkommen. Die Mittelschichtgesellschaft spaltet sich auf, neue Unterscheidungen werden bedeutsamer, die wir in diesem Buch als Lebensstile bezeichnet haben. Stile bilden sich aus unterschiedlichen Dimensionen. Einkommen spielt dabei noch die geringste Rolle, Bildung hingegen eine große, dazu vor allem Gewohnheiten, der Freundeskreis, mit dem man Umgang hatte, die Umgebung, in der man aufwuchs, die Fernsehkanäle, die man auswählt. Es entsteht eine neue Unübersichtlichkeit, weil es keinen Konsens über die unterscheidenden Dimensionen gibt. Für die einen ist es die Kleidung, für die anderen die Wohnungseinrichtung, für die dritten der kulturelle Geschmack und für die vierten eine unterschiedliche Mixtur aus allem Möglichen. Da diese Stile so vielfältig sind, fallen sie vielleicht weniger im Alltagsleben auf, sie vermischen sich in der Öffentlichkeit der Stadt. Man nimmt sie nicht so wahr, man kann sie auch schwerer wahrnehmen, weil wir unterschiedliche Vorstellungen von der Wichtigkeit einzelner Merkmale haben. Nichtsdestotrotz kann man solche Stile entdecken und berechnen, wie ich es in diesem Buch geschildert habe. Diese Stile sind auch relativ stabil. Obwohl immer wieder unterschiedliche Bezeichnungen auftreten, kommen in den letzten zwanzig bis dreißig Jahren immer wieder ähnliche Stile zum Vorschein. Sie sind die neuen gesellschaftlichen Gruppen. Als Zielgruppen werden sie in der Publikumsforschung analysiert, aber auch politische Programme orientieren sich an ihnen. Weil sie so vielfältig sind und Politik die Mehrheit ansprechen will, sind die politischen Programme so verwaschen, so allgemein. Die unterschiedlichen Gruppeninteressen kann man nur auf sehr allgemeinem Niveau unter ein Dach bringen. So bleiben auch politische Programme sehr vage und unverbindlich. Sie sind ein Spiegelbild der Lebensstilgesellschaft.

Wir sind am Beginn dieser neuen Gesellschaft und können noch nicht ermessen, wie sie sich entwickeln und in welcher Form sie endgültig erscheinen wird. Vielleicht ist das in zwanzig oder dreißig Jahren möglich. Sieht man nur auf die alten Unterschiede nach Beruf, Einkommen und Schulbildung, so wird man diese auch heute noch feststellen können. Sie sind nicht verschwunden. Sicher hat es auch schon früher Unterscheidungen nach Stilmerkmalen gegeben. Beides ist richtig, aber es kommt eben auf den Stellenwert an.

In der europäischen Feudalgesellschaft war es sinnvoll von Ständen zu sprechen, die voneinander abgegrenzt waren und in die man hineingeboren wurde. Natürlich gab es auch damals Unterschiede im Einkommen und im Beruf. Aber der Stand war wichtiger. Ebenso gibt es auch heute noch typische Arbeiter und Bürger, aber sie treten nicht so offensichtlich auf. Ich selbst denke, dass diese Gruppen großteils verschwunden sind, zumindest in ihrer klassischen Ausprägung. Die Welt der Buddenbrooks, die Thomas Mann um die Jahrhundertwende beschreibt, die ein Handelsunternehmen betreiben, diese Welt ist Vergangenheit. Es gibt das Arbeitertum und das Bürgertum noch so, wie es heute noch den Adel als Stand gibt. Aber er taugt mehr für die Regenbogenpresse, als dass er wesentlichen Einfluss auf gesellschaftliche Entwicklungen hat. Natürlich gibt es Einkommensunterschiede und Geld ist weiterhin ein zentrales Unterscheidungskriterium. Aber auch wenn man steigende Unterschiede innerhalb westeuropäischer Gesellschaften will, sind diese auch nach Rückbau des Wohlfahrtsstaates bei weitem nicht so groß wie in der Mitte des 20. Jahrhunderts. Es bleibt eine breite Mittelschicht erhalten, die sich nach neuen Kriterien ausdifferenziert.

Was wir heute erleben ist eher ein Streit der Ungleichheitsformen, alte und neue Strukturen existieren gleichzeitig. Es ist nicht nur ein akademischer Streit um Ungleichheitsparadigmen, es ist ein sehr praktisches Konkurrieren der Ansätze. In den Auseinandersetzungen in der Arbeitswelt, dort wo die Gewerkschaften sich noch stark glauben, werden die alten Differenzen artikuliert. Da geht es um erfochtene Privilegien, da geht es um soziale Errungenschaften, die in der Industriegesellschaft erreicht wurden. Auf eine Formel gebracht geht es um kürzere Arbeitszeiten und mehr Geld. In anderen Bereichen, im Konsumbereich, im Medienbereich da geht es um Stile. Gerade die neuen Technologien sind stark stilgebunden, gerade hier geht es weniger darum, ob man einen CD-Player oder ein Handy hat, sondern welches, und wie rasch man auf ein neues Gerät umsteigt.

Es ist die Gleichzeitigkeit der Ungleichheitsparadigmen,[3] die viele heute irritiert. Je nach Veranlagung fast, möchte ich sagen, wird man eher hervorheben, dass alte Unterschiede noch nicht verschwunden sind oder dass es neue gibt.

Konsequenzen

Dies hat natürlich Konsequenzen. Nicht nur, dass die neuen gesellschaftlichen Gruppen nicht immer klar erkennbar sind und, dass sie sich nicht nach den gleichen Einteilungskriterien – ich habe sie schon öfter erwähnt: Wohnungsstil, Kleidung, Freizeitgewohnheiten, Medieninteresse usw. – definie-

---

3   Vgl. Richter 1998, S. 192f.

ren, wir sind die alten Unterscheidungen gewohnt und sie lassen sich auch noch entdecken.

Wie also geht man mit solcher Unbestimmtheit um? Die Soziologen sprechen davon, dass wir in einer komplexen Gesellschaft leben, eine Gesellschaft die immer unüberschaubarer, vielfältiger und verflochtener wird. Vieles ist möglich, alles hängt mit allem zusammen. Zwar gibt es ein Primat der Wirtschaft, doch auch Politik scheint etwas mitzureden zu haben, zwar definieren wir uns über Freizeitgewohnheiten, aber auch unser Beruf spielt noch eine Rolle, zwar unterscheiden wir uns durch das, was wir konsumieren und einkaufen, aber dazu brauchen wir auch Geld, das wir in der Regel durch Erwerbstätigkeit verdienen. Zwar verlieren die Kirchen ihre Mitglieder, aber andererseits empfinden sich die Menschen in unserer Gesellschaft als religiös. Sie wissen nur nicht, welcher Religion sie sich verpflichtet fühlen sollen und basteln sich so eine eigene zusammen. Es gibt so vieles zu erleben, es gibt so viele Informationen, es gibt so viele Möglichkeiten, was sollen wir tun?

Die Soziologie betrachtet Strukturen und verfolgt, wie sich diese entwickeln. Sie beschäftigt sich weniger mit den Handlungen der einzelnen Menschen. Deswegen finden wir in ihr weniger die Antwort auf die Frage, was wir tun sollen, als vielmehr darauf, wie sich gesellschaftliche Systeme entwickeln und wie wir als Gesamtheit, als soziale Gruppe darauf reagieren. Die Antwort scheint simpel: Die gesellschaftliche Umwelt ist komplex, die gesellschaftlichen Systeme reduzieren Komplexität, damit sie handlungsfähig bleiben.

Als gesellschaftliche Systeme gelten zum Beispiel Familie, Wirtschaft, Religion, Politik, Bildung und Wissenschaft. Sie reduzieren Komplexität, indem sie nur das wahrnehmen, was für das System sinnvoll erscheint. Sie selektieren. Für die Wirtschaft ist Gewinn wichtig, deswegen wird eine Handlung danach beurteilt, ob sie Gewinn bringt oder nicht. Ökologische und soziale Fragen sind nur soweit von Interesse, ob ein Missachten dieser Fragen finanziellen Verlust bedeuten oder gewinnschmälernd wirken würde. Da man nicht langfristig vorausschauen kann, sind kurzfristige Entwicklungen interessant, die den eigenen Betrieb betreffen. Die Konsequenz ist ein betriebswirtschaftliches Denken im gesamten Wirtschaftsbereich. Die Betriebswirtschaft läuft der Volkswirtschaft – ein antiquierter Name: Was ist schon das „Volk" – den Rang ab. Für die Politik wiederum ist Macht das entscheidende Kriterium. Ein Politiker, der nicht danach strebt, Macht zu bekommen oder Macht zu erhalten, ist fehl am Platz. Jede Politik muss Machtpolitik sein. Es geht darum, mit welchen Themen man punkten kann. So kann es durchaus zu einem Themenaustausch kommen. Wenn man damit glaubt Wahlen gewinnen zu können, stürzen sich plötzlich alle Parteien auf das Umweltthema.

Alle Bereiche reduzieren Komplexität. Im privaten Bereich ist es besonders schwierig. Was gehört zur Familie? Gibt es noch verbindliche Grenzen zwischen privat und öffentlich? Was darf in eine Beziehung Eingang finden, was nicht? Es ist nahezu unmöglich, diese Fragen zu beantworten. Gegensei-

150

tiges Vertrauen gehört dazu, eine Abgrenzung von der Öffentlichkeit, die aber im Medienzeitalter immer weniger gelingt. Das Privatleben ist Gegenstand unzähliger Talkshows. Soll überhaupt das System „Familie" erhalten bleiben? Und wenn, welches? Sicher nicht das bürgerlich patriarchalische Modell. Ein partnerschaftliches? Wer definiert, was Partnerschaft heißt? Heißt es die Arbeiten im Haushalb gleichmäßig aufteilen? Heißt es halbe-halbe? Gegenseitige Achtung? Gegenseitige Verpflichtungen? Das hängt sehr viel mit den Werten zusammen, die wir haben. Familie als System ist sehr schwierig abzugrenzen. Vielleicht ist das der Grund, warum viele heute meinen, dass sich dieses System auflöst.

Die allgemeine Antwort für Systeme bleibt aber: Reduktion. Wenn es zu unübersichtlich wird, dann muss man es übersichtlicher machen. Was für Systeme gilt, scheint auch für Individuen zu gelten, oder, so würde es die moderne Systemtheorie wohl formulieren: für psychische Systeme. Alle Systeme nehmen das in ihr Repertoire auf, was sie als sinnvoll empfinden. Sinn unterscheidet zwischen dem, was zum System gehört und dem, was nicht dazugehört. Sinn transformiert die unübersichtliche gesellschaftliche Umwelt in sinnvolle Orientierungsmuster. Der Einzelne erscheint in dieser komplexen Umwelt überlastet. Wenn nicht ganz klar ist, was eigentlich Sinn macht, dann besteht die Gefahr der Anomie, also der Orientierungslosigkeit oder die Gefahr der Vereinfachung. Wir sehen heute beides. Ich denke aber, dass heute viel stärker Vereinfachung vorkommt als Orientierungslosigkeit. Es ist die einfache Unterscheidung in gut und böse, die nicht auf Märchen beschränkt ist, sondern die Weltpolitik bestimmt. Staaten des Satans stehen offensichtlich Staaten Gottes gegenüber, jedenfalls böse Schurkenstaaten guten Heldenstaaten. Die amerikanische Außenpolitik scheint sich immer wieder unter republikanischen Präsidenten auf dieses einfache Unterscheidungsniveau zu begeben, von Ronald Reagan in den Achtzigerjahren über George Bush senior zu George Bush junior. Dabei wird nur auf großer Ebene nachvollzogen, was auch im Alltag wirkt. Die Unterscheidung von gut und böse ist allgegenwärtig. Zwischen Freund und Feind gibt es keine Abstufungen, nicht zwischen eigen und fremd. Die Ablehnung des Fremden ist eine dieser einfachen Unterscheidungen in einer Gesellschaft in der auch ethnische Fragen zu komplex werden und die Gruppen sich nicht nur intern ausdifferenzieren, sondern neue Gruppen durch Migration hinzukommen.

Die Unübersichtlichkeit hat zu einer Vereinfachung geführt. Der Psychotherapeut und Sozialwissenschaftler Jürgen Kriz spricht davon, dass wir wieder mehr Mut zum Chaos bräuchten, heute sind wir in einfachen und stringenten Ordnungen gefangen.[4] Die Außenwelt ist unübersichtlich, so reagiert die Psyche mit Simplifizierungen.

Diese Gleichzeitigkeit dessen, was scheinbar unvereinbar ist, hat Auswirkungen auf das Selbstwertgefühl, auf die Identität des Einzelnen. Wer bin ich? Diese Frage stellt sich in der heutigen Gesellschaft mehr denn je. Die

---

4   Kriz 1997

Antwort ist leider nicht eindeutig. Sie lautet ebenso plakativ: einmal dieser, dann jener. Es kommt darauf an. Es kommt auf die Situation an, in der man sich gerade befindet. Im Beruf wird man sich eher an der beruflichen Position definieren, in der Freizeit durch die Aktivität: als Fußballer, Tennisspieler, Gourmet, Musikliebhaber, Tourist, Weinkenner, Tänzer, Familienmensch, Abenteurer und so weiter und so fort. Soziologen sprechen von postmoderner Identität und meinen damit, dass sich Widersprüchliches zusammenfinden kann, dass es keine eindeutige, einheitliche Identität gibt. Offensichtlich können wir damit leben. Nicht immer gut allerdings. Die Sinnkrisen nehmen zu, treten offener zu Tage. Die Beratungsstellen sind das Kennzeichen dieser Sinnkrisen. Der Psychoboom, psychologische Betreuung, Supervision und Coaching sind nur einige der neuen Sinnstifter, mit deren Hilfe der heutige Mensch lernen soll, mit dieser postmodernen Identität umzugehen.

Neben den individuellen Identitäten entwickeln sich auch kollektive. Plötzlich erinnert man sich, dass auch eine Demokratie aus Bürgern geschaffen ist, die partizipieren wollen, nicht nur aus miteinander konkurrierenden Interessensgruppen. Politische Strategien erhalten ihre Legitimität dadurch, dass sie Zivilgesellschaft fördern. Darunter versteht man die Beteiligung und Integration aller Bürger – jetzt nicht als Stand, sondern als Staatsbürger verstanden – an dem Aufbau und der Gestaltung des Staates. Neben den traditionellen Vereinen, sollen es Bürgerinitiativen, neue soziale Bewegungen sein, die diese Zivilgesellschaft mitgestalten. In einem Netzwerk von Aktivitäten, politischen, wirtschaftlichen und gesellschaftlichen findet die Gleichzeitigkeit von Altem und Neuem statt. Beide Teile kommen miteinander aus, sie stehen keineswegs in einer revolutionären Konfrontation. Das ist das Erstaunliche an diesem Umbruch heute. Er geht rasant voran, nicht reibungslos, aber ohne radikale, existentiell bedrohende Umwälzung. Zumindest nicht in den entwickelten Ländern.

Die Radikalität besteht eher darin, dass die Logik des westlichen Denkens, die Strukturen, die aus der Industriegesellschaft entstanden sind, vor allem die' politischen und wirtschaftlichen Ideen sich weltweit durchsetzen. Kaum jemand zweifelt noch daran, dass alle Länder demokratisch regiert werden sollen und dass dies die einzig legitime Form der Politik ist. Vielleicht räumt man noch China ein, dass dieses Land sehr schwer demokratisch regiert werden könne, aber auch das wird eher als eine Frage der Zeit gesehen, denn als eine prinzipielle. Dass die europäischen Menschrechte überall gelten sollen, wird von uns nicht in Zweifel gezogen.

Im wirtschaftlichen Bereich ist die Ausdehnung vielleicht noch umfassender, wird dort aber interessanterweise weniger akzeptiert. Es gibt – und hier vor allem in der westlichen Welt – Globalisierungsgegner. Heute herrscht unbestreitbar ein Primat des Ökonomischen. Ökonomisches Denken infiltriert alle gesellschaftlichen Teilbereiche und den gesamten Globus. Die letzte Bastion waren die europäischen Universitäten. Auch diese Bildungsinstitutionen können sich nicht mehr der Ökonomisierung entziehen. Der Bolognaprozess, den die Europäische Union eingeleitet hat, schreibt dies politisch fest. Vereinheitlichung der Ausbildungswege, Praxisorientierung, Orientierung an den Forschungsprogrammen der EU, das sind die Ziele, die im Bildungssystem verfolgt werden, gleichgültig von welchen Regierungen. Deutschland, das zur Zeit der Abfassung dieses Buches eine Rot-Grün-Regierung hat, ebenso wie Österreich mit einer schwarz-blauen Regierung. Es mag sich die Art der Durchsetzung unterscheiden, das Ziel bleibt das Gleiche: Ökonomisierung.

Die westliche Wirtschaft, und dies heißt eigentlich amerikanische Wirtschaft, verbreitet sich über den ganzen Globus. Die Firmen sind kaum mehr lokalisierbar, sie produzieren über die ganze Welt. Globale Firmen gleichen mehr Netzwerken als hierarchischen Organisationen. Es bleibt aber kein Zweifel, wo das Zentrum liegt: in den USA. Bestimmend sind heute der Weltwirtschaftsfonds und die Weltbank, politische Institutionen wie die UNO verlieren an Gewicht.

Gegen diese Globalisierung regt sich Widerstand. Man könnte versucht sein, an ein neues „Zwei-Klassen-System" zu denken: die Globalisierungsbefürworter und die Globalisierungsgegner. Genauso wenig, wie sich die Klassentheorie von Karl Marx bewahrheitet hat, genauso wenig wird sich Gesellschaft künftig in diese Richtung entwickeln. Aber die zeitweise Polarisierung ist möglich und wird sichtbar. Gegen die Globalisierung entsteht so etwas wie eine Widerstandsidentität,[5] die Kommunen und Gemeinschaften zum Vorbild nimmt. Die Sehnsucht nach der überschaubaren Gemeinschaft, die Sehnsucht nach Zusammengehörigkeit, auch der Wunsch nach nationaler Identität und Selbstständigkeit, nach ethnischer „Reinheit" sind Auswirkungen dieser Widerstandsidentität. Den Globalisierungsgegnern soll hier keineswegs demokratisches Bewusstsein abgesprochen werden, ihre demokratische Gesinnung zeigt sich auch in ihren Internetaktivitäten, ihren allgemeinen Aufrufen, die sich an alle richten, ihr Solidaritätsbewusstsein mit den Armen der Welt. Aber zu diesen Globalisierungsgegnern zählen auch Nationalisten, ethnische Gemeinschaften, die Abgrenzung gegenüber außen betreiben wollen, Fremdenfeindlichkeit und Fremdenhass. Dazu zählen auch Kommunen, die sich abschließen gegenüber der Außenwelt, jene Bewohner von Mittelschichtgebieten, die sich in den Vereinigten Staaten gegenüber den Farbigen, den Hispanics, gegen Leute anderer Meinung, natürlich auch gegen Verbrechen, abschirmen wollen. Der Kommunitarismus ist eine anti-globale Bewegung.

Was wir brauchen

In diesem Meer der Unbestimmtheiten und Ungewissheiten braucht die Gesellschaft Strategien, um zu überleben. Die Sozialwissenschaft bietet neuer-

---

5   Castells 2003 Band 2

153

dings Antworten. Sie lassen sich unter einem Titel zusammenfassen, unter dem vor einigen Jahren der deutsche Soziologentag stand: die „gute" Gesellschaft.[6] Es stellt sich für Wissenschaftler aller Bereiche vermehrt die Frage, was sein *soll*. Diese normative Argumentation war aus der Wissenschaft der Aufklärung verbannt. Die Wissenschaft der Moderne hatte als Grundprinzip Objektivität und hatte sich jeglichen Werturteils zu enthalten. Ethische und moralische Fragen waren ausgeklammert, veraltet, bestenfalls eine Sache der Philosophen.

Die Konsequenzen der Naturwissenschaften sind offensichtlich. Es ist keineswegs mehr selbstverständlich, das alles erforscht werden soll, was erforscht werden kann. Denn neue Erkenntnisse können ungeahnte Folgen haben oder den Wert des Lebens beeinflussen. Die Gentechnologie ist das prominenteste Beispiel dafür. Aber man soll sich nicht allzu viele Illusionen machen. Noch scheint es eine Art Eigengesetzlichkeit der Forschung zu geben, die sich schwerlich einengen lässt. Die Europäische Union hat in ihren Forschungskonzepten eindeutig gentechnische Forschung propagiert und wird sie fördern, schon um nicht den Anschluss an die USA zu verpassen. Dass derzeit genetisches Klonen verpönt ist, mag zwar beruhigend wirken und es scheint so, als hätten sich hier die Humanisten durchgesetzt, doch nach allem was wir über die Entwicklung der Wissenschaft kennen, scheint es mir sehr unwahrscheinlich zu sein, dass sich die Forschung langfristig einengen lässt. Dazu stehen viel zu starke wirtschaftliche Interessen, die Interessen von Pharmaindustrie, die Interessen der Medizin, die alles unter dem Aspekt der Heilung sieht, durchaus auch individuelle Interessen von Personen, denen geholfen werden könnte, dagegen. Auch im Bereich der Forschung hat sich ökonomisches Denken durchgesetzt und es wird das erforscht, was bezahlt wird.

In den Sozialwissenschaften ist die Entwicklung vielleicht nicht so extrem. Die Ergebnisse der Sozialwissenschaften hatten nie auch nur annähernd vergleichende existentielle Auswirkungen wie jene der Naturwissenschaft. Sie wirken, aber sie wirken vielleicht subtiler. Ihr Kernpunkt sind Indizes und Maßzahlen, die sie entwickeln, um Gesellschaft zu beschreiben. Ich zähle auch die Wirtschaftswissenschaften dazu. Maßzahlen gibt es mittlerweile zahlreiche. Das Bruttosozialprodukt ist dabei ein altehrwürdiges, daneben gibt es verschiedene ökonomische Indizes, Handlungsbilanzen, volkswirtschaftliche Gesamtrechnungen, Arbeitslosenraten, Ausgaben für Konsum, Börsenindizes natürlich, Privatisierungsindizes, Anteil des Staates an der Wirtschaft und natürlich auch Schuldenbilanzen des Staates. Die europäische Wirtschaftspolitik hat gleichsam als Benchmark die Maastrichtkriterien, vor allem das sogenannte Nulldefizit festgelegt. Neben diesen wirtschaftlichen Indikatoren setzen sich vermehrt auch allgemeine soziale durch. Der Human Development Index ist vielleicht der bekannteste. Er beinhaltet neben wirtschaftlicher Entwicklung auch Bildungsindikatoren, Ausmaß an Demokratie

---

6   Allmendinger 2001

154

und Ähnliches. Um die Moral einer Gesellschaft zu messen, spielt der Korruptionsindex eine bedeutende Rolle. Soziale Indikatoren zu erheben, war schon immer ein Anliegen der Sozialwissenschaft und hat sich auch in vielen Forschungen umgesetzt.

Diese Indikatoren sind aber nur scheinbar objektiv und wertneutral. Es wird dabei keineswegs in Abrede gestellt, dass alle diese statistischen Daten nach dem Stand einer objektiven empirischen Wissenschaft erhoben werden. Sie sind durchaus das, was man harte Fakten nennen kann, auch wenn in einzelnen Ländern die statistische Erhebung weniger verlässlich funktionieren dürfte.

Aber die Kraft der Indikatoren ist normativ. Sie geben gleichzeitig an, was sein soll. Sie geben sozusagen den Standard vor, der erreicht werden soll. Mit dem Nulldefizit und der Sanierung der europäischen Staatshaushalte werden eindeutig wirtschaftliche Interessen verfolgt und sie werden vor die sozialen gereiht. Der österreichische Bundeskanzler Kreisky wird immer wieder mit seinem Ausspruch in den Siebzigerjahren zitiert, ein paar hundert Arbeitslose bereiteten ihm mehr schlaflose Nächte als ein Haushaltsdefizit. Das kann sich zu Beginn des 21. Jahrhunderts niemand mehr leisten, auch wenn man Arbeitslosigkeit bekämpfen will. Alles Mögliche kann man dafür tun, aber sicher nicht deficit spending.

Nun wird man nicht bezweifeln, dass einige Indikatoren durchaus vernünftig sind. Das Alphabetisierungsniveau einer Gesellschaft ist sicherlich ein Entwicklungsgradmesser und niemandem wird einfallen, auf Alphabetisierung zu verzichten. Darum geht es auch gar nicht. Es geht vielmehr darum, dass immer mehr auch den Messfanatikern klar wird, dass die Messlatte, die vorgegeben wird, bestimmenden Charakter hat. Wenn man Tätigkeiten nach bestimmten Merkmalen misst, dann werden sich automatisch jene, die diese Tätigkeiten verrichten, an diesen Merkmalen orientieren. Gut ist dann das, was gemessen wird. Mit der Festlegung der Indikatoren legen wir auch fest, wohin sich eine Gesellschaft entwickeln soll.

Brauchen wir also diese Indikatoren? Die Frage ist müßig. Es ist nicht möglich, darauf zu verzichten. Jede Managementliteratur, jede Studie über Führung wird sagen: Was messbar ist, ist machbar, gemanagt wird das, was gemessen werden kann. Es geht aber eigentlich noch weiter. Das Faktische bestimmt das Ziel. Es heißt nicht nur: Was nicht gemessen werden *kann*, sondern viel eingeschränkter: was nicht gemessen *wird*, das wird nicht berücksichtigt. Jeder steuernde Eingriff ist darauf ausgerichtet, zur Erfüllung einer Maßzahl beizutragen. Die Leistung wird durch diese Maßzahlen bestimmt und will man in irgendeiner Weise Einfluss haben, wird man sich auf diese Logik einlassen müssen. Dass Maßzahlen notwendig sind, kann heute nicht mehr in Frage gestellt werden – obwohl sie nicht immer notwendig waren und sich diese Wichtigkeit der Zahlen erst in den letzten zwei oder drei Jahrzehnten durchgesetzt hat.

Die europäische Sozialpolitik liefert ein Beispiel für diesen strategischen Umgang mit Zahlen. Es gibt redliche Menschen, Politiker, Beamte und Ex-

155

perten, die der Meinung sind, der Wohlfahrtsstaat müsse erhalten bleiben und es müssen soziale Erwägungen eine Rolle spielen. Wissenschaftler, angeführt von Iain Begg vom European Institute der London School of Economics, haben den Ansatz der „Costs of non-social Policy" entwickelt. Dabei geht es darum, nachzuweisen, dass der Rückbau des Sozialstaates Geld kostet und nicht unbedingt Geld bringt. Die Indikatorenlogik bleibt, Zahlen sind notwendig.

Man wird nicht umhin können, in den Auseinandersetzungen um eine gute Gesellschaft mit Zahlen und Indikatoren zu operieren. Es macht wenig Sinn, sich zu streiten, ob es sinnvoll ist oder nicht, Maßzahlen zu verwenden. Die Debatte wird darum gehen, welche wofür verwendet werden sollen. Dies ist aber eine normative, eine politische Frage. Da Wissenschaftler diese Zahlen konstruieren und gestalten, wird sich eine künftige Sozial- und Wirtschaftswissenschaft nicht der Diskussion verweigern können, was ihre Maßzahlen bewirken. Der normative Charakter der Indikatoren wird immer mehr bewusst und muss integral im Wissenschaftssystem diskutiert werden. Damit verlässt aber auch die Wissenschaft den Boden der empirisch objektiven Unternehmung, als die sie in der Moderne angetreten ist.

Wir brauchen heute *Systeme zur Koordination von Vielfältigkeit.* Die Komplexität der Welt kann durch Reduktion übersichtlicher gemacht werden, aber sie wird sich nicht auf einfache duale Formeln reduzieren lassen. Systeme müssen ihre Reduktion so gestalten, dass sie überlebensfähig bleiben. Mit einfachen Unterscheidungen, wie der zwischen gut und böse, ist nichts gewonnen.

Die Frage ist, wo jene Instanz in der Weltgesellschaft ist, die diese Reduktionsleistung vorgibt. Diese Instanzen hätten die Aufgabe, Sinn zu vermitteln. Wir können einige benennen. Natürlich sind Religionen Sinnvermittler. Sie spielen auch ihre Aufgabe, außerhalb Europas wesentlich mehr als in Europa. Traditionen sind ebenso wichtig für das Alltagsleben. Die Ökonomisierung ist ein neuer Sinnhorizont. Der Glaube an Zahlen gibt die Sicherheit, die früher der Glaube an Mythen geboten hat. Indizes bieten und erlauben Orientierung. Das klingt vielleicht zynisch, ist aber durchaus ernst gemeint. Zahlengläubigkeit ist eine Form von Religiosität.

In der Wissensgesellschaft wird aber strukturell eine säkulare Sinninstanz vorgegeben, die in die Struktur der Gesellschaft eingebaut ist: Wissen. Ich habe bereits im Abschnitt über die Wissensgesellschaft beschrieben, wie stark Wissensarbeit angestiegen ist. Sicherlich wird sich das noch steigern. Die Unmengen an Information zu selektieren und verwertbar zu machen, das ist Wissensarbeit, die zentral für die Gesellschaft ist.

Wissen reduziert Komplexität, aber es vereinfacht sie nicht. Gerade durch Wissen wird man sich der Vielfalt und der Zusammenhänge in der globalen Gesellschaft bewusst. Die Komplexität bleibt erhalten, sie wird nur fassbarer. Um die Vielfalt wird man in unserer Gesellschaft nicht herumkommen.

Es sind besondere Werte gefordert, die es erlauben in einer Wissensgesellschaft mit dieser Vielfalt umzugehen. Postmoderne Theoretiker wie Rorty oder

Bauman[7] befassen sich mit dieser Frage. Sie entwickeln Prinzipien, die für die Gestaltung einer guten Gesellschaft nötig sind. Bauman meint lapidar, man müsse „mit Ambivalenz leben". Die Gleichzeitigkeit des Ungleichzeitigen ist ein Faktum. Es ist nicht möglich, dieses Zusammenfallen der Möglichkeiten und Lebensweisen aufzulösen und in eine neue, klare Richtung zu bringen. Wir müssen lernen, damit zu leben. Eine Sache kann so sein, oder auch anders. Auf diese Kontingenz weist Rorty hin, wenn er von der Ironikerin (mit Absicht die weibliche Form) als Prototyp der heutigen Welt spricht. In der Ironie liegt verborgen, dass eine Sache nicht so klar ist. Die Ironikerin weiß über ihre beschränkten Möglichkeiten. Wenn man ironisch ist, dann nimmt man sich selbst nicht so ernst. Man weiß, dass man aus guten Überlegungen eine Überzeugung vertritt, aber ebenso weiß man, dass auch andere Überzeugungen berechtigterweise vertreten werden können. Niemand hat die Wahrheit gepachtet.

Das führt zur Toleranz als weiterer notwendigen Eigenschaft. Kann Ambivalenz nicht aufgehoben werden und bleibt Kontingenz ein Grundbestandteil des Wissens, dann muss man tolerant gegenüber anderen, fremden, ungewohnten Meinungen, Einstellungen, Handlungen sein. Toleranz ist eine Schlüsseleigenschaft für das Zusammenleben in einer vielfältigen Gesellschaft.

Schließlich wird man immer wieder in der Literatur der Postmoderne die Meinung hören, und Rorty und Bauman heben das hervor, dass Solidarität in einer unübersichtlich werdenden Gesellschaft immer notwendiger wird. Solidarität mit jenen, die am Rande stehen, peripher sind, mit der Geschwindigkeit nicht mitkommen und von der Vielfalt erdrückt werden. Die gibt es in jeder Gesellschaft, die gibt es natürlich auch global. Solidarität mit der dritten Welt wird als erforderlich angesehen.

Das ist freilich ein anderer Standpunkt als jener, der westliches Gedankengut und westliche Wirtschaftslogik in alle Bereich des Globus ausdehnen will, durchaus mit der Vision, dass dies für alle besser sei. Die Wirtschaftsdaten geben dem ja auch recht: Partizipation an der Globalisierung erhöht wesentlich den Wohlstand. Die Tigerstaaten Asiens sind das beste Beispiel dafür und ebenso werden die Länder des ehemaligen kommunistischen Blocks, sofern sie privatisiert und ihre Wirtschaft der westlichen geöffnet haben, ein Beispiel dafür abgeben. Ihre Weihe ist dann die Aufnahme in die Europäische Union. Aber auch in diesen aufstrebenden Staaten gibt es natürlich Benachteiligte. Solidarität mit ihnen zu zeigen, gilt als Grundvoraussetzung für eine Entwicklung zur guten Gesellschaft.

Die Gleichzeitigkeit des Ungleichzeitigen, die vielfältigen Möglichkeiten machen einen Minimalkonsens für eine gute Gesellschaft notwendig, der in Toleranz und Solidarität zu finden ist.

---

7   Rorty 1989, Bauman 1995

Zitierte Literatur

Allmendinger, Jutta (2001): Gute Gesellschaft? Verhandlungen des 30. Kongresses der Deutschen Gesellschaft für Soziologie in Köln 2000. Opladen, Leske + Budrich.

Barz, Heiner (1992): Postmoderne Religion. Opladen, Leske + Budrich.

Bauman, Zygmunt (1995): Ansichten der Postmoderne. Hamburg, Argument Verlag.

Beck, Ulrich (1986): Risikogesellschaft: auf dem Weg in eine andere Moderne. Frankfurt/Main, Suhrkamp.

Beck, Ulrich (1999): Schöne neue Arbeitswelt. Vision: Weltbürgergesellschaft. Frankfurt/ New York, Campus Verlag.

Beck, Ulrich (2000): Die Seele der Demokratie: Bezahlte Bürgerarbeit. In: Beck, Ulrich (Hg): Die Zukunft von Arbeit und Demokratie. Frankfurt/Main, Suhrkamp. S. 416-448.

Beck, Ulrich; Giddens, Anthony; Lash, Steven (Hg.) (1996): Reflexive Modernisierung. Frankfurt am Main. Suhrkamp.

Bell, Daniel (1979): Die nachindustrielle Gesellschaft. Reinbek bei Hamburg, Rowohlt.

Berger, Peter L., Luckmann, Thomas (1969): Die gesellschaftliche Konstruktion der Wirklichkeit. Frankfurt/Main, Fischer.

Bergmann, Jörg R. (1987): Klatsch. Zur Sozialform der diskreten Indiskretion. Berlin/New York, de Gruyter.

Berne, Eric (1967): Spiele der Erwachsenen: Psychologie menschlicher Beziehungen. Reinbek bei Hamburg, Rowohlt.

Bonß, Wolfgang (2000): Was wird aus der Erwerbsgesellschaft. In: Beck, Ulrich (Hg.): Die Zukunft von Arbeit und Demokratie. Frankfurt/Main, Suhrkamp. S. 327-415.

Bourdieu, Pierre (1982): Die feinen Unterschiede: Kritik der gesellschaftlichen Urteilskraft. Frankfurt/Main, Suhrkamp.

Bourdieu, Pierre et al. (1997): Das Elend der Welt: Zeugnisse und Diagnosen alltäglichen Leidens an der Gesellschaft. Konstanz, Universitätsverlag Konstanz.

Brix, Emil; Richter, Rudolf (Hg.) (2000): Organisierte Privatinteressen. Vereine in Österreich. Wien, Passagen Verlag.

Capra, Fritjof (1983): Wendezeit: Bausteine für ein neues Weltbild. Bern/Wien, Scherz Verlag.

Castells, Manuel (2003): Das Informationszeitalter I, Der Aufstieg der Netzwerkgesellschaft. Opladen, Leske + Budrich.

Castells, Manuel (2003): Das Informationszeitalter II, Die Macht der Identität. Opladen, Leske + Budrich.

Castells, Manuel (2003): Das Informationszeitalter III, Jahrtausendwende. Opladen, Leske + Budrich.

Chapin, F. Stuart (1974): Human Activity Patterns in the City. New York, John Wiley.

Csikszentmihalyi, Mihaly (1992): Das Flow Erlebnis: jenseits von Angst und Langeweile. 4. Auflage. Stuttgart, Klett Cotta.

Dahrendorf, Ralf (1980): Im Entschwinden der Arbeitsgesellschaft. Wandlungen der sozialen Konstruktion des menschlichen Lebens. In: Merkur 34, S. 749-760.

Denz, Hermann (2003): Zur Problematik des „Führer-Items". In: Österreichische Zeitschrift für Soziologie. H1 2003. S. 77-94.

Deutsches PISA-Konsortium (Hg.) (2002): PISA 2000 – Basiskompetenzen von Schülerinnen und Schülern im internationalen Vergleich. Opladen, Leske + Budrich.

Drucker, Peter; Nakauchi, Isao (1996): Die globale Herausforderung. Düsseldorf, Econ.

Engels, Friedrich (1892): Die Lage der arbeitenden Klasse in England: nach eigner Anschauung und authentischen Quellen. 2. durchgesehene Auflage. Stuttgart, Dietz.

Europäische Kommission (2000): Beschreibung der sozialen Lage in Europa 2000. Brüssel.

Europäische Kommission (2001): Beschreibung der sozialen Lage in Europa 2001. Brüssel.

Europäische Kommission (2002): Die soziale Lage in der Europäischen Union 2002. Brüssel.

Fessel+GfK (1988): Life Style 88 Bd. 1, Life Style Typologie und Wertetypologie. Manus, Wien.

Fessel-GfK Institut (1997): Austrian Life-Style 1997. Hopes & Fears, Wien.

Fourastié, Jean (1964): Die großen Metamorphosen des 20. Jahrhunderts. Düsseldorf/Wien, Econ Verlag.

Franz, Alfred (Hg.) (1996): Familien und Frauen-BIP. In: Statistische Nachrichten. Heft 1/1996. Wien, Verlag Österreich.

Fromm, Erich (1976): Haben oder Sein. Stuttgart, Deutsche Verlagsanstalt.

Giddens, Anthony (1991): Modernity and Self Identity. Cambridge University Press, Cambridge.

Giddens, Anthony (1997): Jenseits von links und rechts. Frankfurt/Main, Suhrkamp.

Girtler, Roland (1989): Die feinen Leute. Linz, Veritas Verlag.

Gollubits, Christian (2001): Religion in der Moderne. Eine Studie zu Max Webers Religionssoziologie. Dissertation. Universität Wien, Fakultät für Human- und Sozialwissenschaften.

Granovetter, Mark S. (1973): The Strength of Weak Ties. In: American Journal of Sociology. Vol 78, S. 1360-1380.

Grausgruber, Alfred; Holley, Heinz; Kern, Rudolf; Richter, Rudolf (2000): Zur Debatte über die Zukunft der Arbeit. Beauftragt und gefördert von der Österreichischen UNESCO-Kommission, Forschungsbericht Wien, Linz.

Guggenberger, Bernd (1988): Wenn uns die Arbeit ausgeht. München, Hanser.

Hansson, Sven Ove (2002): Uncertainities in the Knowledge of Society. In: The Knowledge Society. International Social Science Journal no 171. Blackwell Publishing/ UNESCO. S. 39-46.

Häußermann, Hartmut; Siebel, Walter (2000): Soziologie des Wohnens: eine Einführung in Wandel und Ausdifferenzierung des Wohnens. Weinheim u.a., Juventa Verlag.

Hebel, Johann Peter (1999): Die Kalendergeschichten: sämtliche Erzählungen aus dem Rheinländischen Hausfreund. München/Wien, Hanser.

Herz, Thomas (1979): Der Wandel von Wertvorstellungen in westlichen Industriegesellschaften. In: Kölner Zeitschrift für Soziologie und Sozialpsychologie, 31. Jahrgang. Heft 2, S. 282-302.

Hitzler Ronald; Honer Anne (1988): Reparatur und Repräsentation. Zur Inszenierung des Alltags durch Do-It-Yourself. In: Soeffner, Hans-Georg (Hg.): Kultur und Alltag. Sonderband 6 der Sozialen Welt. Göttingen, Otto Schwartz & Co. S. 267-284.

Hochschild, Arlie Russel (2002): Keine Zeit: Work-Life-Balance; wenn die Firma zum Zuhause wird und zu Hause nur Arbeit wartet. Opladen, Leske + Budrich.

Holz Erlend (2000): Zeitverwendung in Deutschland –Beruf, Familie, Freizeit. Band 13 der Schriftenreihe Spektrum Bundesstatistik. Wiesbaden, Statistisches Bundesamt.

Howard, Ebenezer (1902): Garden Cities of Tomorrow. London. Repr. Faber&Faber.

Hradil, Stefan (1987): Sozialstrukturanalyse in einer fortgeschrittenen Gesellschaft: von Klassen und Schichten zu Lagen und Milieus. Opladen, Leske + Budrich.

Imhof, Arthur E. (1994): Lebenserwartungen im 19. und 20. Jahrhundert in Deutschland, Norwegen und Schweden. Berlin, Akademie Verlag.

Inglehart, Roland (1977): The Silent Revolution: changing values and politic styles among Western publics. Princeton, Princeton University Press.

Jacobs, Jane (1961): The Death and Life of Great American Cities. New York. Vintage Books.

Jahoda, Marie; Lazarsfeld, Paul F.; Zeisel, Hans (1978) (orig. 1933): Die Arbeitslosen von Marienthal. Frankfurt/Main, Suhrkamp.

Kern, Horst (1982): Empirische Sozialforschung. München, Beck.

Kern, Jutta Ursula; Supper, Sylvia; Richter, Rudolf (1997): Männer von Format. Zur Selbstdarstellung von Werbeagenturen. Unveröffentlichtes Manuskript. Wien.

Klages, Helmut (1984): Wertorientierungen im Wandel. Frankfurt/Main, Campus.

Klar, Sabine (1993): Familien in Wien und Budapest. Die Solidaritätsfunktion. Soziale Kontakte, soziale Unterstützung und Belastung der Familienmitglieder und Familien in Wien. In: Rudolf Richter, Laszlo Cseh-Szombathy (Hg.). Familien in Wien und Budapest. Wien, Böhlau. S121-184.

Knorr-Cetina, Karin (1984): Die Fabrikation von Erkenntnis. Rev. und erw. Fassung 1. Aufl. Frankfurt/Main, Suhrkamp.

Kracauer, Siegfried (1971) (orig. 1929): Die Angestellten. Frankfurt/Main, Suhrkamp.

Kramer, Sabine (1991): Europäische Life-Style-Analysen zur Verhaltensprognose von Konsumenten. Hamburg, Kovac Verlag.

Kriz, Jürgen (1997): Chaos, Angst und Ordnung. Göttingen, Vandenhoeck & Ruprecht.

Lauterbach, Wolfgang (1998): Die Multilokalität später Familienphasen: Zur räumlichen Nähe und Ferne der Generationen, in: Zeitschrift für Soziologie, Jg. 27, 2, S. 113-132.

Luckmann, Thomas (1993): Die unsichtbare Religion, 2. Auflage. Frankfurt/Main, Suhrkamp.

Marx, Karl (1852): Der Achtzehnte Brumaire des Louis Bonaparte. New York.

Maturana, Humberto R.; Varela, Francisco J. (1987): Der Baum der Erkenntnis. 2. Auflage. Bern/München/Wien, Scherz Verlag.

Menschen in Europa 1. Eurostat. Luxemburg 2001. S. 22. ECHP-Datenbank. September 2001

Meštrović, Stjepan G. (1997): Postemotional Society. London, Sage.

Mitchell, Arnold (1983): The Nine American Lifestyles. New York, Macmillan.

Mitchell, Brian, R. (1998): International Historical Statistics, Europe 1750-1993. 4. Auflage. New York, Macmillan.

Offe, Claus (1984): „Arbeitsgesellschaft". Strukturprobleme und Zukunftsperspektiven. Frankfurt/Main, Campus.

Opaschowski, Horst W. (1998): Feierabend? Von der Zukunft ohne Arbeit zur Arbeit mit Zukunft. Opladen, Leske + Budrich.

Österreichisches Statistisches Zentralamt (1995): Zeitverwendung 1992/1981. Beiträge zur Österreichischen Statistik. Wien, Österreichische Staatsdruckerei.

Österreichisches Statistisches Zentralamt (1997): Die Entwicklung der Verbraucherpreise von 1900 bis 1996. (Beiträge zur österreichischen Statistik) Wien, Österreichische Staatsdruckerei.

Popitz, Heinrich (1957): Das Gesellschaftsbild des Arbeiters: soziologische Untersuchungen in der Hüttenindustrie. Tübingen, Mohr.

Putnam, Robert D. (2000): Bowling Alone: the collapse and revival of American community. New York, Simon & Schuster.

Reichertz, Jo (1994): „Ich liebe, liebe, liebe Dich!". Zum Umgang mit der Fernsehsendung „Traumhochzeit". in: Soziale Welt 1/94. Göttingen, Otto Schwarz&Co. S. 1-23.

161

Richter, Rudolf (1989): Subtile Distinktion. Zur Reproduktion sozialer Ungleichheit im mikrosozialen Bereich. In: Österreichische Zeitschrift für Soziologie, H3, S. 53-63.

Richter, Rudolf (1998): Postmoderne (?) Ungleichheitsstruktur. In: Preglau, Max, Richter, Rudolf, Hg., Postmodernes Österreich? Konturen des Wandels in Wirtschaft, Gesellschaft, Politik und Kultur. Wien, Signum Verl., S. 175-198.

Richter, Rudolf (2002): Lifestyle and Social Structure. Processes of Individualization in Eastern European Countries. In: Revija Za Sociologiju 3-4 2002. S.169-180.

Richter, Rudolf (Hg.) (1994): Sinnbasteln. Beiträge zur Soziologie der Lebensstile. Wien/Köln/Weimar, Böhlau.

Richter, Rudolf; Hager, Isabella (1999): Einstellungen zu Wissenschaft und Technik der österreichischen Bevölkerung. Band 3: Befürworter und Ablehner von Wissenschaft und Technik als Zielgruppen von Zeitungen und Zeitschriften. Forschungsbericht im Auftrag des Bundesministeriums für Wirtschaft und Verkehr, Wien.

Richter, Rudolf; Hager, Isabella; Eder, Anselm (1998): Einstellung zu Wissenschaft und Technik in der österreichischen Bevölkerung. Soziale Kennzeichen von Ablehnung und Befürwortung. Forschungsbericht an das Bundesministerium für Wirtschaft und Verkehr, Wien.

Richter, Rudolf; Pevetz, Werner (1993): Haushaltsstrukturen und Lebensstile in österreichischen Landgemeinden. Schriftenreihe der Bundesanstalt für Agrarwirtschaft, Nr. 74, Wien.

Riesman, David (1956): Die einsame Masse: eine Untersuchung der Wandlungen des amerikanischen Charakters. Darmstadt, Luchterhand.

Ritzer, George (1995a): Expressing America: a critique of the global credit card society. Thousand Oaks, Pine Forge Press.

Ritzer, George (1995b): Die McDonaldisierung der Gesellschaft. Frankfurt/Main, Fischer.

Robertson, Roland (1992): Globalization: social theory and global culture. London, Sage.

Rorty, Richard (1989): Kontingenz, Ironie und Solidarität. Frankfurt/Main, Suhrkamp.

Schäfers, Bernhard (Hg.) (2003): Grundbegriffe der Soziologie, 5. Aufl., Opladen, Leske + Budrich.

Schmidtchen, Gerhard (1979): Was den Deutschen heilig ist. München, Kösel.

Schulte Irene; Richter, Rudolf (1996): Kreativität in der Werbung. Erklärungsmodell des Kreationsprozesses am Beispiel der Werbung. Bericht an den Fonds zur Förderung der wissenschaftlichen Forschung. Wien.

Schulz von Thun, Friedemann (1981): Miteinander reden, Störungen und Klärungen ; Psychologie der zwischenmenschlichen Kommunikation Bd. 1 und 2. Reinbek bei Hamburg, Rowohlt.

Schulze, Joachim (1993): Die Erlebnisgesellschaft. 3. durchges. Auflage. Frankfurt/Main, Campus.

Schütz, Alfred (1971): Das Problem der sozialen Wirklichkeit. Gesammelte Aufsätze Band 1. Den Haag, Martinus Nijhoff.

Schütz, Alfred (1971): Über die mannigfaltigen Wirklichkeiten. In: ders. Gesammelte Aufsätze Bd. 1 Das Problem der sozialen Wirklichkeit. Den Haag, Martinus Nijhoff.

Sennett, Richard (1998): Der flexible Mensch: die Kultur des neuen Kapitalismus. 3. Auflage. Berlin, Berlin Verlag.

Sgritta Giovanni (2003): Family and Welfare Systems in the Transition to Adulthood: An Emblematic Case Study. In: Chisholm, Lynne et al. (Hg.) (2003): Family Forms and the Young Generation in Europe. S. 59-86.

Simmel, Georg (2001): Das Werk. Hg.: Martin Damken. Berlin, Heptagon.

Smith, Adam (1978) (orig. 1789): Der Wohlstand der Nationen: eine Untersuchung seiner Natur und seiner Ursachen. München, Deutscher Taschenbuch Verlag.

Smith, Adam (2000) (orig. dt. 1770): Theorie der moralischen Empfindungen, Bristol, Thoemmes.

162

Soeffner, Hans-Georg (1992): Die Ordnung der Rituale. Frankfurt/Main, Suhrkamp.

Spellerberg, Anette (1996): Soziale Differenzierung durch Lebensstile. Berlin, Edition sigma.

Spitzley, Helmut (1999): Neue Arbeit. Bausteine einer zukunftsfähigen Arbeitspolitik. In: 3. Österreichische Armutskonferenz. Wien 1999. S. 56-65.

Statistisches Amt der Europäischen Gemeinschaften (2002): Eurostat Jahrbuch 2002. Eurostat Data Shop, Brüssel.

Stehr, Nico (2001): Wissen und Wirtschaften. Frankfurt/Main 2001, Suhrkamp.

UNESCO (1998): World culture report 1998. Paris, UNESCO.

Vak, Karl (Hg.) (1989): Arbeit, die neue Herausforderung. Austrian Chapter des Club of Rome. Wien, Europa Verlag.

Vaskovics, Laszlo A.; Buba, Hans Peter; Früchtel Frank (1992): Postadoleszenz und intergenerative Beziehungen in der Familie. In: Jugendwerk der Deutschen Shell (Hg.): Jugend '92. Lebenslagen, Orientierungen und Entwicklungsperspektiven im vereinigten Deutschland. Bd. 2. Opladen, Leske + Budrich. S. 395-408.

Vaskovics, Laszlo; Rost, Harald (1999): Väter und Erziehungsurlaub. Schriftenreihe des Bundesministeriums für Familie, Senioren, Frauen und Jugend ; 179. Stuttgart, Kohlhammer.

Vester, Heinz-Günther (1988): Zeitalter der Freizeit. Darmstadt, Wissenschaftliche Buchgemeinschaft.

Weber, Max (1976): Wirtschaft und Gesellschaft. 5. Auflage, Tübingen, J.C. B. Mohr.

Weber, Max (1988) (orig. 1905):Die protestantische Ethik und der „Geist" des Kapitalismus. In: ders.: Gesammelte Aufsätze zur Religionssoziologie. Tübingen, Mohr.

Wilpert, Bernhard (1994):Vergeht den Deutschen die Arbeitslust? In: Hoffmann, Hilmar; Kramer, Dieter. (Hg.): Arbeit ohne Sinn? Sinn ohne Arbeit? Weinheim, Beltz athenäum. S. 26-34.

Wroblewski, Angela; Unger, Martin (2002): Studierenden- Sozialerhebung 2002. Bericht zur sozialen Lage der Studierenden. Wien 2002.

Zulehner, Paul M.; Denz, Hermann (1993): Wie Europa lebt und glaubt. Düsseldorf, Patmos.

Neu im Programm Soziologie

Gabriele Klein
Electronic Vibration
Pop - Kultur - Theorie
2004. 310 S. Br. EUR 24,90
ISBN 3-8100-4102-5

Das Buch entwickelt eine Kulturtheorie des Pop und legt dabei ein besonderes Augenmerk auf Körperinszenierungen. Auf der Grundlage einer empirischen Untersuchung der Jugendkultur Techno wird eine an Bourdieu und den Cultural Studies angelehnte theoretische Skizze der Popkultur vorgestellt, die die lebensweltliche Relevanz globalisierter Kulturen, wie es jugendliche (Pop)Musikkulturen seit ihren Anfängen sind, herausarbeitet. Das Buch gibt Antworten auf die Fragen, warum Techno eine Tanzkultur war und ist und welche Rolle die Körpertechniken und -inszenierungen in dieser Jugendkultur spielen.

Corinna Kleinert
FremdenFeindlichkeit
Einstellungen junger Deutscher
zu Migranten
2004. 318 S. Br. EUR 32,90
ISBN 3-531-14202-X

In diesem Buch wird das Phänomen Fremdenfeindlichkeit grundlegend analysiert: Was ist unter Fremdheit zu verstehen? Warum und wann werden Fremde zu Feinden? Warum trifft das Phänomen nur bestimmte Gruppen von Fremden, andere hingegen nicht? Was sind die Ursachen fremdenfeindlicher Einstellungen? Diese Fragen werden nicht nur theoretisch beantwortet, sondern empirisch anhand einer deutschlandweit repräsentativen Befragung nachgeprüft.

Christine Weinbach
Systemtheorie und Gender
Das Geschlecht im Netz
der Systeme
2004. 206 S. Br. EUR 24,90
ISBN 3-531-14178-3

In dieser Arbeit wird zum ersten Mal der systematische Versuch einer fruchtbaren Begegnung von Systemtheorie und Gender Studies vorgenommen. Ausgangspunkt bildet die Unterscheidung von Bewusstsein und Kommunikation. Die These lautet, dass die je spezifische Strukturierung der stets geschlechtlichen Person einen geschlechtstypischen psychischen und sozialen Unterschied macht.

Erhältlich im Buchhandel oder beim Verlag.
Änderungen vorbehalten. Stand: Juli 2004.

www.vs-verlag.de

VS VERLAG FÜR SOZIALWISSENSCHAFTEN

Abraham-Lincoln-Straße 46
65189 Wiesbaden
Tel. 0611.7878-722
Fax 0611.7878-400

MIX
Papier aus verantwortungsvollen Quellen
Paper from responsible sources
FSC® C105338

If you have any concerns about our products,
you can contact us on
ProductSafety@springernature.com

In case Publisher is established outside the EU,
the EU authorized representative is:
Springer Nature Customer Service Center GmbH
Europaplatz 3, 69115 Heidelberg, Germany

Printed by Libri Plureos GmbH
in Hamburg, Germany